T0153812

Autour de la bêtise

Roland Breeur

Autour de la bêtise

PARIS
CLASSIQUES GARNIER
2018

Roland Breeur enseigne la philosophie classique et contemporaine à l'université catholique de Louvain (KUL) en Belgique. Membre des archives Husserl et du centre de phénoménologie de Louvain, il a notamment publié *Singularité et sujet : une étude phénoménologique de Proust* (Grenoble, 2000) et *Autour de Sartre* (Grenoble, 2005).

© 2018. Classiques Garnier, Paris.
Reproduction et traduction, même partielles, interdites.
Tous droits réservés pour tous les pays.

ISBN 978-2-406-08180-7
ISSN 2417-6400

À la mémoire de mon frère chimérique.

Pour Marie.

Quelle forme faut-il prendre pour
exprimer parfois son opinion sur les
choses de ce monde, sans risquer de
passer, plus tard, pour un imbécile ?
FLAUBERT

INTRODUCTION

L'idiosophie

> Poser des questions, c'est vouloir
> des réponses. Alors que soulever des
> problèmes, c'est essayer de dessiner une
> problématique.
> G. DELEUZE

UN IDIOT SÉRIEUX

Un jour, un ami philosophe me disait qu'au temps où il allait encore à l'école, il se disait sans cesse qu'il ne serait heureux que le jour où il découvrirait quelque chose de sérieux et de grave à quoi consacrer ses pensées. Quel bonheur – se disait-il alors – de plonger sa pensée dans un sujet de haute importance, d'être complètement absorbé par lui à longueur de journée. Vivre en profonde symbiose avec le sujet à résoudre, le problème à déployer, être entièrement retenu, saisi et envoûté par lui. Comme dans un rêve. Le monde des vivants ne lui apparaîtrait plus qu'au loin et ne viendrait en rien perturber sa méditation profonde, secrète et silencieuse.

Malheureusement, son esprit n'était que pure distraction. Impossible de garder son attention sur la moindre des choses. Les discussions en classe l'ennuyaient à mourir, les cours étaient souvent un supplice : son esprit était ailleurs. Seulement, cet ailleurs n'était rien. Il était tout au plus un manque. Manque d'attention, manque de concentration, manque de patience... il était donc toujours « absent ». Étant distrait, il passait aux yeux des bienveillants pour songeur, pour un méditatif perpétuellement absorbé par ses pensées. Pour d'autres, plus perspicaces en la matière, il n'était qu'un idiot. Eux, ils avaient des opinions sur tout, ils débattaient avec passion de choses sérieuses : la politique, l'argent et les filles. Ils adoptaient dans de telles circonstances un esprit de sérieux. C'est en tant qu'idiot qu'il en est arrivé à faire de la philosophie. En philosophie, il a trouvé « l'attitude » qui lui convenait : celle qui lui permettait de faire l'idiot avec sérieux.

Dans les études qui vont suivre, le problème de la bêtise sera situé entre deux extrêmes : celle de l'idiot et celle de l'esprit de sérieux. L'esprit idiot est celui qui manque de sérieux, que personne ne peut prendre au sérieux, qui sérieusement ne rate pas une occasion de dire une bêtise. En revanche, l'esprit de sérieux est pondéreux. Imbu de son importance et imprégné de ce qu'il croit être, tout ce qu'il dit et ce qu'il pense est aussi massif que le sol qu'il écrase sous ses pas. Bien souvent, la bêtise est dans le style, dans le ton ou dans la manière de dire les choses : emphatique et outrancier dans l'esprit de sérieux – frivole et déséquilibré dans le cas de l'idiot. Et bien entendu ces deux extrêmes se touchent. Même le plus frivole ne manque pas de se prendre au sérieux.

La bêtise réside probablement dans le fait de « rater la réalité » : dans le sens où l'on dit de Marcel, dans *À la recherche du temps perdu*, qu'il « rate » les intentions de Gilberte, « rate » aussi l'appel venant des trois arbres de Hudismesnil, ou encore « rate » le sens de la sonate de Vinteuil… La réponse bête est inadéquate et inappropriée vis-à-vis de l'exigence du réel : en dépit du bon sens (« qui est la chose la mieux partagée… ») l'esprit de sérieux défend une cause que les faits ont amplement démentie – ou l'idiot ne comprend pas l'urgence du moment et déjà rien que sa présence est une injure de frivolité. Le premier ne saisit pas le sens ironique d'une remarque – le second sort une blague inconvenante. Nombreux sont les auteurs, souvent des écrivains, qui ont tenté de saisir la raison ou la nature même de cet échec. On peut à ce sujet se rapporter à l'ouvrage très richement documenté d'Alain Roger. Les références à Molière, Flaubert, Deleuze, Bloy, etc. n'y manquent pas, et ses analyses nous offrent une bonne source d'inspiration. Un vrai « Bréviaire », en effet, sorte de livre de prières à réciter à heures régulières pour prémunir de la Bêtise : « *ne nos inducas in stultitiam*[1] ». Dans cet ouvrage, Alain Roger se propose de développer une véritable « théorie » de la bêtise. Car en effet, rares sont les auteurs qui auraient apporté une réponse décisive à la question : qu'est-ce que la bêtise ? La réponse qu'offre Alain Roger est très claire :

---

1   A. Roger, *Bréviaire de la bêtise*, Paris, Gallimard, 2008, p. 15.

« la bêtise est essentiellement liée au principe d'identité, dans son usage excessif, abusif, intempestif et surtout vaniteux[1] ». Selon cette hypothèse, la définition de la bêtise relève de la logique : moins qu'elle enfreindrait les lois de la raison, elle s'autorise au contraire de celle-ci. La bêtise, dit en substance l'auteur de cet essai, « s'en réclame avec fatuité, au point d'apparaître, dans ses formes les plus éloquentes, comme l'hyperbole du principe d'identité et son exhibition péremptoire : "Un sou est un sou", "Les affaires sont les affaires", "Un Juif c'est toujours un Juif on aura beau dire" et "Vous aurez beau dire un diamant c'est toujours un diamant"[2] ».

Mais ce principe d'identité n'est peut-être qu'une seule face de la bêtise. Dans son ouvrage remarquable sur la bêtise de Barthes, Claude Coste montre d'abord comment la bêtise ne se conçoit pas sans une confrontation étroite avec la subjectivité. Et il affirme que pour Barthes, la bêtise est liée à une « double défaillance du sujet : "je" suis bête toutes les fois que "je" ne suis pas "moi" (cédant à l'hégémonie du stéréotype) et "je" suis bête toutes les fois que "je" crois être "moi" (cédant à l'illusion de l'imaginaire)[3] ».

Cette description résume très bien la tension au cœur de laquelle se situe l'ouvrage qui va suivre. La bêtise y sera saisie comme l'affirmation d'une présence subjective au monde, celle où le sujet oscille perpétuellement et reste en équilibre instable entre deux antithèses : d'une part l'illusion d'identité, d'autre part la sensation de ne pas être « moi ». Sans vouloir fonder une distinction rigoureuse entre les deux termes[4], l'opposition coïncide plus ou moins avec celle que je viens de suggérer entre l'esprit de sérieux et l'idiot[5].

---

1   *Ibidem*, p. 10.
2   *Ibidem*, p. 11.
3   Claude Coste, *Bêtise de Barthes*, Paris, Klincksieck (collection Hourvari), 2011, p. 18.
4   Dans son livre de 1975, (*Essai sur la bêtise*, Paris, PUF, 1975, repris par La table ronde, 2004, p. 11-56), Michel Adam s'était déjà risqué à une typologie assez sophistiquée tentant de classifier les occurrences de la bêtise, partant de la naïveté à la stupidité, de la sottise à l'absurde, etc. Sans vouloir mettre en question la valeur de l'importance de pareille classification, notre ouvrage n'en fera pas usage et suivra un parcours différent. Au lieu de partir de certains concepts liés à la bêtise, et d'en déterminer le contenu, nous préférons adopter l'attitude inverse : partir d'une description du contenu, et le lier au concept même.
5   Mon point de départ n'est donc pas celui qui opposerait l'homme à la « bête » (*cf.* Deleuze : « La bêtise n'est pas l'animalité », *Différence et répétition*, Paris, PUF (Épiméthée), 1968, p. 196). L'animal peut paraître bête au sens où son comportement ne paraît pas adapté aux exigences du milieu (*cf.* les mécanismes d'autodéfense du hérisson face à la menace

Les deux concepts de bêtise et d'idiotie apparaissent dans l'ouvrage célèbre que Sartre dédia à Flaubert : « l'idiot » de la famille, contenant un chapitre sur « la bêtise » de Gustave. J'y reviens au premier chapitre. Mais la référence à Sartre est de première importance : ce qu'il développe dans *La Transcendance de l'ego* à propos du rapport entre la conscience et l'ego s'avère incontournable pour la thématique censée nous préoccuper dans ce qui suit. Chez Sartre, toute individuation bascule entre une tendance à l'emphase et à la dissipation de soi, à l'exagération dans les gestes et l'évanouissement du moi. Vu l'origine absolue et vide (« idiote ») de toute individuation, elle risque toujours *d'en faire trop*, « d'appuyer ». Ainsi, le garçon de café exagère : son geste est « trop appuyé » : le moi est toujours une sorte « d'imposture[1] ». Le moi est une tentative de qualification et d'individuation sur fond de gratuité. Fond sans fond. En revanche, la liberté ou ce *sans-fond* arrache la conscience au soi, l'entraîne dans une spirale idiote de déphasage et de désintégration[2].

CONSCIENCE PRINCIÈRE

Dans son essai sur *L'Idiot* de Dostoïevski, Walter Benjamin remarque que dans son humilité et sa modestie, il émane du Prince Mychkine un « ordre », dont le centre paraît bien être sa solitude. Il est inatteignable,

---

de la circulation routière). Conditionné en fonction d'un milieu précis, son comportement est incommensurable avec celui exigé par un milieu différent du sien. Or, l'être humain est par essence inadapté. Il est l'être dont « l'essence » est d'être conditionné par « rien ». Dès lors, si l'être humain fait des bêtises, ce n'est pas en raison d'une « régression » à l'état animal. C'est au sens où dans ces actes bêtes et stupides – et indifféremment de la question si l'être humain est conditionné ou déterminé par la nature (ses gènes) – il échappe à toute forme de « régression ». Pour le rapport entre la bêtise et l'animal, *cf.* la séance du 6 février 2002 du Séminaire : « La bête et le souverain », par J. Derrida (Volume I, 2001-2002, Paris, Galilée, 2008, p. 223 *sq.*).

1   Dans un article original, Marielle Macé rapproche l'emphase propre au procédé de l'individuation à un « style d'imposture », qui en même temps contient et sape toute promesse d'être soi (Marielle Macé, Sartre et l'imposture comme style d'être – « Glissez, mortels, n'appuyez pas » in « *Figures de l'imposture. Entre philosophie, littérature et sciences* », (sous la direction de Jean-Charles Darmon), Paris, Éditions Desjonquères, 2013, p. 233-245.

2   *Cf.* Ce que Sartre décrit comme « les spasmes du moi », *L'imaginaire*, Paris, Gallimard (Folio Essais), 1986, p. 285 *sq.*

inaccessible ou impénétrable (« ganz unnahbar »)[1]. Or, en même temps, tous les événements et les personnages gravitent autour de lui. L'idiot est un centre de gravitation, mais dont la particularité est d'être sans forme ni contenu. C'est en ce sens que, comme sa signification étymologique grecque l'indique, il est dit simple, sans double, unique ou singulier[2]. Il ne se confond dès lors avec personne, et demeure pour cette raison-même « inoubliable » (« unvergesslich »)[3]. Son cas relève d'une forme « d'individualité extrême » (au sens de *in-divisu*)[4] : il est sans histoire ni attaches, dépossédé de tout, et surtout de lui-même[5] ; condamné à errer inlassablement[6]. L'idiot est un esprit innocent et pur : il n'exprime rien, ni ne s'exprime, il ne représente jamais rien ni personne[7]. Sans double, mais particulier par manque de fond ou d'intériorité, il se rapproche du saint (du fol-en-Christ ou du « yourodivy ») tel qu'on le retrouve dans l'imaginaire hagiographique de la tradition orthodoxe[8], dans la littérature ou la bible.

L'idiot est tellement simple et unique qu'on n'a rien d'autre pour le définir que lui-même. Mais n'est-ce pas en ce sens que Sartre définit la

---

1   Walter Benjamin : « Bei völligster Bescheidenheit, ja Demut dieses Menschen ist er ganz unnahbar und sein Leben strahlt eine Ordnung aus, deren Mitte eben die eigene, bis zum Verschwinden reife Einsamkeit ist. » (« Der Idiot » von Dostojewskij, in *Aufsätze, Essays, Vorträge, Gesammelte Schriften*, Band II. 1, Frankfurt a.M., Suhrkamp, 1991, p. 238).

2   Je prends le terme « idiot » dans un sens proche à celui que lui donne Clément Rosset, dans *Le Réel, Traité de l'idiotie* (Paris, Minuit, 1978). Dans ce livre, il adopte le terme idiotie (idiotès), qui signifie d'abord simple, particulier, unique, non dédoublable, comme concept tentant d'évoquer le réel (ce qui est sans double). Pour ma part, l'idiotès renvoie avant tout à la conscience.

3   Walter Benjamin, *op. cit.*, p. 239.

4   Voir à ce sujet ce petit texte remarquable de Maria Zambrano, Un capítulo de la palabra : « El Idiota » (Homenaje a Velázquez), in *España, sueño y verdad*, ed. Edhasa, Barcelona, 1965 : « Nadie se suele preguntar qué es, y menos aún quién es, porque eso parece estar loco : no es nadie, o es simplemente uno, simplemente ; un simple. » (p. 182).

5   M. Zambrano, *op. cit.*, p. 185.

6   M. Zambrano : « Dejado, abandonado de todos y de sí mismo, va el idiota. No se encamina hacia nada ; la línea recta le es desconocida, y, pues que no va propiamente a ninguna parte, no tiene camino. Anda siempre dando vueltas ; su moverse es un girar. » (*op. cit.*, p. 185).

7   M. Zambrano : « Mientras que el idiota nunca gesticula, porque no expresa, no se expresa. Y no mima porque no representa nunca nada, ni a nadie, y menos aún a sí mismo » (*op. cit.*, p. 179).

8   *Cf.* à ce sujet l'analyse qu'en donne Cezary Wodzinski, *Saint Idiot, Projet d'anthropologie apophantique*, (Traduit du polonais et préfacé par Erik Veaux), Paris, Éditions de la diffé-rence, 2012.

conscience pure ? Elle est absolue du fait même qu'elle est conscience d'elle-même[1]. En outre, « il est impossible d'assigner à une conscience une autre motivation qu'elle-même[2]. ». Elle vient de nulle part, elle est « translucide et claire comme un grand vent », « sans aucune intériorité ». Elle n'a pas de dedans, elle n'est rien qu'une « fuite absolue », délivrée de toute « vie intérieure ». La conscience est une sorte d'essoreuse : « si, par impossible, vous entriez "dans" une conscience, vous seriez saisi par un tourbillon et rejeté au dehors[3]… ». Elle nous purge, nous lave et nous sèche de toute intimité avec nous-mêmes. La conscience est idiote, sans double, sans aucune place assignable, force an-*archique*, exorbitante et excentrique de désorganisation qui trouble toutes les limites entre le moi et le non-moi, le dedans et le dehors, entre le réel et l'imaginaire. Elle crée un espace d'indétermination, elle est du *néant*.

En un certain sens, la conscience absolue sartrienne est un peu le prince Mychkine de la phénoménologie : autant le prince est aux yeux d'Aglaïa un esprit « simple mais tordu », autant la conscience de Sartre était à celle de certains de ses lecteurs une « pure bouffonnerie[4] ». La conception sartrienne est tellement simple et naïve qu'elle a généré – outre bon nombre d'exaspérations – des concepts et un champ de problèmes propres (à propos de la liberté, du moi, de l'imaginaire, de la bêtise, etc.). Son « cogito » désarçonne le sujet dans sa substantialité la plus opaque jusqu'à la folie : il conserve ses droits « même chez les psychopathes[5] ».

La conscience absolue sartrienne fonctionne comme ce que Deleuze eût appelé un personnage conceptuel : il intervient dans la création même de concepts[6]. Un des personnages auquel Deleuze attache beaucoup d'importance est d'ailleurs précisément celui de l'idiot : « le penseur privé par opposition au professeur public[7] ». Privé de tout, il réinvente la poudre.

---

1   J.-P. Sartre : « Une conscience pure est un absolu tout simplement parce qu'elle est conscience d'elle-même. » (*La Transcendance de l'ego*, Paris, Vrin, 1992, p. 25).

2   J.-P. Sartre, *L'être et le néant*, Paris, Gallimard, 1943, p. 22.

3   J.-P. Sartre, « Une idée fondamentale de la phénoménologie de Husserl : l'intentionalité », in *La Transcendance de l'ego, op. cit.*, p. 111.

4   Gérard Granel, *Traditionis traditio*, cité par V. de Coorebyter, dans son introduction à son édition de Sartre, *La Transcendance de l'ego et autres textes phénoménologiques*, Paris, Vrin, 2003, p. 70.

5   *L'imaginaire, op. cit.*, p. 286.

6   À propos de l'enjeu de l'idiot dans la pensée (politique et autres) de Deleuze, *cf.* Ph. Mengue, *Faire l'idiot, La politique de Deleuze*, Paris, Germina, 2013, en particulier chapitre 4, p. 51 *sq.*

7   Gilles Deleuze et Félix Guattari, *Qu'est-ce que la philosophie*, Paris, Minuit, 1991, p. 60.

LA BÊTISE ET LE NÉANT

C'est-à-dire, en tant que conscience absolue, l'idiot réinvente le « je » ou le « moi ». Car une conscience se pose dans l'épreuve même du réel auquel elle s'expose, dans l'expérience de l'extériorité en « s'empoisonnant » de contenu. Elle « s'alourdit », dit Sartre, d'un centre qui la rend lourde et « pondérable[1] », tout en projetant sa propre spontanéité dans l'Ego[2]. La conscience égologique est une spontanéité dégradée et bâtarde d'une « intériorité absolue » (« idiote ») qui n'a pas de « dehors ». L'Ego résorbe l'intériorité pure et vide projetée en lui formant cette « fameuse "multiplicité d'indistinction" de Bergson » (*i.e.*, le « moi profond »)[3]. L'Ego n'est donc pas le « propriétaire » de la conscience, il n'en est que « l'objet » et « l'hôte indiscret » : *il est de trop.*

Cette conscience, sphère de transcendance pure et « impersonnelle », « d'existence absolue » dit Sartre, se laisse compromettre et se laisse envoûter par cette « fausse représentation d'elle-même, comme si elle s'hypnotisait sur cet Ego qu'elle a constitué, s'y absorbait, comme si elle en faisait sa sauvegarde et sa loi[4] ». Car c'est grâce à cet Ego qu'une distinction pourra s'ériger entre le possible et le réel : distinction toujours menacée par le débordement de l'absolu sans limites ni barrières. Pris dans la spirale vertigineuse « d'une conscience qui se libère », le Je se voit infiniment dépassé et éjecté ou propulsé comme transcendance inerte hors de la sphère de la spontanéité.

Le Je est donc moins un centre, qu'un « milieu » (comme dirait Pascal) en équilibre instable entre une spontanéité ou liberté vide et « monstrueuse » et une extériorité indifférente. Son existence bâtarde tente de domestiquer cette spontanéité en se vivant comme la source même dont elle émanerait. Mais il suffit parfois de très peu pour que, prise d'un sursaut d'idiotie, la « spontanéité consciente s'arrache brusquement du

---

1 *La Transcendance de l'ego, op. cit.*, p. 26. Je ne fais que résumer l'intuition principale de la thèse sartrienne développée en 1936. Pour un commentaire autorisé, *cf.* J.-M. Mouillie, *Sartre. Conscience, ego et psychè*, Paris, PUF, 2000.
2 *La Transcendance de l'ego, op. cit.*, p. 63.
3 *Ibidem*, p. 67.
4 *Ibidem*, p. 82.

Je et se donne comme indépendante[1] ». Ainsi, le moi tentera de se
barricader davantage, de disposer de toutes sortes de parades afin de se
protéger contre le sentiment de n'être rien de plus qu'une dégradation
imaginaire d'une champ pur et impersonnel. Il se fera de plus en plus
sérieux : il se prendra pour « quelqu'un », s'imaginera être indispensable
dans ce monde, mais ne verra du monde que l'image de ce qu'il croit
être : entre lui et le dehors, il s'imaginera reconnaître comme une profonde connivence et affinité donnée à son intuition. Ces « imbéciles »,
comme disait Roquentin, appartiennent à la classe des « salauds » :
« Ils ont chacun leur petit entêtement personnel qui les empêche de
s'apercevoir qu'ils existent, il n'en est pas un qui ne se croie indispensable à quelqu'un ou à quelque chose[2] ». Ils se sentent justifiés dans ce
qu'ils font et ce qu'ils sont. Bref, ils deviennent bêtes à force de passer
pour quelqu'un d'important, et ils deviennent quelqu'un en incorporant l'inertie et la lourdeur du plomb[3]. D'où l'emphase, la dégradation
des actes en « gestes » toujours trop « appuyés » cherchant à étouffer le
moindre sentiment de fissure entre la conscience et ce que je suis.

Nonobstant leur connotation d'insurgé existentialiste un peu passé
de mode (« la bêtise, c'est le petit-bourgeois, le rentier, le faiseur de lard,
ou le philistin »), ces propos restent en vigueur pour désensorceler les
tendances à faire déchoir la spontanéité dans l'autonomie du Je, pour
purger la conscience de tout contenu imaginaire, et à réintroduire entre
le moi et le monde un rapport d'extériorité pure. Mon rapport au monde
n'est lui-même qu'une manière de vivre cet envoûtement spontané d'une
conscience pure et idiote, *anarchique* (sans archè) et risquant de rompre
ce lien et ce « circuit d'ipséité » instauré entre le monde et le Moi.

La bêtise sera dès lors conçue dans le cadre d'un stratagème involontaire d'autodéfense : une dégradation de la part de la spontanéité
dégradée que je suis : bref, une dégradation au deuxième degré. Mais
non pas une dégradation d'une intelligence pure, de la raison ou du bon
sens. Mais de cette conscience vide, bref dégradation de rien : le *néant*.

En quelque sorte, la bêtise tente de réaliser au niveau du moi ce que la
conscience pure cherche à accomplir au niveau du rêve : l'immanence pure[4].

1   Version Sartrienne de « l'époché », *La Transcendance de l'ego, op. cit.*, p. 84.
2   J.-P. Sartre, *La Nausée*, Paris, Gallimard, 1938, p. 144.
3   *Cf.* chapitre p.31 à propos de la bêtise comme « contamination ».
4   Cette immanence fera l'objet du chapitre p. 155.

Et sa tendance à la démesure est le symptôme du sentiment qu'a le moi de son échec. « La conscience se libère » et me propulse, dégrisé, une fois de plus dans la « nuit glaciale de l'Être ». « Quel idiot je faisais... »

Toutefois, comme nous le verrons à l'occasion du chapitre sur Proust (Chapitre 5), si cette conscience ne se laisse pas entièrement « prendre » et garde un air idiot et pur, c'est en raison d'un reste qui subsiste et insiste au sein même de cette « dégradation » de la conscience en un moi. Comme un noyau sourd et muet, ce reste que nous appellerons « la singularité », n'entend rien et ne donne rien à entendre.

LES PROBLÈMES

Le flottement entre l'idiotie et la bêtise ne se réduit pas spécifiquement à une problématique philosophique de la subjectivité (conscience versus moi) mais nourrira également une réflexion au niveau de l'articulation même de la pensée.

Un des « postulats » de cette pensée, d'après Deleuze, pose que la recherche de la vérité est donnée comme une faculté naturelle (« le bon sens »)[1]. Avec un peu de bonne volonté, tout le monde devrait atteindre la force de s'ouvrir à l'appel du vrai et de cultiver son désir de vérité. De là le « personnage conceptuel » cartésien de l'idiot « Eudoxe ». Il est l'innocent plein de bonne volonté, sans le lest et la pédanterie de connaissances acquises (Épistémon). Eudoxe est orienté vers les connaissances vraies par la méthode. C'est-à-dire, grâce aux règles contrôlant et garantissant le bon usage des facultés universelles de l'entendement, règles conduisant la pensée vers le vrai. Et à quoi servent ces méthodes, sinon à conjurer et à éviter les erreurs et les égarements de l'intellect. « La méthode est un artifice, mais par lequel nous rejoignons la nature de la pensée, nous adhérons à cette nature et conjurons l'effet des forces étrangères qui l'altèrent et nous distraient. Par la méthode, nous conjurons l'erreur[2] ». La méthode sert avant tout à protéger et à

---

1 Cf. G. Deleuze, *Nietzsche et la philosophie*, Paris, PUF (Quadrige), 1997, p. 118 *sq.*, *Proust et les signes*, Parus, PUF, (Quadrige) 1998, p. 115 *sq.*, *Différence et répétition, op. cit.*, p. 169.
2 *Nietzsche et la philosophie, op. cit.*, p. 118.

préserver la pensée d'une exposition trop immédiate avec le « dehors »,
et préserver la pensée de ce qui risque de la distraire dans sa droiture
(le corps, les choses matérielles, etc.). Elle crée ainsi l'illusion de nous
apprendre à penser, ou l'illusion qu'en suivant cette méthode, la pensée arrive tout bonnement à apprendre quelque chose, lui permettant
ainsi de s'épanouir et de s'enrichir. Bref, dit Deleuze, « Eudoxe n'a pas
moins de présupposés qu'Épistémon, seulement il les a sous une autre
forme, implicite ou subjective, privée" et non "publique", sous la forme
d'une pensée naturelle, qui permet à la philosophie de se donner l'air
de commencer, et de commencer sans présupposer[1] ». Or, non seulement
elle présuppose l'idée même que le bon sens est naturel, et qu'en outre
il est donné une fois pour toutes le cadre dans lequel le rapport à la
vérité serait certifié ou authentifié, parce qu'intériorisé. « Mais qu'est-ce
qu'ils veulent enfin, les chercheurs de la vérité, ceux qui disent : je
cherche la vérité[2] ? » Qu'est-ce qui en nous « désire » la vérité ? Quelle
sorte d'attitude évite l'erreur et le faux ? Quel genre de désir s'y cache ?

Deleuze oppose deux attitudes, couvrant deux sortes de « pensées » :
il y a une pensée noble et une pensée basse, se différenciant selon leur
manière de se rapporter à ce qui donne à penser. Et c'est dans cette
attitude que la pensée s'affirme comme valeur. Celle-ci ne préexiste pas
à l'exercice même de s'affirmer face à l'extériorité : c'est la force de la
pensée qui décide du sens même qu'atteindra la vérité dans le rapport
établi. Ce qui signifie que l'opposition entre une pensée basse et une
noble ne se résume pas à celle du vrai et du faux : la pensée dégage
un terrain au sein duquel la question de la vérité prend sens. Bref, une
philosophie se développe en une théorie concernant ce que l'on *fait*,
et moins un théorie se rapportant à ce qui est[3]. Une pensée basse est
indigne de ce qu'elle affirme vouloir comprendre : elle est – en termes
nietzschéens – réactive au sens où elle se soumet à certains préjugés de
la pensée[4]. Par exemple au sujet de l'élaboration de problèmes.

« Penser c'est créer », dit Deleuze. Cela veut dire « engendrer "penser" dans la pensée[5] ». Le non-sens, ou une pensée bête ne se laisse pas

1   *Différence et répétition*, op. cit., p. 170.
2   *Nietzsche et la philosophie*, op. cit., p. 88.
3   G. Deleuze, *Empirisme et subjectivité*, Paris, PUF, 1953, p. 152.
4   *Nietzsche et la philosophie*, op. cit., p. 118. J'y reviens au chapitre p. 79.
5   *Différence et répétition*, op. cit., p. 192.

saisir en termes de perversion ou comme étant le signe d'une déviation ou dérive d'une ouverture originaire pour le vrai. C'est la vérité même qui doit être soumise à la question du sens. Il y a des vérités basses et insignifiantes[1], comme il peut y avoir des erreurs nobles et dignes. Et les vérités insignifiantes sont celles qui répondent à des question elles-mêmes démunies de sens ou des problèmes faux. Il faut donc reporter le question du sens dans le problème même, et non pas dans la réponse. Ce qui intéresse Deleuze dans ce contexte est l'idée que l'articulation du problème génère à lui seul son sens et la vérité qu'il mérite[2]. « Le sens est dans le problème lui-même[3] », et la bêtise réside dans la faculté des faux problèmes[4].

En philosophie, il ne s'agit pas avant tout de « savoir » des choses (Épistémon). Tout comme il ne s'agit pas non plus de tenter en « privé », à l'instar de l'innocent Eudoxe, de trouver la vérité comme un idiot. Ce n'est pas la vérité qui inspire, mais « des catégories comme celles de l'Intéressant, de Remarquable ou d'Important qui décident de la réussite ou de l'échec » d'un projet philosophique[5]. De certains livres de philosophie, on dira qu'ils ne valent pas la peine, qu'ils sont sans aucune importance, avant même de se demander si oui ou non ils sont faux. Car dire qu'ils sont faux, « ce n'est rien dire[6] ».

Dans son livre dédié à Bergson, Deleuze commence aussi par montrer que pour un penseur, la vraie liberté ne consiste pas à orienter sa bonne volonté vers des vérités qui lui seraient présentées ou promises par

---

1   P. Feyerabend : « ... the semblance of absolute truth, *is nothing but the result of an absolute conformism.* » (*Against Method*, London, Verso, 1978, p. 45).

2   « Il apparaît donc qu'un problème a toujours la solution qu'il méritée d'après les conditions qui le déterminent en tant que problème », G. Deleuze, *Logique du sens*, Paris, Minuit, 1969, p. 69.

3   « Le sens est dans le problème lui-même. Le sens est constitué dans le thème complexe, mais le thème complexe est cet ensemble de problèmes et de questions par rapport auquel les propositions servent d'élément de réponse et de cas de solution. Toutefois, cette définition exige qu'on se débarrasse d'une illusion propre à l'image dogmatique de la pensée : il faut cesser de décalquer les problèmes et les questions sur les propositions correspondantes qui servent ou peuvent servir de réponses. Nous savons quel est l'agent de l'illusion ; c'est l'interrogation, qui, dans le cadre d'une communauté, démembre les problèmes et les questions, et les reconstituent d'après les propositions de la conscience commune empirique, c'est-à-dire d'après les vraisemblances d'une simple *doxa*. » (*Différence et répétition, op. cit.*, p. 204), *Cf.* plus bas, chapitre p. 79.

4   *Nietzsche et la philosophie, op. cit.*, p. 120.

5   *Qu'est-ce que la philosophie, op. cit.*, p. 80.

6   *Ibidem.*

l'entendement, mais qu'elle comprend la faculté de créer des problèmes et de les déployer. Bergson a lui-même toujours manifesté un grand intérêt pour la façon dont les problèmes se posent, et sur le caractère créatif propre à la faculté de poser des problèmes. Les grandes questions métaphysiques (la question « du néant », l'origine de l'être, du libre arbitre, etc.) se sont érigées comme résultant de questions mal posées. Dans un passage célèbre issu de *La pensée et le mouvant*, Bergson critique l'existence et l'insistance oppressive et étouffante de « problèmes tout faits ». Il écrit ceci :

> La vérité est qu'il s'agit, en philosophie et même ailleurs, de *trouver* le problème et par conséquent de le *poser*, plus encore que de le résoudre. Car un problème spéculatif est résolu dès qu'il est bien posé. J'entends par là que la solution en existe alors aussitôt, bien qu'elle puisse rester cachée et, pour ainsi dire, couverte : il ne reste qu'à la découvrir. Mais poser le problème n'est pas simplement découvrir, c'est inventer. La découverte porte sur ce qui existe déjà, actuellement ou virtuellement ; elle était donc sûre de venir tôt ou tard. L'invention donne l'être à ce qui n'était pas, elle aurait pu ne venir jamais. Déjà en mathématique, à plus forte raison en métaphysique, l'effort d'invention consiste le plus souvent à susciter le problème, à créer les termes en lesquels il se posera. Position et solution du problème sont bien près ici de s'équivaloir : les vrais grands problèmes ne sont posés que lorsqu'ils sont résolus[1].

Par là il ne cherche pas à suggérer que les problèmes subsistent en dehors de leur solutions (dans le genre de « mystères », de problèmes non élucidés…) : « ils insistent et persistent » dans les solutions[2] et ne se laissent pas réduire à une « incertitude passagère[3] ». La grandeur du problème génère donc la valeur de la solution, et non l'inverse. En ce sens le problème est transcendant et immanent aux réponses qu'il sollicite : transcendant au sens où il ne se dissout pas dans la solution, immanent au sens où il ne reste pas en dehors de la genèse de cette réponse[4]. « Heureux moment où le singe-philosophe s'ouvre à la vérité, et produit lui-même le vrai, mais seulement dans la mesure où il commence

---

1   Gilles Deleuze, *Le Bergsonisme*, Paris, PUF (Quadrige), 1997, p. 4.
2   *Différence et répétition*, *op. cit.*, p. 212.
3   *Cf. Logique du sens*, *op.cit.*, p. 70.
4   « Et de même que les solutions ne suppriment pas les problèmes, mais y trouvent au contraire les conditions subsistantes sous lesquelles elles n'auraient aucun sens, les réponses ne suppriment aucunement la question ni ne la comblent, et celle-ci persiste à travers toutes les réponses. » *Logique du sens*, *op.cit.*, p. 72.

à pénétrer dans l'épaisseur colorée d'un problème[1] ». Au lieu de reprendre et de ruminer des questions en fonction de valeurs préétablies, de sujets de recherches à la mode, « reconnus » et homologués par les autorités scientifiques, académiques et autres, la pensée philosophique doit elle-même déployer et affirmer la valeur et l'enjeu de la vérité en fonction du genre de problèmes qu'elle arrive à ériger. C'est par la problématique qu'elle évoque et qu'elle pose, qu'une question s'avère d'importance ou entièrement insignifiante.

CONCEPT ET ANTICONCEPT

Bon nombre de systèmes et de réflexions philosophiques ne sont pas « taillés à la mesure de la réalité où nous vivons[2] ». Certains concepts utilisés sont par exemple trop larges et indéterminés : leur usage est signe d'un manque de précision, concepts passe-partout et sans lien avec une réalité ou une problématique concrète. Ou inversement, certains concepts sont myopes, ils ne voient plus rien parce qu'ils collent à la chose. Trop étroits et rigides, ces concepts trottinent à petits pas de distinctions par-ci par-là, « atomes de l'évidence », mais eux-mêmes lourds comme du plomb : ils sont la chevrotine qui « achève » une pensée au lieu de la stimuler. Bergson se plaint souvent d'un manque de précision en philosophie[3]. Il faut dès lors concevoir des concepts souples « capables de suivre la fluidité du réel[4] » ou plus généralement encore, développer des concepts qui sont « calibrés[5] » en rapport au genre de réalité qu'ils tentent de saisir et au genre de discours ou de grammaire dans laquelle ils figurent et sont mis à contribution.

---

1 *Différence et répétition, op. cit.*, p. 241.
2 H. Bergson, *La pensée et le mouvant*, in *Œuvres*, Paris, PUF, 1959, p. 1253.
3 « Ce qui a le plus manqué à la philosophie, c'est la précision… » (H. Bergson, *ibidem.*)
4 F. Caeymaex, *Sartre, Merleau-Ponty, Bergson. Les phénoménologies existentialistes et leur héritage bergsonien*, Georg Olms Verlag, Hildesheim, Zürich, New York, 2005, p. 292.
5 Pour reprendre un terme de J. Benoist, dans *Le bruit du sensible*, Paris, Cerf (Passages), 2013. Dans cet ouvrage il dénonce entre autres les problèmes, voire erreurs, issus de la confusion entre perception et connaissance, entre description de l'expérience et problème de grammaire (et de concepts).

Il importe donc à la pensée de se créer face à cette réalité toujours variable. Mais que crée la pensée ? Non pas des images, pas d'axiomes, pas d'hypothèses, mais des concepts. « La philosophie [...] est la discipline qui consiste à *créer* des concepts[1]. » Une pensée qui ne développe pas de concepts est sans valeur. Les grands penseurs ont laissé derrière eux de grands concepts. Et inversement, les grands concepts ont leur signature : le cogito de « Descartes », la monade de « Leibniz », la généalogie de « Nietzsche », ... mais ces concepts empruntent leur sens aux problèmes au sein desquels ils ont été forgés. Leur sens reste immanent au champ conceptuel qui s'est tracé autour d'eux. Et dès que ces concepts se mettent à survoler ce champ, la pensée se fige : elle s'assujettit à cette transcendance-même. Voilà aussi ce que dénonce Bergson : isolez le concept de l'urgence en raison de laquelle il a été conçu, et il sonne creux. Ou comme l'explique Deleuze : « Tout concept renvoie à un problème, à des problèmes sans lesquels il n'aurait pas de sens, et qui ne peuvent eux-mêmes être dégagés ou compris qu'au fur et à mesure de leur solution[2]. » Ainsi, par exemple, le concept sartrien de la conscience comme champ transcendantal impersonnel suppose toute une problématique emportant dans sa dynamique une pensée sur la liberté, le moi, les passions, l'imaginaire, etc. et qui en tant que concept met toutes ces problématiques en constellation autour de lui. Et c'est cette constellation qui détermine le style du philosophe : « Le style en philosophie, c'est le mouvement du concept[3]. » En revanche, le concept perd toute sa valeur aussitôt qu'on l'arrache à ce genre de champ d'immanence pour l'ériger en une valeur absolue. Cela n'a donc pas beaucoup de sens de s'attaquer à un concept se donnant pour tel et isolé de son contexte. Aussi longtemps que l'on ignore les problèmes d'où sont issus les concepts, l'échange philosophique reste démuni de sens[4]. « La philosophie n'a strictement rien à voir avec une discussion, on a déjà assez de peine à comprendre quel problème pose quelqu'un et comment il le pose, il faut seulement l'enrichir, en varier les conditions, ajouter, raccorder, jamais discuter[5] ». La vraie critique consiste à constater qu'un

---

1 *Qu'est-ce que la philosophie, op. cit.*, p. 10.
2 *Ibidem*, p. 22.
3 G. Deleuze, *Pourparlers*, Paris, Minuit, 1990, p. 192.
4 *Qu'est-ce que la philosophie, op. cit.*, p. 32.
5 G. Deleuze, *Pourparlers, op. cit.*, p. 191. *Cf.* aussi *Qu'est-ce que la philosophie, op. cit.*, p. 32.

concept « s'évanouit », qu'il perd de ses « composantes », ou en revanche, qu'il en acquiert « quand il est plongé dans un nouveau milieu[1] ».

Il existe donc une philosophie fade et creuse, celle de ce qu'au temps de Malebranche, ou même de Montaigne on appelait les « faux savants » qui « critiquent sans créer », et qui dès lors « se contentent de défendre l'évanoui sans savoir lui donner les forces de revenir à la vie ». Ceux-là, dit Deleuze, sont la « plaie de la philosophie » : ils sont « animés par le ressentiment, tous ces discuteurs, ces communicateurs. Ils ne parlent que d'eux-mêmes en faisant s'affronter des généralités creuses[2]. ».

Il existe donc une bêtise qui, en tant que faculté de faux problèmes, discute en se contentant de débattre autour de concepts creux et tout faits, ramassant et se lestant de toute l'inertie des concepts raides et figés pour les lancer avec fracas dans des débats, ou pour bétonner un discours. Cette forme de bêtise est celle d'une antipensée, qui ne crée rien et sombre dans la prolifération et dans l'échange de concepts bas, ou des anticoncepts.

CONCLUSION

Dans l'ouvrage qui va suivre, je ne cherche pas à ériger l'une ou l'autre « théorie de la bêtise ». Il se peut trop bien qu'en passant, la bêtise en prenne la place. Je tente plutôt de suivre les variations et résonnances qu'évoque ce « concept » de bêtise, en l'incorporant dans différentes problématiques concrètes inspirées par divers penseurs et auteurs s'étant risqués à son analyse. Je tente d'approcher le problème non pas dans l'ambition de définir ce qu'est la bêtise « de » ou « chez » Sartre, Flaubert, Deleuze, etc., mais en essayant de développer toute une problématique en pensant *selon* tel ou tel auteur. Je ne cherche donc pas à saisir le concept de bêtise sur ces auteurs en tant que tels, mais au contraire de me saisir de ces auteurs afin de décrire ce que pourrait bien être la bêtise.

Je viens en cela de décrire la cadre intellectuel dans lequel cette problématique s'insère : celui opposant l'*idiot* et l'*esprit de sérieux*, celui d'une conscience pure et de son *imaginaire*, et celui de la *pensée*.

---

1   *Qu'est-ce que la philosophie, op. cit.*, p. 33.
2   *Ibidem*, p. 33.

Il n'y pas de critères pour juger de la valeur d'une pensée extérieure à ceux que cette pensée génère. Une systématisation risque de réduire le sujet à « un problème d'école », comme aurait dit dédaigneusement Descartes. Mon but est moins d'offrir « des solutions » (à quoi, au demeurant ?) que de développer un ou des problèmes, et d'en lever d'autres, comme du gibier non pas en défiant la bêtise de manière frontale, *mais en me mettant en orbite autour d'elle*, à l'image des personnages de Dostoïevski gravitant autour du prince Mychkine, ou des personnages de Proust autour du narrateur.

Loin d'être infaillibles, les analyses qui vont suivre ne cherchent donc pas à adopter la position assurée et certifiée de l'intelligence : certains ouvrages ou discours critiquant la bêtise, en voulant faire le malin, se sont entre temps métamorphosées en bêtise. Souvent, une simple modification de perspective suffit. Comme le disait Barthes lors d'un séminaire en 1975 : « Chaque langage est un plan de bêtise pour le plan supérieur ; mais ce plan lui-même est coiffé par un nouveau surplomb qui le rend bête et ceci sans que la fin du mouvement puisse être repérée[1]. »

Sous toutes ces couches et surplombs qui peu à peu écraseront peut-être le discours qui va suivre, et qui, comme disait Barthes, rend « vertigineuse toute critique de la bêtise », j'espère que transparaîtra encore un reste de cette spontanéité pure et idiote qui me poussa à me risquer à cette tâche délicate. Espérons que l'idiot et l'insensé s'affranchiront de tout le sérieux des pages qui vont suivre. Ce ne serait pas le moindre des mérites. « Un idiot libère l'idiot en l'autre[2] ».

Celui qui décide d'écrire, désire *être* lu : mais s'il l'est, ce n'est pas toujours pour les bonnes raisons. Sartre dit quelque part que toute vérité est pourvue d'un dehors que j'ignorerai toujours, et que c'est dans le geste qui pousse quelqu'un à s'exposer comme un idiot et à livrer ses pensées aux autres que réside l'attitude de la générosité. Ses pensées lui échappent à l'infini devenant un objet soumis à la mal-ou à la bienveillance des autres. Ou elles terminent dans un « dehors » au sein duquel, aussi subtiles soient-elles, ces pensées semblent foncièrement bêtes. Cet ouvrage part dès lors de ce constat un peu déconcertant : que rien ne protège ce que l'on dit, voire ce que l'on est, contre cette bêtise. Qu'on

---

1   C. Coste, *Bêtise de Barthes, op. cit.*, p. 64.
2   C. Wodzinski, *Saint Idiot, op. cit.*, p. 27.

fait d'autant plus « la bête » qu'on s'épuise à y échapper. Ne pas céder à la bêtise, c'est aussi moins un signe d'intelligence et de supériorité intellectuelle, que de générosité, celle de l'auteur aussi bien que celle du lecteur. Car, disait Sartre, « écrire c'est [...] à la fois dévoiler le monde et le proposer comme une tâche à la générosité du lecteur[1]. »

---

1   J.-P. Sartre, *Qu'est-ce que la littérature, Situation II*, Paris, Gallimard, 1948, p. 109. Nombreux sont les lecteurs généreux qui ont contribué à l'élaboration de cet ouvrage. La liste serait bien longue. J'espère n'offenser personne en m'abstenant de les citer. Je tiens toutefois à évoquer le nom de trois personnes dont les ouvrages et les commentaires m'ont inspiré lors de l'écriture de ce livre : J. Benoist, P. Guenancia et P. Moyaert.

PREMIÈRE PARTIE

BÊTISE SANS ERREUR

LA BÊTISE ONTOLOGIQUE

> Nous avons [...] Salué l'énorme bêtise
> La Bêtise au front de taureau
> Baisé la stupide matière.
> BAUDELAIRE

INTRODUCTION

« Avez-vous réfléchi quelques fois cher vieux compagnon, à toute la sérénité des imbéciles ? la bêtise est quelque chose d'inébranlable ; rien ne l'attaque sans se briser contre elle. Elle est de la nature du granit, dure et résistante[1] ». Qu'est-ce qui rend la bêtise si robuste ? Malebranche devait se douter de quelque chose, lorsqu'il déconseilla d'entrer dans « le débat » avec ceux qu'il appelle les « faux savants[2] ».

Il existe une sorte de bêtise qui demeure imperméable aux bons jugements et aux éclaircissements de la raison, bref à la vérité. Même qu'elle se venge du service que la raison lui rend. Celui qui accuse la bêtise, « parce qu'il accuse, on l'accuse », disait Montherlant[3].

Il existe aux XVIIᵉ et XVIIIᵉ bien entendu toute une littérature sur ces « faux savants », les « beaux esprits », les Monsieur Jourdain, les Trissotins

---

1   G. Flaubert, lettre à son oncle Parain, du 6 octobre 1850, cité par J.-P. Sartre, *L'idiot de la famille*, Tome I, Paris, Gallimard, 1971, p. 627.

2   N. Malebranche : « Le meilleur moyen de défendre la vérité contre eux n'est pas de disputer ; car enfin il vaut mieux et pour eux et pour nous, les laisser dans leurs erreurs, que de s'attirer leur aversion. » (*De la recherche de la vérité*, *Œuvres*, Paris, Gallimard, Bibliothèque de la Pléiade, Tome I, 1979, p. 433).

3   Ou comme se demandait Pascal : « D'où vient qu'un boiteux ne nous irrite pas et un esprit boiteux nous irrite ? À cause qu'un boiteux reconnaît que nous allons droit et qu'un esprit boiteux dit que c'est nous qui boitons. Sans cela nous en aurions pitié et non colère. » (B. Pascal, *Pensées*, in *Œuvres Complètes*, Paris, Gallimard, Bibliothèque de la Pléiade, 2000, Tome I, p. 570).

ou les Vadius : elle expose une forme de bêtise issue de faux jugements, et fait voir « la faiblesse et la vanité de l'esprit de l'homme ; et que lorsque ce n'est point la raison qui règle les études, non seulement les études ne perfectionnent point la raison, mais même qu'elles l'obscurcissent, la corrompent, et la pervertissent entièrement[1] ». La bêtise, dit ici en substance Malebranche, trahit une faiblesse de l'esprit : on est bête au sens « d'imbécile[2] ». Mais il dit plus encore : plus que pure et simple privation de savoir, la bêtise déborde le domaine de l'erreur, c'est-à-dire le domaine des jugements précipités ou mal informés. Elle peut être aussi conçue comme une « perversion » de la raison, de la pensée et de tout ce qui se rapporte à la conscience.

Cela peut vouloir dire plusieurs choses. D'abord, que la bêtise renvoie à une forme de pensée qui se fait passer pour la raison. Elle est une imposture, « une prétention à l'intelligence sans les moyens de l'intelligence[3] ». Une pensée qui de la raison, n'a gardé que le masque. Bref, c'est ce qu'on appelle communément la sottise[4]. C'est dans la catégorie qu'apparaissent par exemple les pédants de Molière[5].

Mais la bêtise peut comprendre un sens encore plus fort, celui où la raison fonctionne en toute lucidité dans la totale possession de ses moyens, mais tout en se déployant dans un domaine où la signification même de ce qu'elle développe est démuni de sens ou entraîne même l'anéantissement de ce qu'elle avoue défendre.

Il n'est bien entendu pas sûr que Malebranche, pour prendre un exemple parmi tant d'autres d'un penseur classique, aille jusque-là : au contraire, le « rationaliste » protège le domaine de la raison par l'élaboration d'une méthode, par la séparation d'ordres ou de domaines (j'y reviens au chapitre 2), et il soutient l'idée que l'accès au vrai est perpétuellement garanti et non perverti. Mais entretemps cette idée de perversion nous est devenue bien familière, entre autres depuis ce que Adorno et Horkheimer appelaient la dialectique de *l'Aufklärung*. Selon

---

1   N. Malebranche, *De la recherche de la vérité*, *op. cit.*, p. 221.
2   Imbécile, au XVIIe, comme dans « l'imbécile ver de terre » de Pascal, signifiait encore « faible » (*imbecillus*).
3   Sur l'imposture, voir le bel essai de Belinda Cannone, *Le sentiment d'imposture*, (Folio) Paris, Gallimard, 2005.
4   C. Coste, *Bêtise de Barthes*, *op. cit.*, p. 17.
5   Pour une approche de la bêtise au sens de sottise, voir Michel Adam, et sa description du « déraisonner », in *Essai sur la bêtise*, *op. cit.*, p. 57 *sq*.

cette dialectique, les principes du progrès se dégradent en ce que Sartre appellerait une « contre-finalité ». La raison, par exemple telle qu'elle est véhiculée par le savoir théorique, régresse, se dénature et entre en décadence. « Le progrès devient régression[1] ».

Ces dernières années, les études sur la bêtise prolifèrent, elles sonnent l'alarme et nous révèlent que la bêtise est partout. Les symptômes censés en manifester la présence se multiplient : « bêtises administratives[2] », le « bêtisier du sociologue[3] », bêtise au niveau universitaire et culturel[4], bêtise au niveau économique[5], politique[6]... Elle est même dite « intelligente[7] », et nous submerge, comme un tsunami, évoquant malaises, frustrations, violence[8]. Peut-être « dame Bêtise » est-elle le nom même du malaise actuel dans la société[9], et c'est souvent en son nom que des

---

1   « La dialectique de la raison », cité par B. Stiegler, *État de choc, bêtise et savoir au XXI° siècle*, Paris, Mille et une nuits, 2012, p. 76. Il existe, selon Georges Picard, un rapport intime entre raison et « connerie » : la raison est conne dans un certain usage grossier de ses pouvoirs. Dans son ouvrage, il distingue la connerie de la bêtise. (*De la connerie*, Paris, J. Corti, 1994).

2   Éric Brunet, *La bêtise administrative*, Paris, Albin Michel, 1998.

3   Nathalie Heinich, *Le bêtisier du sociologue*, Paris, Klincksieck, 2009.

4   Bernard Stiegler, *État de choc, bêtise et savoir au XXI° siècle, op. cit.*

5   Catherine Malaval et Robert Zarader, *La bêtise économique*, Éd. Perrin, 2008.

6   Voir par exemple, M. Metz & G. Seesslen, *Blödmachinen, Die Fabrikation der Stupidität*, 8. Kapitel, Frankfurt a.M., Suhrkamp, 2011, p. 640 *sq.* Dans ce cadre, on se souvient du règlement de compte pamphlétaire d'André Glucksmann, il y a 30 ans, identifiant bêtise et socialisme (*La bêtise*, Paris, Grasset, 1985).

7   *Cf.* à nouveau Bélinda Cannone dans son petit livre inspirant : *La bêtise s'améliore*, Paris, Stock, 2007.

8   Une étude systématique et une sémantique de la bêtise devrait être élaborée. Comme je l'ai noté à l'instant, Michel Adam s'y était aventuré, il y a quelques décennies. Dans la dernière partie de son premier chapitre, il propose aussi une sorte d'inventaire des formes de bêtises dans le cadre de ce qu'il appelle la question du fondement de la pensée et de l'engagement de la réflexion envers elle-même. (*Essai sur la bêtise, op. cit.* p. 39 *sq.*)

9   Quoique chaque époque, ayant son malaise et ses crises propres, a sa forme de bêtise. Les « lieux communs » du temps de Baudelaire, Flaubert ou de Léon Bloy étaient perçus comme l'expression du déclin de certaines valeurs traditionnelles (« anciennes ») suite à l'hégémonie écrasante des valeurs du « Bourgeois » : les « Affaires » (« Les Affaires sont les Affaires, comme Dieu est Dieu ») et la « science » (« le *labarum* des imbéciles » Léon Bloy, *Exégèse des lieux communs*, Paris, Rivages poche, 2005, p. 30 *sq.*), ou dans les années 60 ils sont interprétés comme étant « l'expression d'une idéologie » (Jacques Ellul, *Exégèse des nouveaux lieux communs* (1966), Paris, La table ronde, 2004, *passim*) La bêtise contemporaine est, elle aussi, liée à un sentiment de déclin et de crise : mais il n'est plus aussi facile de l'identifier à une classe sociale et à la revendication de certaines valeurs. On aurait tendance à croire que dans notre siècle, encore jeune et dynamique, toutes les « valeurs » qui ont contribué au déclin de celles des siècles passés ont fini par se systématiser et à déborder les limites d'un milieu social bien déterminé. Même à ce niveau, fini les privilèges.

intellectuels accusent et dénoncent certains faits accablants ou absurdes de la société[1].

On a souvent tenté de saisir la bêtise de manière privative : elle est ce qui fait obstacle à notre rapport à l'être (« Suprême » ou non), à la vérité ou au sens, en raison d'un manque de concentration, de raison, de clairvoyance, etc. Or, j'aimerais plutôt montrer en quoi le problème de la bêtise ne se laisse pas si facilement dériver par défaut, à partir d'un manque (défaillance, absence de, omission, …) mais qu'elle s'affirme toujours *par excès*. Elle apparaît là où « on en fait trop », ou bien là où « il y en a trop[2] ». Elle s'affirme par exemple dans les restes (comme dans les objets miniatures, *cf.* chapitre 8), dans la démesure, dans les tendances à « en rajouter », etc. Et cette tendance ne survient pas suite à une défaillance dans notre rapport à l'être, mais c'est ce rapport même qui la constitue. Ce rapport, on le verra à plusieurs reprises et à différents niveaux, est en tant que tel, et par définition, toujours *de trop*. Notre conscience n'est jamais entièrement ajustée aux choses qui nous interpellent, ou à la réalité au sein de laquelle on se sent délaissé. Bref, on est *de trop* (côté idiot, je ne suis pas « moi »), et afin d'effacer cet excès, *on en fait trop* (côté sérieux et bête : « je suis qui je suis », l'imaginaire).

Voilà l'enjeu de ce premier chapitre : il permettra en quelque sorte d'esquisser le cadre thématique et conceptuel pour les chapitres qui vont suivre.

Je commencerai à l'instant par distinguer l'erreur de la bêtise. Depuis Deleuze, on l'a souvent redit : la bêtise n'est pas l'erreur. Dès lors, on crut qu'il suffisait de le répéter afin de se sentir malin. Au fond, on n'a fait que céder du terrain à la bêtise même. Il importe donc de reprendre à nouveau frais ce qui pour certains n'est plus que truisme.

Après ce brève rappel[3], je poursuis par et m'attarderai à l'approche que fait Sartre de cette notion de bêtise dans la version qu'il en offre dans ses célèbres commentaires sur Flaubert[4].

---

1   Dans la tradition d'Érasme et puis des Lumières, la « Bêtise » sera personnifiée afin de dénoncer indirectement les « reliques des temps révolus qui blâment notre époque » (Jean Paul, *Éloge de la bêtise*, trad. N. Briand, Paris, J. Corti, 1993).

2   Souvent, quand on dénonce la bêtise, c'est au nom « d'excès », « d'absurdités », « scandales accablants, consternants, etc. ».

3   Je reviens plus en détail à l'approche deleuzienne de cette distinction entre bêtise et erreur, au chapitre p. 79.

4   Sartre a dédié plusieurs réflexions à ce problème. Au chapitre p. 111, j'analyserai son approche plus « intersubjective » du problème, tel qu'il l'a développée dans ses *Cahiers pour une morale*.

LES BÊTISIERS

On a tendance à identifier bêtise et erreur. De là les « bêtisiers » du genre : la Belgique est la capitale de l'Allemagne ou l'idée que le caviar pousse dans des poissons de luxe. Une erreur, pour utiliser un modèle cartésien, est le signe d'un rapport entre un manque (manque de savoir, *i.e.* l'ignorance) et un excès (de volonté et de jugement). J'en dis *de trop*, émettant des jugements et des revendications au sujet de choses que je ne connais pas suffisamment bien. Bref, je dis des bêtises... D'après ce genre de « bêtisiers », la bêtise relève du domaine du vrai et du faux. Son élément naturel est celui de la vérité. Et il serait donc possible, pour ne pas dire conseillé, de conjurer la bêtise en limitant le nombre de ses jugements ou en différant à plus tard leur énonciation. Avant de juger, il faut s'informer et réfléchir à ce qu'on va dire.

Or, comme disait Deleuze, « il y a des pensées imbéciles qui sont tout entières faites de vérité. » Connaître et dire la vérité ne suffisent donc pas. Une seconde perspective ou un second modèle s'impose, qui remet en question le présupposé implicite de cette philosophie incarnée dans le sens commun d'une « *cogitatio natura universalis* ». La pensée n'est pas d'emblée douée pour le vrai, « en affinité avec le vrai[1] ». Il n'est donc peut-être pas vrai que le bon sens soit la chose la mieux partagée, que la pensée suppose une faculté naturelle pour saisir la vérité, et en une bonne volonté pour nous guider. D'abord, comme disait Deleuze, « tout le monde sait bien que l'homme, en fait, cherche rarement la vérité : nos intérêts et aussi notre stupidité nous séparent du vrai encore plus que nos erreurs ». Cette recherche ne se fait jamais toute seule sans quelque chose qui la force à penser. Et c'est en fonction de la capacité qu'a la pensée de saisir ce qui la force, ou de se saisir en réponse à ce qui la bouscule, c'est-à-dire de poser un problème, que sa « vérité » acquiert un sens. Comme quoi on a la vérité qu'on mérite, d'après le genre et le sens du problème qu'on pose. La vérité est donc elle-même soumise à un critère intransigeant : celui du sens. La bêtise n'est donc pas l'erreur : la véritable offense au vrai vient de

---

1   G. Deleuze, *Différence et répétition, op. cit.*, p. 171.

cette tendance de plus en plus répandue à promulguer des vérités sans intérêt aucun, des banalités, « des problèmes mal posés ou détournés de leur sens ». Bref, comme on verra en détail plus bas, la bêtise est la faculté des faux problèmes (Deleuze).

Ou comme le résume Michel Adam (ici fort inspiré par Deleuze) : la bêtise « ne consiste pas à proposer des erreurs ; elle réside tout entière dans une façon de penser lâche et vulgaire[1] ». Certaines vérités, tout en étant le produit d'esprits ingénieux, sont parfois insignifiantes, vides, triviales ou démunies de sens. L'élément de la bêtise est l'indifférence ou l'abrutissement par rapport à la valeur que prend une vérité, indifférence vis-à-vis de ce que Musil dans son article sur la bêtise appelait, « *das Bedeutende* ». Certaines vérités sont grossièrement basses, démunies de sens et certaines erreurs ont sens, grandeur et dignité[2].

Cette théorie repose donc sur une attitude qui dépasse cette « affinité avec le vrai », une attitude qui exprime une manière d'être exposé au réel en tant que tel, c'est-à-dire à sa nature fondamentalement opaque (j'y reviens à l'instant). On acquiert une vérité à la hauteur et à la valeur de notre capacité d'affronter ce qui nous force à penser, de nous mesurer à lui. Dans ce cas, la bêtise outrepasse les limites de la faculté de pensée et de l'intelligence : une conduite, une réaction, voire une émotion peuvent être inappropriées et stupides[3]. Cette forme de stupidité ne s'établit pas comme déviation accidentelle de la droiture de la pensée. Un joueur de football, disait Musil, peut être complètement stupide lorsqu'il rate une occasion évidente, même si son nom est Hölderlin. Mais un entraîneur ne serait pas moins bête d'exiger de ses joueurs de réciter le poème « *Blödigkeit* » par cœur[4]. Du fait que le vrai doit être lui-même soumis au critère du sens et du non-sens, de ce qui est intéressant ou lassant à mourir, la bêtise, contrairement à l'erreur, acquiert du coup quelque chose d'inéluctable et d'incontournable : fatal comme

---

1 M. Adam, *op. cit.*, p. 34 Je ne suis pas sûr en revanche qu'il ait bien saisi le sens à donner à ce que Deleuze lui-même appelle le fond, et à l'usage qu'il en fait. Encore moins à l'idée qu'il développe au sujet de ce qu'il appelle la pensée (p. 134 *sq.* « ce que penser veut dire »).

2 Il peut y avoir de la noblesse dans le fait de dire des bêtises, comme le remarque « Gulliver » dans l'essai de B. Cannone, *op. cit.*, p. 98.

3 Pour les émotions stupides, voire isolées du sens, *cf.* chapitre p. 79.

4 R. Musil, Über die Dummheit, in *Gesammelte Werke 8, Essays und Reden*, Reinbeck bei Hamburg, Rowohlt Verlag GmbH, 1978. Ce texte est commenté par A. Ronell, *Stupidity*, Paris, Points Essais, 2008.

le destin[1]. L'intelligence acérée, armée de perspicacité et de sagacité, n'est peut-être plus en mesure de la combattre ou de lutter contre elle.

Sartre a écrit un texte étonnant et profond sur l'intérêt bien connu qu'avait Flaubert pour la bêtise. Ce texte avait d'abord été publié séparément dans *Les Temps Modernes*, pour être ressaisi ensuite comme chapitre (« La bêtise de Gustave ») dans son étude monumentale *L'idiot de la famille*. Dans son approche il reprend la formule bergsonienne brevetée : « le mécanique se plaque sur du vivant[2] ». Pour Henri Bergson, cette formule était supposée saisir la « source » du comique, « l'idée primitive, celle d'un mécanisme superposé à la vie[3] ». Selon lui, le comique résulte de la superposition et de la suppression du vital par ce qui n'en est qu'une expression superficielle (le mécanique, l'automatisme[4]).

Quel est le sens de cette formule : « le mécanique se plaque sur du vivant » ? Tentons de l'éclaircir en essayant de reconstituer la filiation, de creuser à la racine cartésienne de l'arbre généalogique qui nous a procuré ces deux penseurs qu'étaient Bergson et Sartre. Il s'agira donc de montrer de quelle façon le modèle bergsonien du comique résonne dans le modèle sartrien de la bêtise. Cette résonnance (comme tout écho) ne vibre pas sans altération. Car en faisant mine d'adopter certaines idées du « Rire », Sartre va bien au-delà de Bergson. En outre, s'il le « dépasse » c'est entre autres « grâce » au fait que sa pensée récupère une idée centrale du dualisme cartésien et plus précisément de sa notion de matière : l'inertie. Cette conception cartésienne de l'étendue, Bergson avait justement voulu la surmonter. Cela permettra de suggérer en quoi finalement certaines idées fondamentales issues du dualisme cartésien, malgré les tentatives de « corriger son erreur, voire sa bêtise[5] », continuent de hanter notre pensée.

---

1   « La inteligencia tiende hacia la imbecilidad como los cuerpos hacia el centro de la terra. » (N. G. Dávila, *Escolios a un texto implícito*, Bogotá, Villegas editores, Tomo I, 2005, p. 128).

2   J.-P. Sartre, *L'idiot de la famille*, Paris, Gallimard, 1971, Tome I, p 616.

3   H. Bergson, *Le rire*, in *Œuvres, op. cit.*, p. 35.

4   Déjà pour La Bruyère, cette idée de superposition caractérisait la sottise : « Le sot *est automate*, il est machine, il est ressort, le poids l'emporte, le fait mouvoir, le fait tourner, et toujours, et dans le même sens, et avec la même égalité ; il est uniforme, il ne dément point : qui l'a vu une fois, l'a vu dans tous les instants et dans toutes les périodes de sa vie ; c'est tout au plus un bœuf qui meugle, ou le merle qui siffle, il est fixé et déterminé par sa nature, et j'ose dire par son espèce : ce qui paraît le moins en lui, c'est son âme, elle n'agit point, elle ne se s'exerce point, elle se repose. » (*Œuvres complètes*, Paris, Gallimard, Bibliothèque de la Pléiade, 1951, p. 337-338).

5   Voir chapitre p. 61.

LES DEUX « UNIONS »

On sait que Bergson s'était d'emblée emparé de cette idée de super-position de l'âme (de l'esprit, ou de la vie) par la matière, du temps par l'espace, en vue d'expliciter l'origine de bon nombre de faux problèmes, telle l'illusion de la liberté comme faculté de libre choix, l'idée empiriste (associationiste) de la sensation, du temps comme succession d'instants, etc. Son but étant ainsi de les démanteler[1]. Nous avons par exemple une *fausse* conception de notre vie intérieure du fait que les représentations que nous formons de notre « conscience pure » sont issues d'images visant la matière, le monde physique ou les objets dans l'espace. En ce sens, la stratégie de Bergson est très cartésienne[2] : il faut purger la conscience des qualités qui ne lui appartiennent pas en propre, et qui ont été subrepticement empruntées à l'étendue. Cependant, Bergson est non-cartésien en ce qui concerne l'idée qu'il se fait de cette conscience. Pour lui, on n'atteint pas cette conscience pure par un effort analytique, c'est-à-dire, basé sur notre capacité de distinguer, de séparer, de diffé-rencier, etc. mais par l'intuition. Celle-ci nous fait accéder à une réalité « du dedans ». « Il y a une réalité au moins que nous saisissons tous du dedans, par intuition et non par simple analyse[3] ».

Cette stratégie semble en partie fortement inspirée par la pensée de Malebranche, mais en abandonnant ou même en négligeant l'importance que celui-ci vouait à la tension fondamentale entre ce qu'il appelait les deux « unions ». Quelle est cette tension ? Partons de Descartes. Pour lui, il est important de distinguer entre deux attitudes que l'on adopte dans notre rapport aux choses, à la réalité ou à la vie en général. Une première attitude est de nature intellectuelle et cognitive et elle se caractérise par le pouvoir qu'elle nous offre de distinguer, c'est-à-dire d'analyser. Cette attitude avance par distinctions fondamentales et démarque ainsi les différences entre corps et esprit, entre idées fausses et idées vraies, etc. En revanche, une attitude « synthétique » agence des

---

1   Sur le rôle de ce démantèlement dans l'enjeu « métaphysique » de Bergson, *cf.* C. Riquier, *Archéologie de Bergson, Temps et métaphysique*, Paris, PUF Epiméthée, 2009.

2   Sur cette stratégie, voir chapitre p. 61.

3   H. Bergson, *Introduction à la métaphysique, Œuvres, op. cit.*, p. 1396.

représentations issues de l'union (et non la distinction) de l'âme et du corps : c'est l'attitude propre à l'expérience des choses, et elle agit dans le domaine des sensations, des passions, bref de la vie ou du « vécu[1] ». Les représentations se manifestant dans ce domaine n'ont pas de valeur cognitive, mais, comme on le verra plus loin, elles ont une valeur « bio-fonctionnelle ». Or, cela signifie que pour Descartes, les erreurs ne sont pas toutes du même ordre : il existe des erreurs propre à chaque domaine, c'est-à-dire des erreurs au sein du savoir, ou des erreurs dans le domaine de la vie. Et surtout, il existe une forme d'erreur qui se rapprocherait plus de ce qu'on pourrait décrire comme une forme de bêtise : celle qui résulte d'une confusion entre ces deux domaines et entre leurs deux attitudes radicalement opposées (analyse versus synthèses « passives »). Plus qu'une simple erreur, il est bête (« ridicule », dira Pascal) d'adopter dans le domaine de la vie l'attitude analytique, et inversement, de croire que les sensations et le genre de rapports passifs qu'elles produisent aient une valeur cognitive[2]. Une sensation nous révèle les qualités des choses en fonction de nos exigences et de notre bien-être corporel. Pas besoin d'analyses chimiques approfondies pour s'assurer qu'une pomme est bonne pour la santé : son goût nous le manifeste. Ou inversement, il est « ridicule » d'attribuer à ses sensations une valeur représentative, par exemple lorsqu'on affirme que la chaleur est une qualité du feu. Une sensation est en cela, pour Descartes, une idée « matériellement fausse ».

Certes, il faut noter que d'un point de vue épistémologique, cette notion d'idée *matériellement fausse* est en elle-même très confuse, et fortement débattue[3]. Son existence résulte vraisemblablement de la thèse assez fondamentale que défend Descartes lorsqu'il prétend que tout contenu de conscience est une idée. Si une sensation est une idée, elle est donc censée se comporter de la sorte et – pareille à toutes les idées – elle doit renfermer un contenu représentationnel, c'est-à-dire une

---

1   Bien sûr, Descartes reconnaît l'existence d'une forme de synthèse purement intellectuelle. Mais elle se forme sur base de notions simples analytiquement distinguées. On se souvient du sens qu'attribuait Guéroult à l'opposition entre analyse et synthèse : l'une visant l'ordre de la connaissance, l'autre l'ordre de l'être. Je ne m'y arrêterai pas. Pour une lecture critique de cette version, *cf.* D. Garber & L. Cohen, « A point of Order : Analysis, Synthesis, and Descartes's Principles », in *Archiv für Geschichte der Philosophie*, 1982, p. 136-147.

2   Comme aurait dit Balzac : « Raisonner là où il faut sentir est le propre des âmes sans portée » (« *La femme de trente ans*, in *Œuvres complètes*, Paris, Gallimard, Bibliothèque de la Pléiade, 1951, Tome II, p. 766).

3   Lilli Alanen, *Descartes' Concept of Mind*, Harvard, Harvard University Press, 2003.

« réalité objective ». De là vient la confusion qui nous pousse à croire que les sensations partagent avec les idées claires et distinctes le pouvoir de nous parler des choses[1].

Malebranche évite ce problème épineux de manière radicale et lourde de conséquences : une sensation n'est pas une idée du tout[2]. Certes, il reprend à son compte la distinction évoquée à l'instant entre les deux « domaines », et les deux attitudes qui les représentent : l'intellect versus l'expérience. Mais il leur attribue une autre destination. Le domaine de l'intellect ou celui des idées pures, n'est plus selon lui la manifestation de notre propre pensée active ou du cogito, mais elle suppose une union de l'âme avec Dieu. En d'autres mots, l'âme ne contient pas d'idée. En revanche, le domaine de l'expérience est celui qui représente l'union de l'âme avec le corps, et ici, ce qui nous est donné n'est pas du tout de l'ordre des idées, mais se décrit comme une « modification » continue de l'âme (bref, une forme de durée), démunie de contenu représentationnel ou intentionnel. « Il est ce me semble fort utile, écrit Malebranche, de considérer que l'esprit ne connaît les objets que de deux manières : par lumière et par sentiment [...] C'est par la lumière et par une idée claire que l'esprit voit les choses, les nombres et l'étendue. C'est par une idée confuse ou par sentiment, qu'il juge de l'existence des créatures, et qu'il connaît la sienne propre[3] ».

Il va sans dire que cette déclaration est de première importance : on voit comment Malebranche y annonce une thèse qui fera date, et qui montre en quoi l'existence se manifeste en nous (« sans nous ») en tant que sensation, donc sans la médiation d'idées. L'existence du monde ou la présence des choses matérielles nous sont donc révélées de façon non représentative : c'est un « sentiment intérieur », cette « modification de l'âme », qui manifeste en nous l'existence. La vie, ou *l'existence* des choses ne nous est donc pas dévoilée par une idée, mais par ce que

---

1   Pour une mise au point récente de cette problématique, *cf.* R. De Rosa, *Descartes & the Puzzle of Sensory Representation*, Oxford, Oxford University Press, 2010.

2   Ce thème est un des point du « débat » entre Malebranche et Arnauld. *Cf.* le commentaire de P. Guenancia, « L'idée comme représentation », in *Descartes, chemin faisant*, Paris, encre marine, 2010, p. 115 *sq.* Concernant le « débat » en tant que tel, *cf.* S. Nadler, *Arnauld and the Cartesian Philosophy of Ideas*, Manchester, Manchester University Press, 1989.

3   *De la recherche de la vérité, op. cit.*, p. 914. Il précise aussi plus bas : « ... c'est en Dieu [...] que l'on voit tout ce que l'on connaît par lumière ou idée claire. C'est en soi-même que l'on voit tout ce que l'on connaît par sentiment » (*De la recherche de la vérité, op. cit.*, p. 915).

Rousseau appellera un peu plus tard le « sentiment de l'existence »,
ou même une « conscience », « ce juge infaillible du bien et du mal[1] »,
sentiment intérieur qui me convainc plus que le raisonnement du fait
que « j'existe », et qu'il y a de l'être.

En outre, dans la V*e* *Promenade*, Rousseau ira même jusqu'à décrire
ce sentiment comme une *durée intérieure*, « où le présent dure toujours
sans néanmoins marquer sa durée et sans aucune trace de succession[2] ».
Ajoutons que, selon Malebranche, cette modification perpétuelle de
l'âme est en fin de compte ce qui nous est donné dans le domaine de
l'union de l'âme avec le corps.

BERGSON

On vient donc de voir que Malebranche stabilise l'opposition
des domaines suggéré par Descartes, et que l'on pourrait résumer
ainsi : l'union de l'âme avec Dieu représente le domaine des idées, de
l'entendement, de la connaissance par « illumination[3] ». C'est donc le
domaine au centre duquel s'articulent les distinctions, les discriminations
et séparations conceptuelles par analyse, c'est-à-dire le domaine où le
dualisme entre âme et corps, matière et pensée, *res cogitans* versus *res
extensa* assume un rôle métaphysique et théorique. Dans ce domaine on
atteint *l'absolu* : à savoir ce qui existe indépendamment de notre vision
ou de notre point de vue individuel.

En revanche, l'union de l'âme avec le corps délimite le domaine des
nos expériences ou de nos sentiments : ceux-ci épuisent leur être en
tant que modification de l'âme. Ces modifications n'ont aucune valeur
cognitive, mais elles servent les enjeux et le bien-être de la vie corporelle
et ses besoins vitaux. Ici, notre appréhension n'accède jamais à quelque
chose d'absolu, mais à ce qui est *relatif.*

---

1   J.-J. Rousseau, *Émile*, in *Œuvres complètes*, Paris, Gallimard, Bibliothèque de la Pléiade,
Tome IV, 1969, p. 601.
2   J.-J. Rousseau, *Rêveries d'un promeneur solitaire*, in *Œuvres complètes*, Paris, Gallimard,
Bibliothèque de la Pléiade, Tome I, 1959, p. 116.
3   *Cf.* à ce sujet Denis Moreau, *Malebranche : Une philosophie de l'expérience*, Paris, Vrin, 2004.

Ce dualisme recouvre en partie celui que Descartes supposait entre les connaissances que nous acquérons par l'entendement (idées claires et distinctes) et ce qui nous est donné grâce à l'union de l'âme avec le corps (sensations, passions, imagination). Mais Malebranche se distancie de Descartes quant au statut qu'il faut accorder aux sensations : elles n'ont pas le statut ni la stature d'une idée, mais ne sont que modifications de l'âme ; elles manifestent en nous l'existence des choses et de nous-mêmes. Mon existence et celle des choses me sont révélées par sentiment.

Bergson, après Rousseau, va lui-même réévaluer le sens de cette opposition *tout en inversant sa hiérarchie*. Car pour lui, l'intellect, c'est-à-dire l'organe des distinctions, de la fragmentation, ou de l'analyse, sert moins les fins théoriques et métaphysiques, que les fins pratiques (« l'action »), c'est-à-dire qui se rapportent aux fins vitales avec la matière. On se retrouve dans le domaine du *relatif*, celui où le sens des choses dépend de leur fonction par rapport à nos besoins tels qu'ils nous sont dictés par ce que Malebranche identifiait à l'union de l'âme avec le corps. En d'autres termes, c'est le domaine de l'être comme « incarné ».

En revanche, pour Bergson le domaine du métaphysique ou de l'absolu recouvre ce qui dans la pensée de Malebranche appartenait à celui de l'expérience. Bergson élève à l'absolu ce qui pour un cartésien n'avait qu'une valeur toute relative, et *vice versa*. Dans son *Introduction à la métaphysique*, il pose l'opposition entre analyse et intuition comme suit : « il suit de là qu'un absolu ne saurait être donné que dans une intuition, tandis que tout le reste relève de l'analyse. Nous appelons ici intuition la sympathie par laquelle on se transporte à l'intérieur d'un objet pour coïncider avec ce qu'il a d'unique et par conséquent d'inexprimable. Au contraire, l'analyse est l'opération qui ramène l'objet à des éléments déjà connus, communs à cet objet et à d'autres. [...] Toute analyse est ainsi traduction, un développement en symboles, une représentation prise de point de vues successifs[1]... ».

Pour Bergson, la réalité que l'on saisit *du dedans* est notre vie inté-rieure (et par extrapolation, la vie de l'esprit, l'élan créatif). Mais dans notre appréhension cette intériorité, voire cette durée, a été défigurée par les représentations intellectuelles qui ne concernent que la matière, c'est-à-dire par ce que l'esprit analytique espère y trouver. Notre intuition

1   H. Bergson, *Introduction à la métaphysique*, *Œuvres, op. cit.*, p. 1395-1396.

de la durée est obscurcie par une représentation déformante qui ne nous offre qu'un modèle de temps nommé « bâtard » : sa réalité n'est saisie qu'à l'aide de concepts opérants dans le domaine de ce qu'une visée intellectuelle a coutume d'appréhender comme « distinct » (ce qui donc appartient à la nature de la matière, de l'espace, de l'extériorité : c'est-à-dire ce qui relève de l'ordre de l'immobile, du quantifiable, du mesurable, de l'extensif, etc.)

Ces oppositions bergsoniennes entraînent celles bien connues entre l'intuition et l'intelligence, la transcription symbolique versus la réalité « musicale » (« unité mélodique »), l'hétérogène versus l'homogène, la vie opposée à la matière, la réalité comme le « mouvant » versus sa représentation scientifique et intellectuelle (étouffant cette mouvance sous des concepts figés, des perceptions solides qui « partent de l'immobilité »), etc. « Mais, ainsi que nous rassure Bergson, la vérité est que notre esprit peut suivre la marche inverse. Il peut s'installer dans la réalité mobile, en adopter la direction sans cesse changeante, enfin la saisir intuitivement[1] ». À l'encontre d'une tendance classique et inaugurée par Descartes, « philosopher consiste à invertir la direction habituelle du travail de la pensée[2] ». Il est donc toujours possible, voire conseillé, au prix d'un immense effort, « souvent pénible », précise Bergson, de se placer d'un coup « au cœur même du sujet » et de gagner une intuition de la réalité, de ce qui lui appartient de façon très intime, et cela grâce à ce qu'il désignait comme « une longue camaraderie avec ses manifestations superficielles[3] ».

Si l'on joint ces descriptions à notre problème de la bêtise, on peut avancer que pour Bergson, celle-ci se rapproche du modèle de l'erreur ou de la fausse représentation (du temps, du moi, de la vie…) et qui, au prix d'un effort « souvent pénible » se laisse corriger grâce au savoir que l'on atteint en coïncidant avec le flux profond et créatif de la durée, de l'esprit ou de la vie en tant que telle. C'est ce que Bergson tente de faire dans ses ouvrages, mais c'est aussi sur ce modèle qu'il interprète le sens du comique : il exige, dit Bergson dans *Le rire*, « pour produire tout son effet, quelque chose comme une anesthésie momentanée du

---

1   *Ibidem*, p. 1421.
2   *Ibidem*, p. 1422.
3   *Ibidem*.

cœur[1] ». Qu'entend-il par-là ? Pour illustrer son propos, il part de l'exemple suivant : on est à un bal, et pour éprouver le comique, il suffit dès lors de boucher ses oreilles « au son de la musique » en regardant danser des personnes, et leurs actions apparaîtront aussitôt ridicules. Le comique s'adresse à « l'intelligence pure[2] », à un « spectateur indifférent » qui au lieu de « s'intéresser à tout ce qui se dit », au lieu de sentir avec ceux qui dansent, de donner à sa sympathie « son plus large épanouissement » au mouvement de la vie, reste donc à distance de son flux interne. Il assiste à la vie en spectateur éventuellement indiscret, appréhende tout d'un point de vue de et à l'aide des outils et des représentations de « l'intelligence pure ». C'est pourquoi le comique naîtra au moment où l'on parvient à « faire taire sa sensibilité » et à exercer sa « seule intelligence[3] ».

Le risible apparaît donc dans l'exacte mesure où un corps « nous fait penser à une simple mécanique[4] », il apparaît suite à une « mécanisation » du corps humain, d'une substitution de la vie par un automatisme, « d'un mécanisme superposé à la vie[5] ». On aurait tendance à croire que le comique résulte du fait que l'on adopte vis-à-vis de la vie (dans le perspective de Malebranche : « l'union de l'âme avec le corps ») une attitude exclusivement intellectuelle (pour Malebranche : « l'union de l'âme avec Dieu »). En revanche, rendez à votre sympathie tout son « épanouissement », et ce qui paraissait risible, absurde et comique se dissout, « comme sous un coup de baguette magique[6] », les choses recouvrent leur sens, elles prennent « du poids, et une coloration sévère » passent sur elles.

Or, quel genre de baguette magique est en mesure de lever et de neutraliser la forme de bêtise dont parle Flaubert, « de la nature du granit, dure et résistante » ? La bêtise a quelque chose d'inerte et d'indissoluble. Elle écrase celui qui la contrarie ou lui résiste. D'où lui vient sa dureté inébranlable ?

Bergson donne plusieurs exemples du comique, exemples qui chez Flaubert et Sartre illustreront une forme de bêtise : l'un d'eux est le

1 H. Bergson, *Le rire*, *Œuvres, op. cit.*, p. 389.
2 *Ibidem*.
3 *Ibidem*, p. 390.
4 *Ibidem*, p. 401.
5 *Ibidem*, p. 408.
6 *Ibidem*, p. 389.

phénomène des cérémonies, où la raideur se superpose sur et « jure avec » la souplesse de la vie[1]. L'idée du risible, dit Bergson, « se forme dès que nous apercevons de l'inerte, du tout fait, du confectionné enfin, à la surface de la société vivante. C'est de la raideur encore, et qui jure avec la souplesse intérieure de la vie. Le côté cérémonieux de la vie sociale devra donc renfermer un comique latent, lequel n'attendra qu'une occasion pour éclater au grand jour[2] ». Avec sa raideur et ses formalités, « formes et formules », le cérémonieux évoque l'image d'un « mécanisme superposé à la vie ». En effet, dit Bergson, il suffit d'oublier « l'objet grave d'une solennité ou d'une cérémonie » pour que ceux qui y prennent part fassent « l'effet de vouloir s'y mouvoir comme des marionnettes[3] ». C'est de l'automatisme, mais à une réserve près, car, dit Bergson, « l'automatisme parfait sera, par exemple, celui du fonctionnaire fonctionnant comme une simple machine, ou encore l'inconscience d'un règlement administratif s'appliquant avec une fatalité inexorable et se prenant pour une loi de la nature[4] ».

Cette dernière remarque est de première importance, car elle semble dépasser les limites mêmes de l'idée bergsonienne du comique résultant d'une « superposition », ou substitution du vital par le mécanique. Dans l'exemple qu'il donne pour illustrer ce propos, il ne s'agit pas tout bonnement d'une « traduction » de la souplesse intérieure de la vie en un langage rigide propre à l'administration. Il est bien plutôt question d'une contamination de l'un par l'autre, du créatif par l'inerte. Voici l'exemple (illustrant une forme de bêtise, en effet, très reconnaissable) :

> Il y a un certain nombre d'années, un paquebot fit naufrage dans les environs de Dieppe. Quelques passagers se sauvaient à grand-peine dans une embarcation. Des douaniers, qui s'étaient bravement portés à leurs secours, commencèrent par leur demander « s'ils n'avaient rien à déclarer[5] ».

---

1   *Ibidem*, p. 408.
2   *Ibidem*.
3   *Ibidem*.
4   *Ibidem*, p. 409.
5   *Ibidem*.

« LA BÊTISE EST LE CAMEMBERT DE FLAUBERT[1] »

Pourquoi trouvons-nous cette réaction des douaniers, voire la situation en tant que telle, si indéniablement *stupide* ? Ce qui semble être en
jeu ici est bien moins innocent et inoffensif que les cas décrits comme
phénomènes résultant d'une simple réglementation automatique de
la société, « se substituant aux lois de la nature[2] ». On voit apparaître
l'image du fonctionnaire zélé qui justifie sa conduite inflexible en se
barricadant obstinément derrière une règle ou une loi. Il ne se soumet
pas tout bonnement à la loi, mais il s'affecte des qualités immuables,
assurées et fixes de ce qu'une loi contient de mécanique. C'est en cela
que son comportement relève de bêtise : la bêtise, dit Sartre « est une
opération passive par laquelle l'homme s'affecte d'inertie pour intérioriser l'impassibilité, la profondeur infinie, la permanence, la présence
totale et instantanée de la matière[3]. » Pour comprendre la bêtise, l'idée
d'une superposition d'un automatisme sur la vie ne suffit pas. Cette
superposition explique un aveuglement, celui d'une machine aux réactions déréglées et inadéquates vis-à-vis des exigences particulières de la
réalité. Or, la bêtise n'est pas tout bonnement l'expression d'un manque
mécanique d'adaptation, privation d'ajustement dû à l'indifférence
d'automate aux choses de la vie. C'est plus fort : la bêtise résulte du
fait qu'une partie de cette *rigidité s'insère dans la vie*, à tel point qu'elle
finit par contaminer tout ce qui relève du vital, du créatif et du spontané. La couche vitale n'est pas étouffée ou supprimée sous le poids du
mécanique. Le fait qu'un corps vivant, social ou biologique devienne
rigide et réglé comme un mécanisme n'a en soi encore rien de stupide.
Aussi n'y a-t-il rien de bête ni de comique à l'entreprise cartésienne de
décrire le corps humain comme un automate, ou, comme disait Bergson,
de voir et d'appréhender « le corps [comme n'étant] à nos yeux qu'une
enveloppe lourde et embarrassante, lest importun qui retient à terre
une âme impatiente de quitter le sol[4] ». Ce qu'il y a d'irritant chez cet

---

1   J.-F. Louette, *Traces de Sartre*, Grenoble, Ellug, 2009, p. 305.
2   H. Bergson, *Le rire*, *Œuvres*, *op. cit.*, p. 409.
3   J.-P.. Sartre, *L'idiot de la famille*, *op. cit.*, Tome I, p. 626.
4   H. Bergson, *Le rire*, *Œuvres*, *op. cit.*, p. 410.

officier des douanes n'est pas le fait qu'il agit « bêtement » comme une machine aveugle et sourde. Mais bien plutôt que dans tout ce qu'il dit, dans tout ce qu'il pense et ce qu'il exprime, dans sa conduite même, il y a cette lourdeur pesante, ce sérieux du métal ou du granit. Il garde quelque chose de très humain, son « âme » : mais celle-ci est contaminée ou gâtée par la matière inhumaine.

Bergson interprète le comique aussi comme l'effet « d'obstruction » : l'âme est distraite et dévoyée de sa nature par les besoins prosaïques du corps. Brusquement contrariée dans son élan énergique de vive créativité par « le corps stupidement monotone, intervenant et interrompant avec son obstination de machine[1] », la personne est « embarrassée » par son corps, comme dans cet exemple de l'orateur qui « éternue au moment le plus pathétique de son discours[2] ». Ou dans cet autre exemple qu'il donne, issu d'une phrase d'oraison funèbre « citée par un philosophe Allemand : "Il était vertueux et tout rond"[3] ».

Qu'il y a-t-il de comique, voire de stupide dans cette phrase et par extension, dans cette personne vertueuse et ronde ? Pas simplement le fait que le tempérament vertueux de cette personne soit écrasé sous le poids de son obésité et de son embonpoint excessif. Mais bien plutôt le fait que désormais, le sens de sa vertu incorruptible *est contaminé* par cet empâtement physique. Cette idée de contamination va plus loin que celle défendue par Bergson ne retenant que l'idée d'une obstruction ou de superposition. Dans son approche du rire, il se réduit à penser comment une couche vitale plus profonde et pleinement créatrice se voit recouverte par et dissimulée sous une surface de matière et de mécanisme automatique.

Sartre reprend certains exemples bergsoniens, qu'il retrouve d'ailleurs dans les écrits de Flaubert. Par exemple celui des « cérémonies » cité plus haut, comme celle du « jour de l'an[4] ». Il s'agit pour Sartre d'une totalité de conduites, de « gestes et de sentiments appris » qui constituent des « rites de l'intégration ». On y joue en y croyant : « l'attitude collective absorbe l'individu, les utilise et s'affirme dans l'absurdité comme la réalité matérielle qui les supprime à son profit. » Elles agissent presque

---

1   *Ibidem*, p. 411.
2   *Ibidem.*
3   *Ibidem.*
4   J.-P. Sartre, *L'idiot de la famille, op. cit.*, Tome I, p. 614.

comme une loi naturelle, avec la nécessité et l'opacité de la mécanique de Newton. Tout le monde y participe. Sartre, dans une phrase qui rappelle donc les formules de Bergson, écrit : « le mécanique se plaque sur le vivant, la généralité supprime l'originalité de l'expérience singulière, la réaction préfabriquée se substitue à la praxis adaptée[1] ». Mais il y a plus, car en soi cette opposition entre le général et le particulier, entre le mécanique et le vivant ne décrit pas encore la bêtise : il y a bêtise, ainsi le suggère Sartre, là où ces pratiques déterminent notre façon d'agir et de penser au lieu de simplement les étouffer ou de s'y superposer. Pis, elles dictent ce que l'on finit par croire être « authentique », « singulier » ou « spontané ». On se sent entièrement justifié d'agir de cette façon conformiste, remplis que nous sommes de l'épaisseur et de l'importance de ce qui prend l'apparence d'une loi rigide et naturelle. Et c'est là que réside *l'origine* de la bêtise : tout ce que nous possédons de créativité, de singularité ou d'originalité se voit monopolisé et déterminé par ces pratiques impersonnelles. Elles ont l'opacité d'une chose réelle, et nous adoptons passivement cette opacité, son inertie et son épaisseur dans notre pensée la plus intime, sans même pouvoir remonter aux sources. Comme une épidémie, ou aussi volatile que l'idiot : « Ainsi la bêtise est infinie parce qu'elle *vient toujours d'ailleurs* – d'une autre époque, d'un autre lieu ; elle est inerte et opaque puisqu'elle s'impose par sa pesanteur et puisqu'il n'est pas possible d'en modifier les lois ; elle est chose, enfin puisqu'elle possède l'impassibilité et l'impénétrabilité des faits de la nature[2] ».

Voilà le caractère aussi le plus inquiétant de la bêtise : on se croit authentique, on utilise des expressions que l'on croit originales, ou on donne des prénoms que l'on s'imagine être hors du commun : mais on les retrouve disséminés un peu partout et au même moment. La bêtise résulte donc d'une contamination réciproque : ainsi dans mes engagements je ne fais rien de plus qu'adopter passivement un conformisme d'actions en soi inoffensives, conformisme dans lequel je m'enfonce et dont l'épaisseur et la rigidité me donnent un sentiment de gravité et de responsabilité. J'affecte mes actions individuelles de la lourdeur et de toute l'inertie de la structure à laquelle je participe. Cette lourdeur (comme celle d'une chose) impose son poids et sa densité sur ma pensée :

---

1   *Ibidem*, p. 616.
2   Je souligne, *Ibidem*, p. 616.

tout ce que je dis et ce que j'imagine acquiert le sérieux et le caractère inébranlable de cette structure impersonnelle.

Nietzsche donne un bel exemple de ce genre de bêtise : dans un passage issu du *Gai savoir*[1], il se plaint des « horribles intonations » qui se propagent parmi les gens « distingués » de langue allemande. Un timbre particulier, qui risque de devenir à la longue un vrai danger pour la langue, s'infiltre dans la manière de prononcer certaines phrases : « Avoir quelque chose d'ironique, de froid, d'indifférent, de nonchalant dans la voix », voilà ce qu'ils tiennent pour distingué. Parce que c'est l'allemand de l'officier prussien. Or, cet allemand d'officier commence à gâter la langue des fonctionnaires, des professeurs, des domestiques ou des marchands de poissons. « Et les petites filles elles-mêmes imitent déjà cet allemand d'officier ». Voilà la bêtise : une petite fille disant « moi, je n'aime pas le chocolat » avec toute l'affectation, le froid et la nonchalance d'un officier prussien parlant de sa dernière conquête.

Toutefois, si bêtise est « chose », à l'inverse, certaines choses peuvent être bêtes[2]. La « casquette » de Charboravy, « les petites pantoufles brunes » de Louise Collet : ces objets semblent animés par des tempéraments personnels et humains. Comme certaines voitures qui « incarnent » des traits caractérisant des personnes (nervosité, sportivité, intelligence, élégance...). Mais du coup, les rapports se renversent et l'humain se voit envahi par des caractères purement mécaniques (« il agit comme un camion »). On trouve une belle illustration de cette contamination réciproque dans le personnage proustien de « Cambremer ». Attardons-nous-y, car le nom seul vaut déjà tout un roman : d'abord, parce que c'était le nom de famille de la grand-mère maternelle de Flaubert[3]. En outre, il est prosaïque, puisqu'il contracte en lui seul le nom de Pierre Cambronne, célèbre major de la Garde impériale en 1812, et son non moins célèbre « mot[4] ». Proust, pour qui les noms n'ont jamais rien

---

1   F. Nietzche, *Le Gai Savoir*, « De l'intonation de la langue Allemande », in *Œuvres*, Paris, Robert Laffont (collection Bouquins), 1993, Tome II, p. 116-117.

2   J'analyse plus bas au chapitre p. 201 un exemple de chose stupide, les objets miniatures.

3   A. Thibaudet remarque à ce propos : « Si Flaubert avait figuré de son vivant dans un roman à clef [...] on l'y eût appelé, assez à propos, Cambremer », in *Gustave Flaubert* (1935), Tel Gallimard, 1992, p. 9.

4   Outre le légendaire « la garde meurt mais ne se rend pas », que le major aurait lancé en réponse au général britannique venu demander sa reddition, il aurait, après insistance du britannique, répondu « merde ».

d'innocent, l'introduit lors de la description d'une soirée chez Mme de Saint-Euverte. La « petite Mme de Cambremer » y fait son apparition et ne semble pas devoir compter sur l'indulgence de la duchesse de Guermantes, qui ne rate d'ailleurs jamais une occasion de railler une parvenue. Déjà, elle trouve que « Cambremer » « n'est pas euphonique ». Mais « l'esprit des Guermantes » se manifeste surtout au moment où la duchesse retrouve Swann et qu'ensemble il plaisantent au sujet du nom de la « petite » :

> — Enfin ces Cambremer ont un nom bien étonnant. Il finit juste à temps, mais il finit mal ! dit-elle en riant.
> — Il ne commence pas mieux, répondit Swann.
> — En effet cette double abréviation !...
> — C'est quelqu'un de très en colère et de très convenable, qui n'a pas osé aller jusqu'au bout du premier mot.
> — Mais puisqu'il ne devait pas pouvoir s'empêcher de commencer le second, il aurait mieux fait d'achever le premier pour en finir une bonne fois[1].

Or, les choses s'aggravent pour la famille et le (re)nom de Cambremer, lorsque Marcel, pendant son deuxième séjour à Balbec, apprend la déformation que fait le liftier de l'hôtel du nom de la « marquise douairière » : il l'appelle Mme de Camembert[2], sans d'ailleurs se douter de son erreur. C'est que, pense Marcel à cette occasion, chez une personne qui n'a sur la noblesse « et les noms avec lesquels se font les titres » que des notions fort vagues, il faut croire que « le nom de Camembert lui avait paru d'autant plus vraisemblable que, ce fromage étant universellement connu, il ne fallait point s'étonner qu'on eût tiré un marquisat d'une renommée aussi glorieuse[3] ». Cette erreur de jugement, et ce lapsus produit ainsi un bon exemple de bêtise. Non seulement celle qui frappe le liftier,

---

1 M. Proust, *À la recherche du temps perdu*, Paris, Gallimard, Bibliothèque de la Pléiade, 1987, Tome I, p. 335-336. La duchesse ajoute aussi, se plaignant de Froberville : « Pensez que je n'aurais même pas pu faire comprendre à cet idiot de Froberville que le nom de Cambremer est étonnant ». Charlus sera un peu moins délicat et raffiné dans son jeu de mot, au moment où il se sentait obligé d'instruire l'ignorant violoniste des alliances et des familles prépondérantes du monde. Après avoir cité la liste des « anciennes familles », il arrive aux « petits » : « Quant à tous les petits messieurs qui s'appellent marquis de Cambremerde ou de Fatefairefiche, il n'y a aucune différence entre eux et le dernier pioupiou de votre régiment » (*À la recherche du temps perdu*, Tome III, p. 475).

2 « C'est la marquise de Camembert qui vient n'ici (*sic*) pour voir Monsieur… » (*À la recherche du temps perdu*, Tome III, 200).

3 *À la recherche du temps perdu*, Tome III, p. 220.

mais celle qui affecte par le « double mouvement[1] » de contamination la personne même de la marquise. C'est toute sa personne qui semble du coup « tirée » de ce fromage. Le double mouvement produit un « effet de stupide » (au sens où Barthes parlait d'un « effet de réel ») : d'une part on voit un fromage bien gras envoûté par une âme, qui en outre s'intéresse à l'art et aux beaux paysages[2]. C'est, dit Sartre, la matérialité « singeant la pensée[3] ». Mais en retour, cette âme cultivée est prise par le fromage : sa pensée est grasse et ses idées fondent ou s'affaissent comme une pâte molle à croûte fleurie. Dans la bêtise, la personne se laisse absorber par la matérialité en même temps que la matière semble ensorcelée par l'humain. Désormais, quoiqu'elle dise et quoiqu'elle fasse, la marquise douairière restera poursuivie par ce produit laitier de basse Normandie[4].

Cependant, ce « double mouvement » que je viens de décrire ne produit nullement un état d'osmose entre matière et âme, à la différence d'une œuvre d'art où forme et matière « fondent »pour ainsi dire en un tout indissociable. Dans la bêtise, (et on le verra de manière plus explicite dans le contexte de l'exemple d'un objet stupide) la matière garde une part de sa rigidité, et ne se laisse pas entièrement animer par l'humain. De là ce que Sartre appelle la « contre-finalité » : tout projet humain est repris par son support et inversé en nécessité pure et avilissante, ce qui asservit le mouvement de transcendance censé le dépasser. La matière pose des significations et contraintes sur mes actes particuliers.

C'est, comme le décrit bien Sartre (non sans référence critique aux poncifs de l'époque), souvent le cas du langage : sa contre-finalité nous infecte d'une « pensée à l'envers », « produite par des mots au lieu qu'elle les gouverne[5] ». La matérialité (entre autres verbale) du langage, s'organisant selon ses propres liens (allitérations, assonances versus

---

1   J.-P. Sartre, *L'idiot de la famille, op. cit.*, Tome I, p. 617.
2   À ce sujet, voir le passage aussi hilarant qu'implacable où justement Proust décrit la façon dont la marquise « célèbre » la superbe vue de la mer et la musique de Chopin, *À la recherche du temps perdu*, Tome III, p. 203. J'y reviens au chapitre p. 79.
3   J.-P. Sartre, *L'idiot de la famille, op. cit.*, Tome I, p. 623.
4   Cette idée de bêtise et du double mouvement pourraient être appliqués à la description que fait Sartre du « regard » : quelqu'un me surprend en train de regarder par le trou de la serrure. Désormais, toute ma personne se condense à ce fait même, objectivé dans l'instant où l'autre m'y surprend. Et en même temps, cet instant, cette objectivité ensorcellera toutes mes actions : pour l'autre, je resterai toujours celui qui fut surpris à tel instant. Quoique je fasse et dise, mes paroles et actions resteront celle d'un voyeur (*cf* chapitre p. 111).
5   J.-P. Sartre, *L'idiot de la famille, op. cit.*, Tome I, p. 623.

consonances, connotations, etc.), s'impose en « semi-extériorité » et produit une « pensée-matière[1] ». Chaque parole prononcée est dès lors rattrapée au vol par cette « contre-finalité qui la dévore » : de là par exemple les lieux communs, les idées toutes faites venant d'ailleurs, qui se forment en dehors de nous. « Le mot, à lui seul, est idée toute faite puisqu'il se définit en dehors de nous, par ses différences avec d'autres mots dans l'ensemble verbal ». Et on a beau transcender cette matière au profit d'une pensée neuve et personnelle, les mots nous volent la pensée, « ils ne cessent de l'absorber et de la dévier[2] ». Ainsi se déploie une lutte interminable de la pensée contre les mots : toujours déviée, la pensée reprend à son compte ses idées, mais elle est aussitôt prise au piège des lieux communs. Elle se croit supérieure en utilisant les mots à son profit, mais la voilà reprise par des mots qui lui dictent et prescrivent une pensée. Ce combat douteux, « à issues variables », est un combat contre la bêtise : jamais abouti, « c'est un travail de tous les instants » contre ce double mouvement du « dehors passé à l'intérieur » et de « l'intérieur saisi comme extérieur[3] ».

LES MARTYRS DE LA BÊTISE
ET LE DÉSIR D'ÊTRE

La bêtise suggère combien les rapports que nous entretenons avec les choses restent hantés par quelque chose d'indépassable issu de « la matérialité ». Dans une œuvre d'art, comme je l'ai suggéré précédemment, la signification est entièrement *incarnée*. La matière est incorporée dans sa fonction d'évocation, et sa présence est neutralisée au profit de ce que la forme représente ou évoque. Prenez l'exemple d'un bon poème : chaque mot occupe une place bien précise et accomplit sa fonction matérielle (sonorité, connotations, allitération) d'évocation de sens. Mais dans la bêtise, cette symbiose ou cette osmose n'aboutit pas, *elle est ratée* (comme dans le kitsch), ou elle s'arrête abruptement, *à mi-chemin*. Comme si la

---

1   *Ibidem.*
2   *Ibidem.*
3   *Ibidem*, p. 624.

pensée n'arrivait pas à se désengluer ou à se débarrasser de la matière, à la transcender. Et cette matière, laissée à elle-même, récupère son inertie ainsi que son extériorité ; elle pèse de tout son poids sur la pensée et sur le sens. Une tension entre matière et sens subsiste : quelque chose dans la matière résiste à l'absorption par le sens, et vient intoxiquer ce qui fait sens dans son élan créatif tentant de la dépasser. Il y a un excès de matière, un « de trop » qui exige l'attention sans se laisser résorber dans l'évocation d'une signification. La bêtise apparaît en cela comme *un symptôme* qui trahit le fait que quelque chose dans la matière, étant toujours « trop présent », ne se laisse pas « anesthésier » au profit du sens et ne contribue en rien à sa richesse ou à sa profondeur. La matière est investie de sens, mais celui-ci n'arrive jamais à la faire disparaître tout à fait ou à la repousser discrètement à l'arrière-fond.

C'est dans ce contexte que je situerais le problème de la bêtise : d'emblée, elle déborde le domaine de l'intelligence et de l'erreur, et renvoie à la question de notre rapport au réel et aux exigences venant des choses et des situations. Ces rapports sont de nature telle que, par ses lignes de fuites infinies toute prise définitive sur les choses est rendue chimérique : toute entreprise est condamnée à une certaine ambiguïté, du fait même que quelque part une situation peut apparaître vis-à-vis de laquelle notre conduite s'avère foncièrement ridicule ou inadaptée. C'est ce phénomène dont part Albert Camus lorsqu'il analyse l'enjeu du roman face à la vie. Dans *L'Homme révolté* il suggère que le roman naît en même temps que l'esprit de révolte surgit : les deux ont la même ambition. Le roman et la révolte refusent, *disent non*, mais ne renoncent pas pour autant. La littérature n'est donc pas une évasion, puisque, comme le remarque Camus, les gens heureux aussi lisent des romans. Dans le romanesque, le lecteur et l'écrivain désirent saisir la vie comme destin. Malraux, on s'en souvient, avait écrit que la mort transforme la vie en destin[1] : le roman cherche à accomplir cela, mais sans attendre la mort. Dans le roman, on ne fuit nullement le monde, mais on cherche à le « corriger ». Car, dit en substance Camus, toute réalité est inachevée : nos actes nous « échappent dans d'autres actes, reviennent les juger sous des visages inattendus, fuient comme l'eau de Tantale vers une embouchure encore ignorée[2] ».

1 A. Malraux, *L'espoir*, in *Œuvres complètes*, Genève, Albert Skira, 1945, p. 255.

2 A. Camus, *L'homme révolté*, in *Œuvres complètes*, Paris, Gallimard, Bibliothèque de la Pléiade, 2008, Tome III, p. 285.

Les êtres mêmes s'échappent toujours « et nous leur échappons aussi ». La vie n'est qu'un « mouvement qui court après sa forme sans la trouver jamais », elle est « sans style[2] ». C'est en réponse à cette infinitude, à cet éparpillement du sens, à cette dispersion et distraction interminables, que le désir du romanesque prend naissance. Il tente de conjurer ce *manque de style*, d'aboutissement, ce manque d'unité et d'aboutissement, et provient, selon Camus, d'un « désir de durer », c'est-à-dire, en terminologie sartrienne, d'un « désir d'être ».

D'où vient-il, ce désir ? Du fait que dès l'origine, notre rapport aux choses matérielles n'est pas endigué par une quelconque faculté authentifiant la valeur de notre saisie (« union avec Dieu », intuition, etc.). C'est ce qu'avait bien vu Sartre, lorsque dans son étude de 1937[3] il posait l'existence d'une conscience comme champ transcendantal et impersonnel. La « conscience pure » qu'il invoquait ne partageait plus aucun trait avec celle que Bergson identifiait à un « moi profond ». Au contraire, elle avait déclassé ce « visiteur indiscret » à un « être bâtard » et restait elle-même vide comme un néant, comme une spontanéité inconditionnelle et absolue[4]. L'absolu, ce n'est ni l'Être (Dieu), ni la vie, mais c'est un néant, bref, *rien*. Et c'est ce rien qui nous expose à l'Être ; l'origine de notre rapport aux choses n'émane pas de l'une ou l'autre disposition intérieure et profonde, innée ou héritée, mais elle sort de nulle part. Cette origine est la conscience, et celle-ci *est idiote* : au sens de simple et si unique qu'on n'a rien d'autre pour la définir qu'elle-même (« la conscience est ce qui est conscient de soi[5] »).

Cette approche sartrienne a contraint les phénoménologues *et alii* à remettre en question certains « lieux communs », comme celui du moi, de la liberté, de la volonté, ou de l'imaginaire. Ce n'est pas le moment de s'y attarder à nouveau ici[6]. Cependant, j'aimerais signaler que cette vision sartrienne continue de déterminer « en creux » le contenu du livre qui suit.

1   *Ibidem*, p. 286.
2   *Ibidem*.
3   J.-P. Sartre, *La Transcendance de l'ego*, *op. cit.*, passim.
4   J'y reviens au chapitre p. 111.
5   À propos du cogito comme personnage conceptuel idiot, *cf.* G. Deleuze et F. Guattari, *Qu'est-ce que la philosophie*, *op. cit.*, p. 60-61.
6   *Cf.* l'édition critique du texte par V. de Coorebyter, *La Transcendance de l'ego et autres textes phénoménologiques*, *op. cit.*

Pour Sartre, la conscience étant vide, elle cherche avant tout à « se donner » contenu (le moi) et *contenance* afin de pouvoir établir un rapport aux choses ou au monde en tant que tel. Or, du fait même de son caractère absolu de néant, *rien* ne la retient à ce contenu de laquelle elle s'est elle-même « passivement » affectée. À tout instant, elle peut s'échapper ou se « libérer » du moi dans lequel elle s'était contractée. Voilà aussi l'origine de cette distraction perpétuelle : la conscience n'ayant pas de limites, rien dans l'être ne pourrait la contenir. La distraction n'est donc pas une privation, mais elle est le fondement même de ce qui m'offre l'accès aux choses. Elle est peut-être un autre nom pour « la liberté ». Car la liberté humaine est avant tout liée à l'expérience de cet écart continu qui gronde en moi. Je me sens sans fondement ni être aucun, puisque ce qui m'expose aux choses n'émane pas des profondeurs intimes du moi, mais est issu *de rien*. Pour conjurer ce rien, il me faut être quelqu'un, et il me faut moi-même y croire en me pétrifiant en contenu et contenance. C'est ce que Sartre appelle l'esprit de sérieux, bref, la bêtise. Cette *contenance* ne se forme que par ce « double mouvement » décrit à l'instant, où une conscience se laisse passivement affecter « d'inertie pour intérioriser l'impassibilité, la profondeur infinie, la permanence » de la matière. Tout *désir d'être* est dès lors prédestiné à sombrer dans la bêtise. C'est sa finalité : peut-être est-ce en vue de cette destinée que Cioran disait quelque part qu'il valait encore mieux n'être rien du tout qu'un semblant de quelque chose.

Certes, la bêtise n'est pas ce désir même, cette « passion inutile », mais elle réside dans la croyance d'une conscience alourdie par un *être* et exprimant la tentative qu'effectue « le moi » de s'y enfermer ou de coïncider entièrement avec lui. C'est dans cette tentative que s'exprime la bêtise du style tautologique : je suis ce que je suis. « Et si je suis tel ou tel, c'est bien parce que je suis ainsi ». Dans cette tautologie, l'absolu (la « conscience pure ») se confond avec le relatif (la transcendance). On pourrait aussi saisir « l'essence » de la bêtise sous cet algorithme : « si je puis être ce que je suis, c'est bien parce que *rien* ne m'empêche de l'être. »

1 Un bel exemple, que je décris plus loin (p. 134 *sq.*) est celui que donne Proust, dans ce passage où le narrateur raconte l'attitude que le père Swann avait eue à la mort de sa femme, qu'il avait veillée jour et nuit : il sort prendre l'air, et l'espace d'un instant, contemplant les arbres, il oublie que sa femme est décédée.

LA DISTRACTION ONTOLOGIQUE

Poussé par une conscience idiote, notre rapport aux choses et aux êtres s'avère instable et perpétuellement menacé par *rien*. Si la bêtise se caractérise par ses réactions inadéquates et inadaptées, on a souvent tenté de la redresser après en avoir réduit la manifestation à l'expression d'un manque[1]. Vu les circonstances, ma réaction peut donc s'avérer inadaptée par manque d'attention, par manque de perspicacité (Descartes), de discernement, d'application (M. Adam), par manque d'intuition (Bergson), d'affinité, d'expérience, d'éducation, de créativité[2]...

Chez Descartes, si mon rapport au vrai est par exemple perturbé par les passions, c'est en partie parce que celles-ci sont produites par un corps et des esprits animaux qui ne pensent pas. La mécanique du corps reste indifférente aux soucis psychiques ou aux désirs spéculatifs de l'esprit : elle me pousse souvent à faire ce que je ne veux pas, ou à ne pas faire ce que je veux. De là, comme dira Alain, « la grande humiliation de l'homme[3] ». Voire sa « stupeur » et sa perplexité. L'union de mon âme avec le corps me distrait de celle qui, pour parler avec Malebranche[4], m'unit avec Dieu, c'est-à-dire avec l'absolu. Chez Bergson, c'est en revanche l'intellect et ses représentations « spatialisantes » qui me séparent de l'absolu. L'action ne me livre que l'aspect figé de la matière, non pas sa mouvance et sa durée interne, c'est-à-dire la vie en tant que telle. Or, du fait même que l'on conçoit la bêtise sur le modèle du défaut ou d'une privation (erreur, distraction, ignorance, paresse, etc.)

---

1   De là les définitions du genre : « manque d'intelligence ou de jugement », « parole ou action irréfléchie »,...

2   V. Jankélévitch : « Conscience moyenne, classe moyenne et mitoyenneté quidditative, – telle est en effet la zone de l'entre-deux et du mezzo-forte où le plus confortablement s'épanouit et s'arrondit la sottise bourgeoise au front de taureau. C'est la conscience complète déjà obèse et adulte qui s'installe ainsi avec toutes ses tares, avec toutes ses rides, dans la stupide vanité d'être ce qu'elle est ; elle succombe à cette espèce de frénésie que nous appelions enlisement et qui fait l'existant se continuer par inertie selon l'intervalle ... » (*Traité des vertus*, Paris, Bordas, 1949, p. 737).

3   Voir *Le Paysage du transcendantal*, p. 79 *sq.*

4   « Il n'y a que le corps qui appesantisse l'esprit : voilà le principe de notre stupidité » (N. Malebranche, *Traité de morale*, in *Œuvres*, Paris, Gallimard, Bibliothèque de la Pléiade, Tome II, 1992, p. 462).

on en neutralise sa portée. Elle devient inoffensive, puisqu'un « effort » (d'attention, de (bonne) volonté, d'intuition) est supposé être en mesure de la contrarier.

Cependant, malgré l'optimisme cavalier incitant à « écraser » l'infâme sous toutes ses formes, la bêtise résiste. Dure comme le granit : combien ne se sont-ils pas fracassés contre elle ? Les dieux eux-mêmes, comme disait Schiller, la combattent vainement.

Pourquoi ? Peut-être ne trouve-t-elle pas du tout son origine dans ce qui nous détourne de notre rapport à l'Être, dans ce qui nous en distrait (comme le corps pour Malebranche). C'est justement ce rapport-même qui la produit. Ce rapport est par définition la manifestation d'une « inadaptation ». Ne sortant de nulle part, mais n'étant rien de plus ni de moins que ce « grand vent translucide » qu'est la conscience au sens où l'entend Sartre, ce rapport est lui-même toujours « de trop ». Comme disait R. Barthes : « La Bêtise n'est pas liée à l'erreur. Toujours triomphante (impossible à vaincre), son triomphe relève d'une force énigmatique : c'est l'*être-là* tout nu, dans sa splendeur[1] ». Rien ne me lie fondamentalement à cet en-soi massif et inébranlable : « Distraction ontologique »... Il n'y a pas de point de vue suprême à partir duquel mon appréhension des choses serait définitivement avéré. Je pense à cet exemple d'absurde que donne Nabokov du ramoneur qui en tombant d'un toit remarque, juste avant de mourir, qu'une affiche contient une faute d'orthographe et qu'il s'étonne au long de sa chute que personne n'ait pensé à la corriger. Or, ajoute-t-il, cette capacité de s'étonner, d'être distrait de l'essentiel même aux moments les plus « sérieux », ces « apartés » de l'esprit (« these asides of the spirit ») « notes en bas de pages dans le volume de la vie » (« these footnotes in the volume of life ») sont paradoxalement les formes les plus vives et plus hautes de la conscience : « are the highest forms of consciousness[2] ».

Cette distraction ontologique menace perpétuellement nos rapports avec les choses et les êtres, nos enjeux et engagements. Rien ne me protège contre la sensation que l'action par laquelle je suis entièrement absorbé ne m'apparaisse subitement comme bête ou ridicule. La prise de conscience d'un simple détail suffit à gâcher le sérieux.

---

1 R. Barthes, *Le bruissement de la langue, Essais Critiques IV*, Paris, Éd. du Seuil, 1984, p. 414.
2 V. Nabokov, « The Art of Literature and Commonsense » in *Lectures on Litterature*, London, Picador, 1983, p. 373-374.

Ce déficit permanent, cette décompression du sens, ne peut être compensée par la conscience que si celle-ci s'investit dans l'imaginaire. Dans cette démarche, elle cherche à conjurer la situation d'hémorragie affectant l'extériorité en fabriquant, comme dit Camus, un « destin sur mesure ». Aussi écrit-il à ce sujet que le roman doit être conçu comme « un monde imaginaire, mais créé par la correction de celui-ci, un monde où la douleur peut, si elle le veut, durer jusqu'à la mort, où les passions ne sont jamais distraites, où les êtres sont livrés à l'idée fixe et toujours présents les uns aux autres. L'homme s'y donne enfin à lui-même la forme et la limite apaisante qu'il poursuit en vain dans sa condition. Le roman fabrique du destin sur mesure. C'est ainsi qu'il concurrence la création et qu'il triomphe, provisoirement, de la mort[1] ».

Dans le romanesque, la différence entre l'essentiel et l'inessentiel se dilue : rien n'est superflu, rien à l'intérieur même de son histoire ne vient interrompre le récit, puisque ces interruptions en tramènt le contenu. C'est pourquoi il a une « continuité imperturbable » que l'on ne retrouvera jamais dans l'existence. Il y a toujours quelque chose de déconcertant à retomber dans la banalité du monde après la lecture d'un roman, ou « en sortant du cinéma »... on en ressort « mou, comme un chat endormi[2] », désarticulé et un peu irresponsable, comme en sortant « d'une hypnose ». Il faut tout un réveil pour « décoller » de cet *absolu* qu'est l'image et à se réaffirmer comme « moi » dans un monde où l'absolu-même éclate. On étudiera plus loin la façon dont l'imaginaire revendique cette tendance à l'absolu, et sa tendance à l'immanence pure[3]. Elle suppose une dynamique d'absorption radicale, de plénitude qui protège la conscience de l'indifférence massive de l'extériorité. Comme quoi l'idée même d'une plénitude et d'une pure présence, sans distraction aucune, sans rien d'inessentiel, est une idée imaginaire. Mieux, elle est l'imaginaire en tant que tel. C'est elle qui nous incite aussi à réaliser en cette vie ce qui ne relève que de l'ordre de l'imaginaire : acquérir un être, perdurer, ne plus s'éparpiller.

Or, ce qui paradoxalement émane de ce désir d'être, de ce désir de se protéger contre l'indifférence de l'extériorité et contre l'éparpillement de son « moi », ce qui en émane donc est très souvent plutôt bête et stupide.

---

1 A. Camus, *L'homme révolté, op. cit.*, p. 288.
2 R. Barthes, *op. cit.*, p. 407.
3 *Cf.* chapitre p. 155.

Rongé par le manque qui nous pousse à être « quelqu'un » et à aboutir à quelque chose de décisif, une action a parfois tendance à s'ériger en une sorte de monument ou à un « geste » figé, à pécher par excès d'être, à s'affecter en tant qu'action de toute la passivité et de l'immobilité d'un édifice. Je pense à cette tendance qui nous pousse par exemple, dans des moments pathétiques, à « avoir le mot de la fin[1] ».

Ou à l'inverse, conscient de ne jamais aboutir à cette « fin », l'action, la parole ou la conduite fermentent et sous l'effervescence d'un excès de zèle, perdent toute mesure : de là ces tendances à parler avec affectation, « d'en rajouter », d'en faire *de trop*... « L'imbécile, disait Dostoïevski, dit toujours plus qu'il ne faut ; ces gens-là aiment le surplus[2] ».

---

1 Ou les conduites raides et cassantes, comme dit Sartre, « des gens qui "disent ce qu'ils ont à dire" sans regarder leur interlocuteur... ». Il s'agit de conduites « imaginaires » (J.-P. Sartre, *L'imaginaire, op. cit.*, p. 281.

2 Cité par M. Adam, *op. cit.*, p. 163. Cette tendance au « surplus » explique peut-être la nature de certains comportements figés et qui persévèrent dans une décision qui mène tout droit à la catastrophe. Face à la panique, toute flexibilité d'adaptation est comme paralysée. *Cf.* à ce sujet les études de cas parfois déroutants d'événements et d'accidents catastrophiques, in Christian Morel, *Les décisions absurdes, Sociologie des erreurs radicales et persistantes*, Paris, Gallimard, (Folio Essais), 2002.

LES ESPRITS MALSAINS

Descartes et la bêtise[1]

INTRODUCTION

En guise d'introduction à son étude sur *Le monde*, c'est-à-dire, son *Traité de la lumière*, Descartes veut nous avertir à propos « de la différence qui est entre nos sentiments et les choses qui les produisent[2] ». Afin d'analyser ou « d'examiner » un phénomène tel que la lumière, il faut se placer au point de vue d'une physique mécaniste. Or ce point de vue ne s'adopte qu'au dépens des sensations et des sentiments que la lumière provoque en nous. Ainsi, la démarche repose sur une mise entre parenthèse des sensations, et dès lors du monde tel qu'il est vécu pour accéder à un monde conçu. Mais dans l'intention de nous encourager à suivre son approche, Descartes doit avant tout chercher à nous convaincre de la *dissemblance* radicale qui existe entre ce que la sensation donne à éprouver et ce qui la provoque. C'est en fin de compte sur l'existence de cette dissemblance que sa pratique de la réduction des sens repose. Et comment mieux nous persuader de l'existence de celle-ci, sinon en évoquant quelques exemples concrets ?

Un des exemples est le suivant :

> Un gendarme revient d'une mêlée : pendant la chaleur du combat, il aurait pu être blessé sans s'en apercevoir ; mais maintenant qu'il commence à se refroidir, il sent de la douleur, il croit être blessé : on appelle un chirurgien, on ôte ses armes, on le visite, et on trouve enfin que ce qu'il sentait n'était

1 Une première version de ce chapitre a paru in *Questions anthropoligiques et phénoménologie. Autour du travail de Daniel Giovannangeli*, éd. G. Cormann et O. Feron, Bruxelles, Ousia, 2014, p. 75-87.
2 Descartes, *Œuvres de Descartes*, (AT) édition de C. Adam et P. Tannery, 11 vol., Paris, Vrin, CNRS, 1964-1974, Tome XI, p. 3.

autre chose qu'une boucle ou une courroie qui, s'étant engagée sous ses armes, le pressait et l'incommodait. Si son attouchement, en lui faisant sentir cette courroie, en eût imprimé l'image en sa pensée, il n'aurait pas eu besoin d'un chirurgien pour l'avertir de ce qu'il sentait[1].

L'image que le gendarme se fait de la cause est entièrement formée par la sensation de sa douleur. Celle-ci impose à l'esprit une tendance invétérée d'appréhender les choses qui nous touchent en fonction d'une ressemblance entre elles et les sensations qu'elles nous font éprouver. C'est donc cette tendance même que les exemples cherchent à désarmer. Il faut apprendre à résister à la tentation de concevoir la réalité à l'image de ce que les choses nous donnent à sentir. En d'autres termes, une approche mécaniste du monde exige avant tout le devoir de pratiquer sur soi-même cette aliénation : apprendre à se persuader de l'existence de la dissemblance. Il faut apprendre à renoncer à cette « fidélité de l'expérience », si l'on veut procéder à l'étude de phénomènes tels qu'ils sont en soi et non plus pour nous.

Après plus de quatre siècles, tout cela n'a plus rien de quoi défrayer les chroniques. On s'est accoutumé à y reconnaître l'enjeu du cartésianisme, de sa physique et de sa métaphysique. Voire de son dualisme.

Seulement, Descartes lui-même ne semble pas avoir pu se délivrer de cette légère stupéfaction qu'évoque l'idée même de cette dissemblance. Là où il donnait initialement la sensation d'adopter l'idée de cette dissemblance en fonction de sa conquête intellectualiste du monde, d'en soumettre le sens même à son entreprise scientifique, il ne se lasse pas d'y revenir. Cette dissemblance le trouble, retient son attention au-delà même de l'approche qui traite de toutes ces choses « en physicien ». Autrement dit, elle semble s'imposer en tant que problème à part entière, de manière autonome et irréductible. Et bien sûr, Descartes n'ayant pas lu Merleau-Ponty (vu que de manière générale, il ne lisait pas grand-chose) il n'aura pas eu l'occasion de saisir la raison ou l'origine de son étonnement face à tel phénomène. S'il avait appris à ne pas se méfier de ses expériences naturelles, à ne pas se laisser envoûter par le regard intellectualiste et objectivant, il n'aurait probablement jamais subi l'aliénation qu'il décrit. Et certes, *Le Monde*, et plus tard la *Dioptrique*, ne sont peut-être rien de plus que le « bréviaire d'une pensée qui ne veut

---

1   AT, XI, p. 6.

plus hanter le visible et décide de le reconstruire selon le modèle qu'elle s'en donne[1] ». Et pourtant, il reste indéniable que même en désensorcelant ce visible, Descartes n'en reste pas moins hanté par cette énigme : non pas celle de la vision en tant que telle, *mais celle de la dissemblance au sein même de toute vision.* Celle qui creuse un écart au plus profond de mon expérience spontanée et irréfléchie.

Prenons l'exemple suivant : lors d'une promenade, je ressens une douleur aiguë au genoux gauche. Je continue ma route, certes, mais entretemps, mon esprit reste hanté par cette douleur, et se voit forcé de former une idée de la cause : il se représente quelque chose de pointu dans le genoux, un morceau saillant de l'os peut-être. Mais bien sûr, il n'en est probablement rien. La cause réelle est sans similitude formelle avec l'effet éprouvé et représenté.

Et c'est là un phénomène surprenant. Cette représentation spontanée qui investit la douleur « rate » sa cible. À l'origine il n'y a peut-être rien de semblable à ce que cette représentation donne à croire et à voir. En outre, c'est une des caractéristiques de bon nombre d'idées sensibles de représenter « ce qui n'est rien comme si c'était quelque chose[2] ». Ce en quoi on y trouve « une certaine fausseté matérielle ».

Je ne m'attarderai pas sur l'épineuse question touchant la nature de cette fausseté[3]. L'enjeu de ce chapitre est plus général, et consiste à montrer en quoi le phénomène insolite de la « dissemblance » commande un grand nombre, ou peu s'en faut, de questionnements de la pensée cartésienne. Ce phénomène « fait problème », il engendre une problématique, une réflexion qui se déploie en une véritable méditation métaphysique, voire d'une *méditation cartésienne.* Cette méditation, féconde en soi, ne nous retiendra ici que dans le cadre de notre réflexion sur la bêtise. J'aimerais en effet montrer comment Descartes inaugure une pensée très sensible à ce que Pascal appela un « esprit faux[4] ». Ces esprits se rendent « ridicules », dit Pascal, voulant juger de choses dont ils ne voient pas les principes. Et dès lors, ils créent des problèmes qui eux-mêmes sont faux.

---

1 M. Merleau-Ponty, *L'oeil et l'esprit*, Paris, Gallimard (Folio), 1964, p. 36.
2 « … cùm non rem tanquam rem representam », Descartes, *Meditatio Tertia*, AT, VII, p. 43.
3 Problème que Malebranche résout en refusant tout bonnement le statut d'idée aux sensations.
4 Blaise Pascal, *Pensées, op. cit.*, p. 743 (fr. 466).

Dans ce chapitre, nous verrons comment Descartes distingue bêtise et erreur : ou plutôt, comment sa réflexion sur le rapport entre la pensée et « le vécu » libère le champ propre de la bêtise, qui est – dans ce contexte – celui de la confusion. Et cette confusion, comme on le verra à l'instant, ne se réduit pas à un manque de « clarté » et de « distinction » dans l'ordre de nos pensées, mais elle résulte du fait que l'on ne respecte pas la distinction entre l'ordre des idées claires et distinctes et celui des idées confuses. Esprit faux : Descartes quant à lui parle d'esprits « malsains ».

LE « PROBLÈME » CARTÉSIEN

Un article relativement récent cherchait à justifier l'intérêt que devrait susciter en nous, malgré les siècles passés, une lecture renouvelée des penseurs classiques[1]. Si, comme l'auteur le suppose, tout en paraphrasant l'opinion de son collègue David Rosenthal, la philosophie est « a problem-solving discipline » (une discipline à résoudre des problèmes), à quoi bon sacrifier son temps à l'étude de textes dont les réponses sont généralement présumées fausses[2]. Cette lecture est nécessaire afin de recueillir une diversité de réponses alternatives. Et à cet effet, il nous est conseillé d'aborder ce passé avec une attitude charitable : notre lecture critique doit être « a charitable interpretation of the past » (une intrerprétation charitable du passé).

Or, que présuppose cette théorie ? Que les questions pour lesquelles nous, philosophes actuels, cherchons une réponse, sont d'ordre universel. La tâche de l'histoire de la philosophie est en ce sens « a truly Baconian enterprise ». On participe tous à un projet commun, qui exige « the coordinated efforts of many intellectual laborers [...] guided by a mutual understanding of the common project » (l'effort coordonné de laborants guidés par la compréhension mutuelle du projet commun[3]).

1   Don Garret, « Philosophy and History in Modern Philosophy », in *The Future for Philosophy*, ed. by B. Leiter, Oxford, Clarendon Press, 2006, p. 44-72.

2   « ...if philosophy is a problem-solving discipline, as most contemporary philosophers believe, then why should the history of past – and presumably mostly failed – attempts to solve these problems be of serious importance to that enterprise ? » (*op. cit.*, p. 55).

3   *Ibidem*, p. 71.

Quel est alors le problème qui nous incite, nous les prolétaires de la pensée, nous les employés de cette entreprise de Bacon, à élaborer une interprétation charitable de l'œuvre de Descartes ? C'est bien entendu celui du rapport de l'âme et du corps. Comme l'explique le traducteur de l'œuvre de Malebranche : « An important part of Descartes' legacy is the so called Mind-Body problem. This problem was generated by the metaphysical core of Descartes' system that he arrived at in his search for certainty » (Une part importante de l'héritage de Descartes est le problème du rapport entre corps et esprit. Ce problème a été généré suite au noyau métaphysique du système de Descartes auquel il a abouti dans sa recherche de la certitude[1]).

Quel est le problème, au fait ? Il se résume, selon Lennon, à deux questions. La première se formule ainsi : « How is it that the body can act on the mind and cause sensations such as pain and colour, which are modes of the mind ? » (Comment se fait-il que le corps puisse agir sur l'esprit et causer des sensations tels la souffrance et les couleurs, qui sont des modes de l'esprit ?). Et ensuite, la seconde : « How is it that through volition the mind is able to move the body ? » (Comment se fait-il que par la volition l'esprit soit en mesure de mouvoir le corps ?).

Bref, comment l'esprit agit-il sur le corps et *vice versa*. La réponse ? C'est, nous dira-t-on, l'idée d'une interaction causale entre l'âme et le corps. Or, vu la différence de nature entre les deux substances, pareille interaction s'avère impensable. Conclusion : c'est après avoir pris connaissance de cet échec que les laborants charitables ont pu, comme en 1966, déclarer le « downfall of Cartesianism[2] », frappant d'obsolescence cette naïve solution du problème.

Et toutefois, on peut facilement suggérer en quoi une partie dudit « échec » dépend tout bonnement de la façon selon laquelle le problème a été posé. En le formulant ainsi, on en simplifie l'enjeu et on confond certaines données de bases. Ou plutôt, on confond différents registres ou champs descriptifs, sémantiques ou même ontologiques.

On trouve un bel exemple de pareille confusion dans un passage de *L'Évolution créatrice* où Bergson cherche à élucider le rapport entre

---

1 Th. M. Lennon, « Descartes' Legacy in the Seventeenth Century : Problems and Polemic », in *A Companion to Descartes*, ed. by J. Broughton and J. Carriero, Malden, Blackwell, 2008, p. 471-472.

2 R. A. Watson, *The Downfall of Cartesianism, 1673-1712 : A Study of Epistemological Issues in Late Seventeenth Century Cartesianism*, La Haye, M. Nijhoff, 1966.

le cerveau et la conscience. Il y montre comment la complexité de la structure neuronale tend à refléter l'effort que fait la vie à créer avec la matière « un instrument de liberté ». La complexité du cerveau permet à la conscience de choisir entre différents mécanismes moteurs censés générer une action réelle. Ainsi, je sujet est en mesure de se dépasser, de se perfectionner ou de développer certaines capacités corporelles et autres. Et c'est à cet endroit que Bergson écrit que « le cerveau humain est fait, comme tout cerveau, pour monter des mécanismes moteurs et pour nous laisser choisir parmi eux, à un instant quelconque, celui que nous mettrons en mouvement par un jeu de déclic[1] ».

Et c'est bien ici que réside la confusion. Car il est de toute évidence que « celui » supposé « choisir » le mécanisme moteur du cerveau ne se confond pas avec « celui » qui par exemple décide de jouer au piano. Ou encore, lorsque je décide de jouer, ce n'est pas moi qui suis censé déclencher le mécanisme neuronale adéquat. Même que mon action ne réussira que dans la mesure où mon âme reste inconsciente des mécanismes et des ressorts physiologiques qui en forment la base objective. C'est en ce sens que Malebranche disait que « nous sentons les mouvements qui se produisent en nous, sans en considérer les ressorts[2] ». Nous voulons par exemple parler et chanter, et heureusement, « nous ne savons pas seulement quels muscles il faut remuer pour parler et pour chanter[3] ».

Lorsqu'on aborde le problème du dualisme, il est donc de toute urgence d'apprendre à ne pas confondre les niveaux. Il y a en effet une différence nette entre les scènes où se jouent les problèmes, où ils se posent, et qui elles-mêmes renvoient à une couche différente de la réalité. Ces scènes incarnent un autre ordre, un ordre au sein duquel la question du rapport entre le corps et l'esprit n'a plus le même sens. Bref, il s'agit de poser le problème, par exemple de « l'interaction », au bon endroit, de le laisser en son lieu propre et dans le domaine qui l'a vu naître.

Prenons un exemple. Dans l'article 34 du *Traité des passions*, et en réponse à la question comment l'âme et le corps agissent l'un contre l'autre, Descartes avance l'idée de la glande pinéale, siège principal de l'âme, pour expliquer que « la machine du corps est tellement composée que de cela seul que cette glande est diversement mue par l'âme [...] elle

---

1   H. Bergson, *Œuvres, op. cit.*, p. 718.
2   N. Malebranche, *De la recherche de la vérité, Œuvres, op. cit.*, p. 175.
3   *Ibidem*, p. 510.

pousse les esprits [...] au moyen de quoi elle fait mouvoir les membres[1] ». C'est le niveau de la machine : l'âme agit sur le corps ainsi qu'une demoiselle du téléphone agit sur le central téléphonique, ou le pilote sur le moteur de son navire. C'est à ce niveau que la conscience dont parlait Bergson choisit entre les mécanismes moteurs du cerveau.

Or, cette opération ne se déclenche nullement en réponse à ma volonté de gouverner la glande pinéale en tant que telle. Cette opération est provoquée en réponse à une volonté qui veut avant tout « quelque chose » (chanter, parler, dormir) : « toute l'action de l'âme consiste en ce que, par cela qu'elle veut quelque chose, elle fait que la petite glande à qui elle est étroitement jointe se meut en la façon qui est requise pour produire l'effet qui se rapporte à cette volonté » (c'est-à-dire, envoyer les esprits animaux aux endroits du corps concerné par l'action ; art. 41[2]). L'objet de ma volonté n'est pas le mouvement de la glande, mais l'action à accomplir. Ou encore, l'âme meut cette glande « à l'occasion » de ma volonté de chanter, de parler, etc. Comme il l'écrit encore à Élisabeth : « ce n'est pas directement par sa volonté qu'elle conduit les esprits dans les lieux où ils peuvent être utiles [...] c'est seulement en voulant ou pensant à quelque autre chose[3] ».

DUALISME ET UNION

Tenant compte de ce qu'on vient de voir au sujet de la différence entre ces deux scènes, ces ordres ou ces deux champs sémantiques, j'aimerais dès lors avancer l'hypothèse suivante : la question du rapport entre l'âme et le corps, ainsi que sa défectueuse solution en terme d'interaction, *n'est qu'un faux problème*, issu précisément de la confusion ou d'un manque de distinction entre ces niveaux ou ces ordres. En outre, on pourrait suggérer en quoi toute la morale cartésienne (exposée entre autres dans sa correspondance avec Élisabeth, on le sait, ainsi

---

1   AT XI, p. 354.
2   AT XI, p. 359-360.
3   Descartes, *Lettre à Élisabeth*, juillet 1644, in *Correspondance avec Élisabeth*, Paris, GF Flammarion, 1989, p. 89 (AT V, p. 64).

que dans son *Traité des passions*) repose entièrement sur le traitement précis que Descartes réserve à la distinction de ces niveaux. Il ne cherche pas à en soulever l'existence au profit d'une unité spéculative, ainsi qu'on le verra dans le chapitre dédié à ce problème, mais il reste fidèle à l'expérience de leur opposition, à l'écart qui s'impose au creux même de la subjectivité. C'est de cet écart que se nourrissent ses Méditations métaphysiques ainsi que sa morale de la liberté. N'est-ce pas ce qu'il affirme lui-même dans sa lettre du 21 mai 1643, où il explique à Élisabeth qu'il y a « deux choses en l'âme humaine, desquelles dépend toute la connaissance que nous pouvons avoir de sa nature, l'une desquelles est qu'elle pense, l'autre, qu'étant unie au corps, elle peut agir et pâtir avec lui[1] » ?

Quels sont donc ces « deux choses », bref ces niveaux de sens ?

On sait que dans la deuxième règle des *Regulae ad directionen ingenii*, après avoir expliqué que seules l'arithmétique et la géométrie sont exemptes de tout vice de fausseté ou d'incertitude, Descartes explique que nous « parvenons par une double voie à la connaissance des choses, à savoir, par l'expérience ou par la déduction[2] ». Il s'agit donc de deux sortes de pensées, toutes deux contenant leur propre champ de validité, leurs intérêts, leurs objectifs et leurs objets, leurs notions et une manière propre de poser certains problèmes. Bref, deux régimes différents de sens ou de significations.

Le domaine de la déduction, c'est bien sûr celui de la pensée sure, de la « connaissance certaine et évidente », qui se développe par les deux opérations de l'entendement : l'intuition et la déduction. C'est de leur pratique et de leur application que dépendent les deux principales facultés de l'esprit, « à savoir la perspicacité, en prenant de chaque chose une intuition distincte, et la sagacité, en les déduisant méthodiquement les unes des autres[3] ». Ainsi, celui qui par manque de perspicacité prête attention à plusieurs choses à la fois en un seul acte de pensée, « n'est qu'un esprit confus ». Le but est en effet d'acquérir « à l'usage le pouvoir de discerner parfaitement les choses les plus petites et les plus fines » ou à concentrer sa pensée « tout entière à considérer les choses les plus simples et les plus faciles », voire les plus évidentes. En revanche, la

---

1   Descartes, *Lettre à Élisabeth*, 21 mai 1643, AT III, p. 664.
2   Descartes, *Regulae ad directionen ingenii*, AT X, p. 365.
3   *Ibidem*, p. 400.

sagacité s'acquiert par méthode, en étudiant à partir des choses et notions simples l'ordre avec lequel elles se rapportent les unes aux autres[1].

En d'autres termes, cette pensée procède par *différenciations*, instaure des *distinctions tranchées* et fondamentales ; elle opère par des analyses isolantes qui nous font régresser du premier pour nous au premier en soi. Les objets que vise cet entendement pur sont les notions simples et, en anticipant sur ces recherches plus tardives, les idées claires et distinctes. Claires, en ce qu'elles « se manifestent et présentent à un esprit attentif » (intuition) et distinctes, en ce qu'elles sont « tellement précises et différentes de toutes les autres, qu'elles ne comprennent en soi que ce qui paraît manifestement à celui qui la considère comme il faut[2] ». Autrement dit, cette idée ne cache rien, ne contient plus rien de confus ou ne renvoie à rien au-delà d'elle-même. C'est à ce niveau ou dans ce contexte précis que prennent donc sens l'idée d'une distinction entre les deux substances. C'est indéniablement à un esprit perspicace et sagace qu'advient la tâche d'établir l'enjeu métaphysique, voire ontologique de ces deux concepts. Et il s'agit de substances au sens où justement leur idée apparaît comme claire et distincte. Une substance n'étant rien de plus que ce qui existe « en telle façon qu'elle n'a besoin que de soi-même pour exister[3] ».

Et on sait que pour Descartes, il y a deux substances, chacune affublée de son attribut essentiel, la pensée et l'étendue. Par pensée, rappelons que Descartes entend avant tout « tout ce qui se fait en nous de telle sorte que nous l'apercevons immédiatement par nous-mêmes[4] ». L'*étendue*, c'est l'espace, ou le lieu intérieur, tel qu'il se constitue « en longueur, largeur et profondeur » et tel qu'il caractérise la matière. Et puisque l'entendement procède par distinctions, Descartes accentue la différence qui caractérise les deux substances en termes de divisibilité et indivisibilité. La pensée est indivisible, alors que la matière est divisible à l'infini. Autant dire qu'à ce niveau-ci, la question du *rapport* entre les deux substances va à l'encontre du principe même de l'entendement. Non seulement, c'est contraindre une pensée vouée aux distinctions à trouver ou au moins à rechercher des parentés. Mais en outre, c'est pousser cette pensée à

---

1   Règle X, *Ibidem*, p. 403 *sq.*
2   Descartes, *Principes de la philosophie*, I, art. 45, AT IX, II, p. 44.
3   *Ibidem*, I, art. 51 ; AT IX, II, p. 47.
4   *Ibidem*, p. 28.

établir des rapports entre concepts qui (par définition) ne se déduisent pas l'un de l'autre, et dont la démarche répugne à toute sagacité.

Si l'on en croit une « interprétation charitable » bien établie, c'est la Princesse Élisabeth qui aurait été à l'origine du sinistre déclin du cartésianisme. N'est-ce pas elle qui pria le philosophe de lui dire « comment l'âme de l'homme peut déterminer les esprits du corps[1], pour faire les actions volontaires (n'étant qu'une substance pensante[2]) ? ». Et elle continue :

> Car il semble que toute détermination de mouvement se fait par la pulsion de la chose mue, à manière dont elle est poussée par celle qui la meut, ou bien de la qualification et figure de la superficie de cette dernière. L'attouchement est requis aux deux premières conditions, et l'extension à la troisième. Vous excluez entièrement celle-ci de la notion que vous avez de l'âme, et celui-là me paraît incompatible avec une chose immatérielle. Pourquoi je vous demande une définition de l'âme plus particulière qu'en votre Métaphysique, c'est-à-dire de sa substance, séparée de son action, de la pensée.

Elle incite donc Descartes à donner « une définition de l'âme plus particulière » qu'en sa *Métaphysique*. Mais Descartes ne semble pas très embarrassé par la question, à laquelle il répond en accentuant que son « principal dessein était de prouver la distinction qui est entre l'âme et le corps ». Et il ajoute que cette distinction est incontournable à qui veut appliquer son esprit aux problèmes de cet ordre. Il serait périlleux, en effet, d'édifier ses réflexions sur des concepts restés vagues et indistincts. Faute d'une conception claire de ce qui distingue ces substances, ne serait-on dès lors pas condamné à penser leur rapport en recourant à des notions d'emblée confuses ? Et dès lors, on penserait leur lien à partir de l'expérience qu'on a de leur union qui nous est donnée par les sens. Voilà le danger : on sera tenté de penser ce rapport en faisant usage de modèles élaborés sur les bases molles de l'expérience, des sens ou de l'imagination. Avant même d'avoir eu la perspicacité de comprendre ce qu'est la pensée et ce qu'est le corps, on en est alors réduit à poser le problème d'une interaction de manière erronée. C'est-à-dire, de concevoir leur possible relation par analogie à celle tirée des choses matérielles[3]. Voilà ce que répond Descartes :

---

1 C'est-à-dire les esprits animaux.
2 « Lettre à Élisabeth du 16 mai 1643», in Descartes, *Correspondance avec Élisabeth, op. cit.*, p. 65 (AT III, p. 660).
3 *Cf.* J. Laporte, *La rationalisme de Descartes*, Paris, Vrin, 1945, p. 247, note 9.

Et d'autant que l'usage des sens nous a rendu les notions de l'extension, des figures et des mouvements, beaucoup plus familières que les autres, la principale cause de nos erreurs est en ce que nous voulons ordinairement nous servir de ces notions, pour expliquer les choses à qui elles n'appartiennent pas, comme lorsqu'on se veut servir de l'imagination pour concevoir la nature de l'âme, ou bien lorsqu'on veut concevoir la façon dont l'âme meut le corps, par celle dont un corps est mû par un autre corps[1].

En d'autres termes, l'idée d'une interaction causale est elle-même déjà une fausse représentation et le fruit de confusions. Cette représentation repose sur des données issues d'un autre ordre que de celui où apparaît l'entendement. Ou encore, le problème ainsi posé met en scène une problématique dont l'enjeu n'est pas celui d'une pensée vouée à la métaphysique, c'est-à-dire à la conception d'idées claires et distinctes. Ce qui signifie donc que l'origine même de la question du rapport entre l'âme et le corps n'a probablement rien de métaphysique.

Par la suite, en réponse aux insistantes sollicitations de la part de sa correspondante, qui le défie malgré tout à donner une description d'ordre métaphysique du rapport entre ces substances qui, par définition, sont étanches l'une par rapport à l'autre, le philosophe (non sans impatience courtoise) lui répond qu'il serait peut-être temps de clore ces réflexions, vu que « ceux qui ne philosophent jamais, et qui ne se servent que de leurs sens, ne doutent point que l'âme ne meuve le corps et que le corps n'agisse sur l'âme[2] ». Il paraît dès lors qu'à propos de ce problème jugé central pour la pensée cartésienne, pareilles réflexions métaphysiques sont déplacées ou importunes. On ne sera pas surpris non plus de voir Descartes suggérer gentiment à Élisabeth de laisser la métaphysique pour ce qu'elle est. « Enfin, comme je crois qu'il est très nécessaire d'avoir bien compris, une fois en sa vie, les principes de la métaphysique, à cause que ce sont eux qui nous donnent la connaissance de Dieu et de notre âme, je crois aussi qu'il serait très nuisible d'occuper souvent son entendement à les méditer[3] ».

Nous avons jusqu'ici exploré le domaine de la pensée, celui qui s'investit de réflexions sur les idées claires et distinctes, le domaine de la science et de la métaphysique. Dans cette même lettre du 28 juin 1643, Descartes

---

1 Descartes, *Correspondance avec Élisabeth, op. cit.*, p. 68-69 (AT III, p. 664).
2 *Ibidem*, p. 74 (AT III, p. 692).
3 *Ibidem*, p. 76 (AT III, p. 695).

explique à Élisabeth comment « les choses qui appartiennent à l'union de l'âme et du corps, ne se connaissent qu'obscurément par l'entendement seul, ni même par l'entendement aidé de l'imagination ; mais elles se connaissent très clairement par les sens[1]. ». De cette connaissance par les sens, il affirme en outre que les idées qu'elle offre sont « à leur façon distinctes ». Elles ont leur manière à elles de se distinguer les unes des autres, sans recours à l'entendement, et représentent en cela une source propre de connaissance. Elles sont même claires, ainsi qu'il l'affirme à Burman, « adeò clara est ut negari nullo modo possit[2] ». Les choses qui appartiennent à l'union se peuvent « connaître clairement[3] ». Ainsi donc, les idées qui nous viennent par l'entremise des sens ont une forme d'évidence irréductible[4]. Leur « vérité » répond à une certaine exigence et incarne une valeur qui diffère de celle qu'attend la réflexion métaphysique[5]. Cette valeur n'est plus d'ordre théorique, mais d'un ordre fonctionnel et pratique. Fonctionnelle est dès lors toute connaissance dont l'urgence est motivée par « l'économie de notre corps ». Les sens sont donnés pour la conservation de notre réalité physique et non pour apprendre quelque vérité théorique. Il faut savoir quelles choses sont capables de détruire ou d'entretenir notre machine de chair et d'os. Cette connaissance vise donc le domaine de l'union de l'âme et du corps, et non plus celui de leur distinction. À tel niveau, dit Descartes, « concevoir l'union qui est entre deux choses, c'est les concevoir comme une seule. » Bref, c'est « en s'abstenant de méditer et d'étudier aux choses qui exercent l'imagination (les mathématiques), qu'on apprend à concevoir l'union de l'âme et du corps ». C'est aussi à ce niveau que Descartes avoue qu'il est « besoin de savoir que l'âme est véritablement jointe à tout le corps et qu'on ne peut pas proprement dire qu'elle soit en quelqu'une

---

1   *Ibidem*, p. 74 (AT III, p. 692). Sur « l'évidence » des choses évoqués par l'expérience et les sens (« *certissima et evidentissima experientia* »), *cf.* aussi la lettre à Arnauld du 28 juillet 1648, AT V, p. 222.

2   AT V, p. 163.

3   *Ibidem*, p. 43.

4   *Cf.* à ce sujet Pierre Guenancia sur l'évidence du « fait même de l'union », *L'intelligence du sensible, Essai sur le dualisme cartésien*, Paris, Gallimard, 1998, passim. Et plus récemment, J.L. Marion, par exemple le chapitre « Les corps et ma chair », in *Sur la pensée passive de Descartes*, Paris, PUF (Epiméthée), 2013, p. 57 *sq.*

5   Autrement dit, l'idée de l'union confère à la pensée cartésienne sa « physionomie, presque unique dans l'histoire, de *philosophie pour qui la confusion existe*. [...] Pour tout dire, elle nous fait toucher du doigt, au sein de notre raison, l'existence d'un *infra-rationnel* » (J. Laporte, *op. cit.*, p. 254).

de ses parties à l'exclusion des autres[1] ». L'union est même telle que le corps lui-même, pure matière et extension, est éprouvé comme « en quelque façon indivisible, à raison de la disposition de ses organes qui se rapportent tellement tous l'un à l'autre que, lorsque quelqu'un d'eux est ôté, cela rend tout le corps défectueux[2] ». C'est à ce niveau, et à lui uniquement, que se situe ce que dira Descartes dans ce passage célèbre de sa *Sixième Méditation*, que « je ne suis donc pas logé dans ce corps comme un pilote en son navire, mais j'y suis conjoint très étroitement et tellement confondu et mêlé, que je compose comme un seul tout avec lui[3] ». Car, en effet, si cela n'était pas la cas, le gendarme de notre introduction ne sentirait pas de douleur, (supposé qu'il soit une chose qui pense), mais il s'apercevrait de la cause par le seul entendement, comme un pilote aperçoit par la vue si quelque chose se rompt dans son vaisseau. Autrement dit, projeter à ce niveau de l'union des réflexions motivées par la distinction est foncièrement inconvenant. C'est céder à une forme de bêtise qui est, on l'a vu à l'instant, « la faculté des faux problèmes ».

LES ESPRITS MALSAINS

Il existe chez Descartes deux sortes de faux problèmes, et tous deux surgissent en raison d'une confusion et contamination réciproques des deux niveaux établis à l'instant. Il existe d'abord un grand nombre de problèmes issus de la transgression du domaine de l'union vers celui de la métaphysique ou des idées distinctes. Et cette transgression n'est que le résultat d'une regrettable mécompréhension de la fonction de la connaissance propre à ce domaine. À l'instar de notre gendarme, on attribue aux idées issues de nos sensations une valeur cognitive. Et on succombe à l'illusion fatale, celle qui aura perverti toute une métaphysique, de croire en une parenté ontologique entre nos sensations et la qualité des objets qui les causent. Ainsi, même si en me rapprochant trop d'un feu je sens une vive douleur, « il n'y a toutefois aucune raison qui me

---

1   *Les passions de l'âme*, I, art. 30, AT XI, p. 351.
2   *Ibidem*.
3   *Méditations métaphysiques*, AT IX, p. 64.

puisse persuader qu'il y a dans le feu quelque chose de semblable à cette chaleur, non plus qu'à cette douleur. » Tout ce qu'il m'est permis de dire se résume à croire qu'il y ait en effet quelque chose dans ce feu, « quelle qu'elle puisse être, qui excite en moi ces sentiments de chaleur et de douleur[1] ». Et bien sûr, les sensations ne sont pas fausses ni corrompues : « elles ont été mises en moi pour signifier à mon esprit quelles choses sont convenables ou nuisibles au composé dont il est partie[2] ». Or, à ce niveau, étant de leur façon claires et distinctes, je m'en sers pour juger de la nature même des choses hors de moi. C'est ma volonté, moteur de tout jugement, qui est à l'origine de la perversion « de l'ordre de la nature ». Elle a jugé de manière précipitée, sans tenir compte de la valeur ni de la nature des idées engendrées par l'union, en vue d'affirmer des choses qui ne concernent que le domaine de l'entendement seul, voire du dualisme des substances.

Mais il existe aussi les problèmes issus d'une transgression inverse, celle où l'entendement pure et le domaine de la métaphysique empiètent sur celui de l'expérience. On applique une pensée déductive aux phénomènes vécus. Or, n'étant pas claires et distinctes pour l'entendement seul, rien de théorique ne se laisse validement déduire de nos idées sensitives.

Ou pis : on injecte une pensée théorique et qui procède par distinctions tranchées dans un domaine où, d'un point de vue théorique, règne la confusion. Et dès lors, on crée une sorte de méfiance à l'égard des évidences issues de l'union. C'est bien pareille sorte de vice que Descartes condamne dans sa lettre d'août 1641 adressé à cet ami de Gassendi (qui a pris le nom de l'Hyperaspistes). Voici ce qu'il lui reproche :

> Assurément, on pourrait souhaiter dans les choses qui touchent à la conduite de la vie une certitude aussi grande que celle qui est requise dans l'acquisition de la science ; mais, qu'une telle certitude ne soit ici ni à chercher, ni à espérer, on le démontre très facilement. [...] par exemple, si un homme voulait s'abstenir d'aliments, jusqu'à mourir de faim, sous le prétexte qu'il n'est pas certain qu'aucun poison ne s'y trouve mêlé et qu'il estime n'être pas tenu de manger parce qu'il ne voit pas de façon claire et évidente qu'il est en présence d'aliments propres à soutenir sa vie, qu'il vaut donc mieux attendre la mort

---

1 *Ibidem*, AT IX, p. 66.
2 *Ibidem*.

dans l'abstinence que de se tuer en mangeant, on devrait assurément l'accuser d'avoir l'esprit malsain et d'être son propre meurtrier[1].

C'est être un esprit malsain que de chercher au niveau de la vie une sorte de certitude réservée à la pratique d'une science ou d'une pensée pure. Mais dans ce cas, ne pourrait-on pas avancer que l'esprit qui succombe à la tentation de se poser la question du rapport entre l'âme et le corps est tout aussi malsain que l'esprit à la méfiance suicidaire de l'ami de Gassendi ?

CONCLUSION

Il me paraît incontestable, d'une évidence qui crève les yeux, qu'une grande partie de la réflexion de Descartes est dominée par l'épreuve de la tension qui existe entre ces deux régions de sens : sa pensée gravite autour de l'existence d'une opposition insoluble et irrécusable entre les composantes des actes de l'entendement et celles provenant du vécu. Entre la pensée de l'entendement pur, et celle provenant de l'union un écart se maintient[2]. Il y a là deux couches signifiantes, celle où l'esprit pense *contre le corps*, et celle où il pense *selon lui*. Ces couches ou ces registres incarnent deux perspectives inconciliables qui ne se distinguent pas comme différents degrés d'une intégration finale. Au contraire, toutes ces démarches visant à ramener une perspective à l'autre, à déduire une couche de l'autre ou à chercher en l'une les conditions de possibilité de l'autre est vouée à l'échec. La nature de cet échec est de l'ordre des faux problèmes que l'empiètement de deux actes de pensées génèrent. Comme le montre bien Descartes, fidèle au principe qu'il est impossible de joindre en une pensée ce qui est destiné à se contrarier, le problème

---

1   *Lettre à Hyperaspistes*, Août 1641, AT III, 398. Traduction de F. Alquié, in Descartes, *Œuvres Philosophiques*, Paris, Classiques Garnier, Tome II, 1999, p. 359.

2   Dans un ouvrage sur Spinoza, Geneviève Lloyd a bien perçu ce problème, introduisant l'idée d'une fissure dans le sujet cartésien (« a split within the Cartesian self »). Cependant, elle rabat étonnamment l'existence de cette fissure sur celle de la « dichotomy of mind and matter ». (*Part of Nature, Self-Knowledge in Spinoza's Ethics*, Cornell University Press, Ithaca and London, 1994, p. 31-41).

réel est en effet lié à l'impossibilité de penser ensemble, en une pensée, l'union et le dualisme[1]. C'est ainsi qu'il affirme :

> Mais j'ai jugé que c'était ces méditations, plutôt que les pensées qui requièrent moins d'attention, qui lui ont fait trouver de l'obscurité en la notion que nous avons de leur union ; ne me semblant pas que l'esprit humain soit capable de concevoir bien distinctement, et en même temps, la distinction d'entre l'âme et le corps, et leur union ; à cause qu'il faut, pour cela, les, concevoir comme une seule chose, et ensemble les concevoir comme deux, ce qui se contrarie[2].

C'est donc cette contrariété interne qui répugne à toute tendance à joindre en une pensée les composantes des deux champs ou scènes opposés. Il est faux (ou bête) de vouloir assimiler l'un à l'autre, de voir dans la confusion des idées provenant de l'union une privation de clarté et de distinction[3]. Ou, inversement, de comprendre cette clarté comme fruit d'une pensée « prélevée » sur celle de l'union. Cela signifie que les idées du corps comme machine et système nerveux ne sont pas des phénomènes découpés parmi ceux qu'une conscience de l'union formerait. Ils ont une validité propre et un mode d'être indépendant.

Autrement dit, la pensée cartésienne ne cherche pas à lever l'opposition, *mais semble s'en inspirer dans sa démarche même.* Elle s'est alimentée à l'épreuve de la dissemblance, au manque d'affinité qui subsiste toujours entre certaines idées et le monde qui les entoure. C'est ainsi que dans la Sixième Méditation, il ne se lasse pas de répéter par exemple qu'aucune « affinité » n'existe, ni aucun rapport, entre une émotion de l'estomac, comme la faim ou la soif, et le désir de manger, « non plus qu'entre le sentiment de la chose qui cause la douleur, et la pensée de tristesse qui fait naître ce sentiment[4] ».

Or, c'est bien entendu sur l'épreuve même de ce *manque d'affinité* que reposent entre autres les réflexions que Descartes dédiera aux *Passions de l'âme.* C'est aussi à ce sujet qu'Alain, dont les commentaires demeurent

---

1 *Cf.* l'entretien avec Burman, AT V, p. 161. cité dans J. Laporte, *op. cit.*, p. 249.
2 *Lettre à Élisabeth, op. cit.*, p. 75 (AT III, p. 692).
3 N'est-ce pas un peu ce que Spinoza reproche à Descartes dans son introduction à la Ve partie de l'Éthique ? « Qu'entend-il, je le demande, par l'union de l'Âme et du Corps ? Quelle conception claire et distincte a-t-il d'une pensée très étroitement liée à une certaine petite portion de l'étendue ?... » (Spinoza, *Éthique*, trad. R. Misrahi, Paris, Éditions de l'Éclat, 2005, p. 364).
4 AT IX, p. 60.

des plus perspicaces, pouvait affirmer que l'auteur Descartes est « le premier [...] qui ait visé droit au but dans son *Traité des passions*. Il a fait voir que la passion, quoiqu'elle soit toute dans un état de nos pensées, dépend néanmoins des mouvements qui se font dans notre corps[1] ». Autrement dit, et comme le démontre toute la première partie du *Traité des Passions*, sa théorie sur les passions part de cet étonnement qu'évoque en lui le manque d'affinité, la *dissemblance*[2].

Là où certains auteurs y voient comme son ultime tentative de « résoudre » son « problème de l'âme et du corps » (son prétendu mind-body problem), son *Traité des passions* ne fait donc qu'attester l'idée d'une *opposition bien plus essentielle*. On peut en effet avancer, et même sans trop se risquer, que l'enjeu de sa pensée réside moins dans la question du rapport de l'âme et du corps, que dans celle qui cherche à conjuguer ensemble une perspective dualiste et une perspective « unioniste ». Celle qui suppose une conception de la bêtise basée sur une confusion d'ordres. Dès lors, sa théorie et sa description de l'union ne cherche pas vraiment à rééquilibrer la doctrine intellectualiste du dualisme, mais elles en sont solidaires : les deux thèmes font partie intégrante d'un même acheminement philosophique.

On pourrait désormais résumer son « projet » par cette phrase si profondément cartésienne, dont le ton est à la fois énigmatique et clair comme un grand vent : « je n'ai jamais vu ni compris que les corps humains eussent des pensées, mais bien que ce sont les mêmes hommes qui pensent et qui ont des corps[3] ».

---

1   Alain, *Propos sur le bonheur*, Paris, Folio, 1985, p. 24.
2   Dissemblance que Malebranche ne cesse lui non plus d'illustrer, lorsqu'il montre par exemple comment une différence de degré du point de vue mécanique engendre du point de vue du vécu une différence de nature (*Cf. De le recherche de la vérité, op. cit.*, p. 83).
3   Descartes, (Sixièmes réponses), AT IX, p. 242.

LE PAYSAGE
DU TRANSCENDANTAL

LE RIDICULE

Descartes nous a appris à nous méfier des esprits malsains. Ceux-ci adoptent une attitude propice à la confusion et génèrent des faux problèmes. Ces problèmes, dirait Pascal, sont de l'ordre du « ridicule ». Le ridicule ne désigne pas une forme précise de pensée dénoncée par une autre, par exemple l'esprit de géométrie déclassé par un esprit de finesse, la raison par le cœur. Bien sûr, on connaît le sort qu'il réserve aux prétentions de la raison[1], qui voulant gouverner toutes les puissances, est elle-même dominée et démontée de son siège : elle est si faible que le simple bourdonnement d'une mouche la tient « en échec[2] ». Et on connaît tout aussi bien l'attitude pascalienne vis-à-vis du « prince des philosophes moderne » : d'après ses amis, Pascal se serait plu à rapprocher les mésaventures de la raison cartésienne à celles subies par le fantoche de Cervantes ou celles trouvées dans le roman comique de Scarron[3].

Mais c'est bien plutôt dans ses prétentions que la raison se rend ridicule : prétentions d'un esprit géométrique voulant juger de choses

---

1   Blaise Pascal : « Que j'aime à voir cette superbe raison humiliée et suppliante » (fr. 48, *Pensées, op. cit.*, p. 557).

2   *Cf.* Fragment 44, *op. cit.*, p. 556. Cet exemple de la mouche distrayant la raison reviendra chez Malebranche. On la trouve déjà dans l'Essai III, XIII (De l'expérience) de Montaigne : « J'ai l'esprit tendre et facile à prendre l'essor. Quand il est empêché à part soi, le moindre bourdonnement de mouche l'assassine ». (*Les Essais*, Paris, Gallimard, Bibliothèque de la Pléiade, 2007, p. 1130) Proust, à son tour, parlera à propos des mouches interrompant la lecture du narrateur, du « quatuor de l'été ».

3   *Cf.* ce témoignage : « Feu M. Pascal appelait la philosophie cartésienne le roman de la nature, semblable à peu près à l'histoire de Don Quichotte ». Cité par Philippe Sellier, *Port-Royal et la Littérature, Pascal*, Deuxième édition augmentée de douze études, Paris, Champion Classiques, 2010, p. 393.

fines. Et l'inverse est tout aussi vrai : un esprit fin cherchant à raisonner sur les principes grossiers de la géométrie. En amont donc de la différence entre esprit de géométrie et esprit de finesse, Pascal pose celle qui distingue un esprit juste d'un esprit faux. Seuls ces derniers sont ridicules : ni fins ni géomètres, ils ratent les principes auxquels ils veulent appliquer leur pensée en se mettant à raisonner en fonction de ceux qu'ils ont coutume de voir[1].

Le ridicule est donc le fait d'une transgression d'ordre. Aussi bien Descartes que Pascal ont délimité un ordre de la vérité : un domaine au sein duquel les propositions portaient en elles comme un certificat d'authenticité. Il est donc bête de confondre un ordre avec l'autre, de prendre pour des vérités ce qui ne relève que du vécu (Descartes), ou de se fier aux vérités de la raison au dépens de la connaissance de « l'objet et le centre où tout tend[2] ». C'est dire que, autant Pascal que Descartes délimitaient les ordres en accord avec la conviction qu'ils avaient qu'un rapport naturel et inviolable au vrai existe. Seule la nature de cette vérité variait selon les convictions théologales ou métaphysiques.

Or, dans le premier chapitre, je suis parti de l'idée que notre expérience de l'extériorité prend les traits d'une distraction (« ontologique »). Une mouche ne me distrait pas plus ni moins du vrai qu'un axiome mathématique ou une définition spinoziste de la substance. La conscience est idiote par définition, et par là sans cesse elle nous expose au monde avec une spontanéité indifférente aux humeurs (cœur) et à la pensée (raison) personnels. C'est sur cette *ex-centricité* perpétuelle que tout rapport personnel ou individuel doit être conquis. C'est aussi en rapport à elle que le problème du vrai et de la bêtise se pose. Comme on va le voir à l'instant, la bêtise est « d'ordre transcendantal » : sa condition de possibilité détermine aussi celle du vrai[3]. Tout discours vrai et intelligent cherchant à dénoncer la bêtise risque d'être saisi et frappé par elle ; il sera lui-même perçu comme un exemple de bêtise. C'est ce qui rend toute critique de la bêtise vertigineuse, dirait Roland

---

1   *Cf.* fragment 466, *Pensées, op. cit.*, p. 742-744.

2   Pour l'objet pascalien : « Jésus-Christ est l'objet de tout et le centre où tout tend. Qui le connaît connaît la raison de toutes choses », cité par Philippe Sellier, *op. cit.*, p. 256.

3   De là la remarque de Deleuze à propos de la pensée nietzschéenne : « Nietzsche ne critique pas les fausses prétentions à la vérité mais la vérité elle-même et comme idéal. Suivant la méthode de Nietzsche, il faut dramatiser le concept de vérité. » (*Nietzsche et la philosophie, op. cit.*, p. 108).

Barthes[1]. En dénonçant la bêtise, on ne connaît jamais de répits. À la fin, notre raison risque de pactiser avec l'ennemie sans même que l'on ai pu s'en apercevoir.

« COMMENT LA BÊTISE EST-ELLE POSSIBLE ? »

Dans son roman « La Montagne magique » (*Der Zauberberg*), Thomas Mann raconte comment « Mme Stör », lors du décès tragique du cousin de Casper, ne peut s'empêcher de déclamer tout en soupirant qu'à pareille cérémonie, on aurait au moins dû faire jouer *l'Erotica* de Beethoven[2].

Il y a là une forme d'erreur jugée foncièrement bête par son énormité, d'autant plus que la dame ne se rend même pas compte du manque d'à-propos. Et comme on a toujours eu tendance à comprendre la bêtise en terme d'erreurs, cet exemple de confusion entre *Erotica* et *Eroica* est paradigmatique. Outre que ce lapsus en dit long, Mme Stör est jugée bête du fait même qu'elle ne voit pas en quoi consiste l'erreur, et qu'elle en est l'origine. Vu de ce point de vue, la bêtise se réduit à une anomalie au sein du rapport au vrai ou de la connaissance. Elle se laisse corriger. Des propos bêtes pourraient en principe êtres compris comme résultant d'un manque de connaissance. Ce manque est en outre de nature empirique, accidentelle ou contingente. Manque d'éducation, jugement précipité, caractère étourdi ; il existe toujours un moyen de redresser cette déviance et d'en expliquer l'origine. Et cela vaut pour toutes sortes de bêtisiers issus d'occasions d'ordre social et autres : quiz, examens, repas en famille : on les retrouve dans des recueils du genre « Le meilleur de la bêtise », « bêtisiers du bac » etc. On est loin des « lieux communs ». Ces bêtises arrivent parfois à susciter une forme d'indignation[3], parfois de l'hilarité : mais en général, elles restent innocentes. Elles ont même

---

1 Claude Coste, *Bêtise de Barthes, op. cit.*, p. 64-65.
2 « *Stör weinte begeistert im Anblick der Form des ehemaligen Joachim. "Ein Held ! Ein Held !" rief sie mehrfach und verlangte, dass ein seinem Grabe die "Erotika" von Beethoven gespielt werden müsse.* » (Thomas Mann, *Der Zauberberg*, Frankfurt am Main, Fischer, 1988, p. 568).
3 Nietzsche affirme que le penchant pour la vérité est un phénomène moral généralisé. On peut se demander s'il en va de même pour la bêtise et notre indignation face à l'erreur et la stupidité. Si l'on juge et condamne la bêtise, c'est aussi par sentiment moral.

quelque chose de rassurant : on sait d'emblée que ces propos sont faux, et en outre on sait pourquoi.

Mais prenons l'exemple suivant. Proust raconte dans un des passages de la *Recherche* comment le jeune Marcel tente d'expliquer en vain à son père qu'il aimerait devenir écrivain. Selon l'opinion du père, un écrivain ne fera jamais carrière. Jusqu'au jour où la famille reçoit la visite du diplomate et ambassadeur Norpois. Il passe pour l'incarnation même de l'esprit de finesse, du bourgeois abouti et plein de bonnes manières : il est intelligent et il s'exprime avec aisance, voire virtuosité. Et ce « monsieur de Norpois » arrive à convaincre le père. Le fils d'un de ses amis, dit-il, « est comme vous » et semblait avoir le même « problème[1] ». Aussi a-t-il eu le courage d'abandonner la voie tracée par son père et de « quitter le Quai d'Orsay », et cela sans se soucier du « qu'en-dira-t-on ». Il s'est mis à écrire... Et, ajoute-t-il : « Il n'a certes pas lieu de s'en repentir. Il a publié il y a deux ans [...] un ouvrage relatif au sentiment d'infini sur la rive occidentale du lac Victoria-Nyanza et cette année un opuscule moins important, mais conduit d'une plume alerte, parfois même acérée, sur le fusil à répétition dans l'armée bulgare, qui l'ont mis tout à fait hors de pair[2] ».

L'éloge de Norpois est particulièrement bête et illustre bien cet adage deleuzien que l'on « connaît des pensées imbéciles, des discours imbéciles qui sont faits tout entiers de vérités ». Car en effet : où est l'erreur ? La bêtise du diplomate est plus profonde, elle suscite l'indignation et elle a quelque chose de déconcertant. Son propos contient un fond qui ne se laisse pas si aisément corriger ni redresser. Le grand diplomate et « homme du monde » malgré son intelligence et son éloquence raffinée, n'arrive même pas à pressentir la distinction entre différentes valeurs et entre ce qui est bon ou inapproprié. Certes, ses propos sont tout sauf grossiers ou provocants. Au contraire, ils passent partout. Ils ne sont jamais faux : leur bêtise vient d'ailleurs. Celle-ci ne se résigne plus au domaine du vrai et du faux, mais elle concerne un assujettissement à un domaine plus vaste : celui du sens, de ce qui est judicieux ou de ce

---

1   « ... et il prit pour parler de nos dispositions communes le même ton rassurant que si
      elles avaient été des dispositions non pas à la littérature, mais au rhumatisme, et s'il avait
      voulu me montrer qu'on n'en mourait pas ». (Marcel Proust, *À la recherche du temps perdu*,
      op. cit., Tome I, p. 445).
2   *Ibidem*, p. 445.

qui relève de l'ordre du trivial. Cette sorte de bêtise est plus insidieuse, car elle suggère que le vrai est lui-même menacé par une perte de sens, qu'il est en d'autres mots soumis au critère du sens et du non-sens. Une vérité peut apparaître sans importance aucune, d'un ordre platement banal et exaspérant. Ce genre de bêtise n'a plus rien d'inoffensif et elle nous indispose, voire nous exaspère. Elle semble atteindre une couche en-deçà du domaine de la connaissance du vrai et du faux. En ce sens, elle est semblable à la superstition. Comme la bêtise, elle se moque tout bonnement du vrai et du faux[1].

La connaissance du vrai ne nous offre en effet aucune immunité ou défense contre la bêtise. Celle-ci ne se situe pas en dehors d'un supposé désir naturel de connaissance ou de vérité : elle ronge d'emblée ce désir dans sa moelle, comme une maladie auto-immune. Elle est notre destin à tous et la finalité inéluctable de la pensée qui corrode nos bonnes intentions de rester fidèles à la vérité. Et du fait que la bêtise fait l'objet d'une question proprement transcendantale, elle devrait au moins inciter les philosophes à une certaine modestie, ou du moins une certaine réserve. La bêtise ne se laisse plus cerner et réduire au domaine des imbéciles, c'est-à-dire, celle d'autrui. Elle a un statut transcendantal. C'est pourquoi Deleuze se pose la question : « Comment la bêtise (et non l'erreur) est-elle possible[2] ? ». Ce chapitre tentera d'y répondre.

Je commencerai par analyser ce que Deleuze appelle la pensée dogmatique : celle qui se soumet a priori aux conditions transcendantales de la connaissance et de l'expérience[3]. Dans ce modèle, la bêtise retombe au niveau d'une défaillance empirique et accidentelle. Je renverrai dans ce contexte aux commentaires que fait Deleuze du modèle transcendantal kantien et de la conviction cartésienne concernant l'importance du « bon sens » et de la méthode. Cela permettra de mieux comprendre le sens que prend la bêtise aux yeux de Deleuze. Du moins, celle qu'il a développée dans *Différence et répétition* et dont l'inspiration est très nietzschéenne.

---

1 Au niveau du « vrai », et au sein de sa profession de diplomate, M. de Norpois est peut-être très fin et prévoyant, si l'on tient compte du parti que choisira la Bulgarie (avec ses armes à répétition) lors de la première guerre mondiale.

2 Gilles Deleuze, *Différence et répétition, op. cit.*, p. 197.

3 Le transcendantal kantien est décrit comme suit : « "Transcendantal" qualifie le principe d'une soumission nécessaire des données de l'expérience à nos représentations à priori, et corrélativement d'une application nécessaire des représentations a priori à l'expérience. » (Gilles Deleuze, *La philosophie critique de Kant* (1963), Paris, Quadrige, 1998, p. 22).

La pensée doit être remise en rapport avec une attitude et une force affirmative face à la vie. La valeur de la philosophie, pour reprendre les mots de Nietzsche, « ne tient pas à la sphère de la connaissance mais à la sphère de la vie[1]... ».

L'ERREUR

Le modèle traditionnel de pensée qui forme la base de la notion plutôt innocente de bêtise trouve ses exemples, selon Deleuze dans certaines opinions de Kant et de Descartes. Dans son *Anthropologie*, Kant écrit : « L'absence de jugement quand on est sans esprit (ohne Witz, *i.e.* sans humour), c'est la stupidité[2] ». Cette même absence accompagnée d'esprit ou d'humour (« Witz ») est plutôt ce qu'il appelle « Albernheit » (la sottise). On a même tendance à avouer qu'une personne qui raconte des choses bêtes avec humour est loin de l'être, pour la simple raison qu'elle ne cherche pas à être prise au sérieux (elle fait l'idiot). Aussi longtemps que « l'humoriste » est conscient du manque de véracité de son propos, due à son ignorance en la matière, il ne peut être pris pour quelqu'un de stupide. Malgré son ignorance, il arrive toujours à s'en sortir, non plus en nous leurrant, mais en nous forçant à rire[3].

En revanche, l'être stupide ne se rend même pas compte de son ignorance, il ne sait même pas que ce qu'il dit est faux, inconvenant et foncièrement bête. Il juge mal sans le savoir. C'est toutefois ce modèle-ci que Deleuze va remettre en cause, et qui détermine le sens classique de la bêtise. La bêtise comme l'expression d'un *défaut* de compréhension, de connaissance, d'idées, etc. Quelqu'un est jugé bête du fait qu'il n'est

---

1   Friedrich Nietzsche, *Le livre du philosophe, Études théoriques*, Paris, GF Flammarion, 1991, p. 54.
2   « Der Mangel an Urteilskraft ohne Witz ist Dummheit (stupiditas) », I. Kant, *Schriften zur Anthropologie, Geschichtsphilosophie, Politik und Pädagogik 2*, Werkausgabe Band XII, Frankfurt, Suhrkamp, 1977, p. 516. (Traduction : *Anthropologie du point de vue pragmatique*, trad. Michel Foucault), Paris, Vrin, 1994, p. 74).
3   Le rire peut évidemment perdre son innocence lorsque « l'humoriste » émet sciemment des propos faux en jouant la carte de l'autodérision. Il nous force à rire de choses et d'allusions impertinentes.

même pas conscient de ce défaut. En d'autres mots : un jugement bête est l'expression d'une *erreur* inconsciente. Qu'est-ce qu'une erreur ?

Dans la quatrième méditation, consacrée au problème du vrai et du faux, Descartes tente d'expliquer l'origine de l'erreur à partir du jugement. Si je suis induis en erreur, ce n'est pas dû au fait que le jugement me trompe, mais que je me trompe en jugeant. Je ne juge pas mal suite à une défaillance du cerveau, et il n'y a rien de mal non plus dans ce qui me pousse à former un jugement. La troisième méditation a instauré l'idée de la nature parfaite du divin, et dès lors elle a supprimé une fois pour toute l'hypothèse du « malin génie » ou du « Dieu trompeur ». Autant « pouvoir tromper » est un signe de « subtilité » ou de « puissance », vouloir tromper témoigne « de la faiblesse ou de la malice », et « cela ne peut se rencontrer en Dieu[1] ». Si dès lors je suis sujet à une infinité d'erreurs, cela est dû au fait que je « n'use pas bien » des choses qu'il m'a données. L'erreur survient lorsque je prête croyance à quelque chose ou lorsque je juge de quelque chose qui s'avère ne pas exister ou dont ma connaissance était très limitée. En ce sens, faillir est le signe d'un défaut (« defectum »)[2]. J'ai donné témérairement mon jugement, ou je n'ai pas suffisamment prêté attention au vrai. Comme il l'affirme dès la première phrase du *Discours de la méthode,* il ne suffit pas d'avoir du bon sens, qui est la chose la mieux partagée (à tel point que personne n'a la coutume d'en désirer davantage…), mais le principal « est de l'appliquer bien[3] ».

Par conséquent, même si Dieu ne m'a pas fourni la vertu de ne point faillir, j'ai du moins un moyen d'éviter l'erreur et qui consiste à obtenir une « claire et évidente connaissance de toutes les choses dont je puis délibérer » afin de bien informer la volonté dans le jugement et de la retenir dans « les bornes de ma connaissance[4] ». C'est là en quelque sorte le noyau même du projet théorique cartésien ; la quatrième méditation

---

1   Descartes : « In primis enim agnosco fieri non posse ut ille me unquam fallat ; in omni enim fallacia vel deceptione aliquid imperfectionis reperitur ; & quamvis posse fallere, nonnullum esse videatur acuminis aut potentiae argumentum, proculdubio velle fallere, vel malitatem vel imbecillitatem testattur, nec proinde in Deum cadit » (AT VII, p. 53).

2   AT VII, p. 54.

3   AT VI, p. 2.

4   AT VII, p. 62. Ce qui au négatif signifie : « retenir fermement la résolution de ne jamais donner mon jugement sur les choses dont la vérité ne m'est pas clairement connue » (*Ibidem*).

se termine par cette phrase qui le résume bien : « Au reste je n'ai pas
seulement appris aujourd'hui ce que je dois éviter pour ne plus faillir, mais
aussi ce que je dois faire pour parvenir à la connaissance de la vérité[1] ».

Cette conception présuppose l'existence d'une nature transcendantale et naturelle propre à la pensée : elle s'affirmerait en nous dans la
conviction qu'il existe une inclination naturelle, voire innée vers le
vrai. C'est çà le *bon sens* : et puisque celui-ci nous offre la puissance « de
distinguer le vrai d'avec le faux[2] », nous sommes en mesure « de bien
juger ». L'erreur se limite à un défaut d'ordre quasi accidentel ou empirique et n'affecte aucunement la disposition naturelle de la pensée en
tant que telle. Elle se manifeste comme signe d'un manque de « clarté »
dans l'entendement, et peut-être aussi un manque de « bonne volonté ».
Ce qui explique aussi pourquoi la recherche de la vérité a toujours été
imprégnée de connotations morales[3].

Lorsque l'on situe la bêtise dans la prolongation de l'erreur, cette
connotation paraît manifeste : un jugement bête est faux à propos d'une
chose dont j'aurais dû savoir la vérité, ou du moins au sujet duquel j'aurais
dû admettre mon ignorance. Les enfants, les « esprits simples », « idiots »
ou « primitifs » ne sont pas bêtes pour la simple raison qu'ils n'ont pas
(encore) pu faire la découverte de leur nature interne ou du « bon sens ».
Ils ne sont pas encore en mesure de connaître et de sonder le vrai. En
revanche, un esprit adulte, majeur et accompli ne se trompe jamais
innocemment : il était prévenu[4]. Il aurait dû prendre ses précautions,
« acquérir l'habitude de ne point faillir », de juger avec discernement et
sans précipitation. S'il fait défaut, c'est par faiblesse et par manque de
bonne volonté et d'une solide résolution d'éviter les erreurs, c'est-à-dire

---

1   « Nec hodie tantum didici quid mihi sit cavendum ut nunquam fallar, sed simul etiam
     quid agendum ut assequar veritatem. » (AT VII, p. 62).
2   AT VI, p. 2.
3   Similairement, Rousseau prétend que non l'ignorance, mais l'erreur est à l'origine du
     désordre dans la société : « Recherchons la première source des désordres de la société,
     nous trouverons que tous les maux des hommes leur viennent de l'erreur bien plus que
     de l'ignorance, et que ce que nous ne savons point nous nuit beaucoup moins que ce que
     nous croyons savoir. » (« Lettre à Voltaire, 10 septembre 1755 », in *Discours sur les sciences
     et les arts, Discours sur l'origine de l'inégalité*, Paris, Garnier-Flammarion, 1971, p. 242).
4   C'est la raison qui pousse Rousseau à affirmer que seul un homme (ou une femme) adulte
     peut faillir : lui seulement a le pouvoir de se perfectionner. Lui seul peut aller à l'encontre
     de sa nature et revenir à un état primitif. Voici donc la réponse qu'il donnait à la question :
     « Pourquoi l'homme seul est-il sujet à devenir imbécile ? » (*Ibidem*, p. 171-172).

faire coïncider son désir de juger avec sa nature interne ou son « amour pour la vérité ». Celui qui traitera de toute matière en philosophe ou scientifique et qui tout en suivant sagement l'ordre de sa raison aboutira à la découverte d'une vérité se sentira récompensé de ses efforts. Il aura mérité sa vérité comme une médaille.

Descartes reproche à bon nombre de philosophes de sombrer dans une forme de « subtilisme » : « Les philosophes sont si subtils qu'ils savent trouver des difficultés dans les choses qui semblent extrêmement claires aux autres hommes[1]... ». Notre pensée est obscurcie par des préjugés issus de nos sensations, d'illusions ou des opinions ramassées ici et là. Mais grâce à un bon traitement « correctionnel », une bonne méthode et surtout, beaucoup de bonne volonté, notre pensée arrivera à s'en purifier et à suivre le droit chemin. Ainsi, une fois détectées, les causes des faussetés et de nos errements se laissent aisément mettre hors d'état de nuire. Et puisque des enfants arrivent à apprendre et à approfondir les lois de la géométrie, chaque adulte serait en mesure d'acquérir de nouvelles et de justes connaissances sur soi-même[2], le monde et Dieu. Et grâce à cette connaissance il sera en état de distinguer le vrai du faux et d'éviter des jugements bêtes et irraisonnés. Tout cela dépend donc de la conviction qu'une méthode est capable d'éveiller en nous notre appétit naturel pour le vrai, et qu'elle sera surtout en mesure de nous libérer des opinions toutes faites et de notre propre candide crédulité, voire notre ingénuité. En suivant une bonne méthode et nourri d'une bonne résolution, et pas mal d'effort, je devrais – à l'instar de Monsieur Jourdain – pouvoir apprendre la danse, la musique, les arts martiaux et la philosophie[3].

---

1   AT XI, p. 35.
2   *Cf.* « l'humaine sagesse » de la première règle des *Regulae ad directionem ingenii* : « Nam cùm scientiae omnes nihil aliud sint quàm humana sapientia, quae semper une & eadem manet, quantumvis differentibus subjectis applicata, nec majorem ab illis distinctionem mutuatur, quàm Solis lumen à rerum, quas illustrat, varietate... » (Descartes, AT X, p. 360).
3   À ce propos, Flaubert dirait : « Tu te crois grand parce que tu travailles sans relâche, mais ce travail est une preuve de ta faiblesse ». (*Mémoires d'un fou*, Paris, Pocket, 2001, p. 74).

LES QUESTIONS BÊTES

Dans le passage issu de l'anthropologie auquel j'ai déjà fait référence, Kant dit : « D'ailleurs c'est faire preuve d'entendement que de savoir poser des questions[1] ». Une bonne question sait où elle veut en venir : c'est par son cheminement même que l'on se rapproche de la solution. Il suffit de penser aux devinettes où la réponse se limite à un « oui » ou « non ».

Mais cela part du principe qu'une question est dite intelligente non seulement dans la mesure où elle sollicite une réponse ; elle est intelligente du fait même qu'une réponse peut y être donnée. En revanche, une question sera supposée inepte ou déplacée, voire bête du fait qu'aucune réponse ne la satisfait. Ainsi, un enseignant de physique insultait un élève de nigaud parce qu'il avait osé demander ce qu'était en fin de compte la pesanteur. Cette question – « d'ordre métaphysique » – franchissait les limites de sa discipline. Il est bien entendu permis de spéculer et de fantasmer à ce sujet : mais, répondit le physicien, cela est indigne d'un scientifique. On s'aventure là dans ce qu'il appelait du haut de sa lucidité tranchante et triomphante, le « domaine du flou ».

Malheureusement, il y a pas mal de questions qui par principe n'obtiendront jamais de réponse univoque et définitive : on les juge donc bêtes *en soi*, inappropriées et mal posées. Elle s'évertuent à chercher quelque chose qu'elles ne trouveront jamais et qui restera sans solution. On les appelle donc des faux problèmes. Les enfants ont souvent tendance à poser ce genre de questions dont l'origine, selon le modèle classique de pensée, doit être attribuée à l'état encore immature et infantile de l'esprit. Ces questions sont elles-mêmes jugées infantiles : « Où la lune dort-elle ? », « Pourquoi la terre est-elle ronde ? », « Dieu existe-t-il ? ». Une bonne éducation et la méthode adéquate guériront ces esprits naïfs, qui font de la métaphysique sans le savoir, de leur ignorance, et du coup, de leurs faux problèmes. Sera jugé bête celui qui ne voit donc même pas que sa question est inappropriée, puisqu'elle ne recevra jamais de réponse.

---

1   « Sonst ist es Beweis von gutem Verstande, wenn der Mensch auch nur weiß, wie er gut fragen soll… » I. Kant, *op. cit.*, p. 516. (Traduction, p. 74.).

Il est bien entendu normal qu'à un certain âge un enfant se pose des questions sur l'existence de saint Nicolas et du bon Dieu, ou qu'il veuille savoir s'il y a de la vie sur les autres planètes. Or, un philosophe qui se pose la question si oui ou non la réalité existe, paraît atteint d'une légère infirmité. De quelle forme de « subtilisme » souffre la question de ce sceptique dans sa « furor philosophica » ? Ce qui le préoccupe est bel et bien un faux problème, mais à l'encontre de ce que prétendrait le modèle classique, pareille question est insensée non pas parce qu'elle reste sans réponse. L'origine du problème ne renvoie pas à l'une ou l'autre naïveté ou à la tendance à croire en quelque chose qui par après s'avère ne pas exister. Pis, ce problème est de fait insoluble parce que le désir d'une réponse génère le genre même de la question. Cela suggère que le non-sens dans ce cas ne se laisse pas saisir comme une absence de connaissance ou suite à l'absence d'une réponse satisfaisante ; il est produit par le genre de questionnement en tant que tel. Et, selon Deleuze, c'est bien ici que réside la source profonde de la bêtise : la question est insensée *en soi*. Ce n'est pas l'aptitude de trouver une réponse et de l'anticiper qui décide de la valeur d'un problème, mais inversement : la nature du problème détermine à quel genre de réponse il faut s'attendre. La solution découle même « des conditions sous lesquelles on détermine le problème en tant que tel[1] ». Ceci signifie concrètement que la valeur de la solution dépend de celle du problème. Deleuze le formule de la façon suivante :

> Une solution a toujours la vérité qu'elle mérite d'après le problème auquel elle répond ; et le problème, toujours la solution qu'il mérite d'après sa propre vérité ou fausseté, c'est-à-dire, d'après son sens[2].

Notre sceptique subtil a la solution et la vérité qu'il mérite. Plus précisément, si la solution qu'il cherche semble insensée, c'est avant tout à cause du caractère insensé de sa question et du genre de problèmes qu'il pose. Deleuze montre donc que les notions de non-sens, de faux sens ou d'absurdité ne concernent pas tant le résultat d'une problématique ou d'une « recherche », mais elles se rapportent aux problèmes eux-mêmes.

> Les notions de non-sens, de faux sens, de contresens doivent être rapportées aux problèmes eux-mêmes (il y a des problèmes qui sont faux par indétermination,

---

1   Gilles Deleuze, *Différence et répétition, op. cit.*, p. 206.
2   *Ibidem*, p. 206.

d'autres par surdétermination ; et la bêtise enfin est la faculté des faux problèmes, témoignant d'une inaptitude à constituer, à appréhender et déterminer un problème en tant que tel)[1].

Mais qu'est-ce qui résulte du fait qu'un problème peut être lui-même faux et démuni de sens ? Deleuze y prête beaucoup d'attention, ainsi qu'on va le voir. La raison est en partie stratégique : il tente par là de conforter la thèse que la vérité est elle-même assujettie à un critère de sens[2]. Et il atteint ce but en explicitant les conditions de possibilité concernant la forme classique de poser des problèmes et concernant la forme de penser dont ces problèmes résultent.

PENSÉE ET EXTÉRIORITÉ

Afin de mieux mesurer la nature de la bêtise du sceptique, il nous faut tenter de comprendre la genèse des faux problèmes[3]. Pour Deleuze, leur origine renvoie à ce qu'il appelle la pensée « dogmatique » et qu'il défie entre autres dans son livre sur Nietzsche. Il porte toute son attention sur la distinction nietzschéenne entre une forme de pensée active et réactive. Celle-ci dépend du rapport dans lequel la pensée s'expose à ce qui n'est pas de l'ordre de la pensée, en d'autres mots, la réalité. Traditionnellement, la pensée se laissait décrire comme une faculté naturelle se déployant à l'aide de structures et d'idées innées : une disposition naturelle. Et la réalité se réduisait à une extériorité neutre stimulant cette nature interne et qui s'offre à l'esprit afin de se laisser saisir sous forme de concepts. Or, Deleuze rejette cette présupposition : il n'existe pas de faculté naturelle et innée qui se déploie et pense de façon autonome et indépendante. La pensée ne repose pas non plus sur l'une

---

1   *Ibidem*, p. 207. *cf.* aussi *Nietzsche et la philosophie, op. cit.*, p. 118 *sq.* et *Proust et les signes, op. cit.*, p. 115-124. Dans cet ouvrage, Deleuze illustre, à partir de Proust, le rapport entre ce qui « force à penser » (le signe) et la pensée en tant que telle.

2   « Le problème ou le sens, c'est à la fois le lieu d'une vérité originaire et la genèse d'une vérité dérivée » (*Différence et répétition, op. cit.*, p. 207).

3   À propos « du problématique » et de son enjeu en général dans l'œuvre de Deleuze, voir le chapitre xiii de Anne Sauvagnargues, *Deleuze, L'empirisme transcendantal*, Paris, PUF, 2009, p. 329 *sq.*

ou l'autre nature logique (« l'entendement », « la raison ») dont l'ordre serait incorruptible et éternel. Penser c'est avant tout une manière de s'exposer à ce qui nous force à penser, mais qui par définition échappe à l'ordre de la pensée. « C'est que penser n'est jamais l'exercice naturel d'une faculté. Jamais la pensée ne pense toute seule et par elle-même[1] ». En réduisant la pensée à une faculté naturelle, éventuellement transcendantale, on méconnaît son *activité* propre : la pensée devient purement *réactive*. Par conséquent, le sens même de la réalité ou de ce qui « donne à penser » se voit déterminé *a priori* par l'ordre et les lois de la pensée.

Or, pour Deleuze, penser est avant tout une activité et une pure créativité. Il replonge l'acte de penser dans le « drame de son actualisation réelle[2] » : cet acte détermine lui-même, par sa manière d'affronter ce qui le force à penser, la valeur et le sens de ce qu'il pense. Cette valeur n'est pas posée avant l'acte même (comme essence, comme instance suprême, etc.), mais dépend de la puissance avec laquelle la pensée s'investit autour de ce qui la sollicite, s'empare de ce qui est en jeu et qui ne se laisse pas tout bonnement absorber en un concept, en une discipline, voire en une opinion ou « conviction » philosophique. C'est pourquoi l'opposition entre pensée active et réactive ne se laisse pas assimiler en celle qui oppose une manière vraie ou fausse de saisir la réalité. Les catégories de la pensée ne sont pas prioritairement le vrai et le faux, « mais le noble et le vil, le haut et le bas[3] ».

> [I]l n'y a pas de vérité qui, avant d'être une vérité, ne soit l'effectuation d'un sens ou la réalisation d'une valeur. La vérité comme concept est tout à fait indéterminée. Tout dépend de la valeur et du sens de ce que nous pensons. Les vérités, nous avons toujours celles que nous méritons en fonction du sens que nous concevons, et de la valeur de ce que nous croyons[4].

« La valeur de ce que nous croyons » ne signifie donc pas que la valeur de notre pensée se mesurerait à celle des opinions auxquelles nous adhérerons. Une pensée est digne, lorsqu'elle se confronte de manière noble et digne à ce qui la défie. Une pensée vile ou basse est inappropriée, pédante, triviale, conventionnelle : elle n'est pas de taille

---

1   *Nietzsche et la philosophie, op. cit.*, p. 123.
2   *Ibidem*, p. 216.
3   *Nietzsche et la philosophie, op. cit.*, p. 119.
4   *Ibidem*, p. 118.

à affronter ce qui s'impose à elle. Et c'est là que naît la bêtise : dans une propension à contourner ou neutraliser l'appel qui vient des choses et dont le sens m'échappe.

Proust donne un nombre d'exemples de ce genre d'appels et de la bêtise qui s'ensuit[1]. Un des plus hilarant, pour ne pas dire caustiques, est celui où il met en scène la marquise douairière, Mme de Cambremer, que nous avons déjà eu le loisir de rencontrer en début de parcours. Il explique comment la marquise est en extase chaque fois qu'elle écoute du Chopin — car comme tous les snobs de son époque, elle aime Chopin — et encore plus, quand elle admire un beau paysage. Toutefois, dans sa manière d'exprimer son admiration et ses émotions les plus profondes éveillées par ce genre d'occasions, elle ne fait pas preuve d'une grande créativité et reste bien en dessous de celle qu'elle admire dans la musique. Voici comment Proust décrit sa réaction :

> La marquise douairière ne se lassait pas de célébrer la superbe vue de la mer que nous avions à Balbec [...]. Elle avait deux singulières habitudes qui tenaient à la fois à son amour exalté pour les arts [...] et à son insuffisance dentaire. Chaque fois qu'elle parlait esthétique ses glandes salivaires, comme celles de certains animaux au moment du rut, entraient dans une phase d'hypersécrétion telle que la bouche édentée de la vieille dame laissait passer au coin des lèvres légèrement moustachues, quelques gouttes dont ce n'était pas la place. Aussitôt elle les ravalait avec un grand soupir, comme quelqu'un qui reprend sa respiration. Enfin s'il s'agissait d'une trop grande beauté musicale, dans son enthousiasme elle levait les bras et proférait quelques jugements sommaires, énergiquement mastiqués et au besoin venant du nez[2].

« Des jugements sommaires » : des expressions conventionnelles (« c'est génial »), insignifiantes, remarques sans intérêt, banalités, poncifs, truismes..., voilà « l'élément » de la bêtise. Le rapport à ce qui interpelle est platement réactif, et la réalité est d'emblée neutralisée et mise hors d'état de nuire en l'absorbant dans des formes de pensées prêt-à-porter. C'est ainsi que selon Deleuze la pensée philosophique même s'est développée : d'après le modèle classique, la vérité et le rapport vis-à-vis des exigences de l'extériorité ne doivent pas être acquis. Ils sont formellement a priori en notre possession. C'est dire que le rapport à l'extériorité est

---

1   J'y reviens plus bas, p. 129 *sq.*
2   Marcel Proust, *op. cit.*, Tome III, p. 203.

d'avance assuré et *intériorisé*[1]. La pensée est soumise à un modèle de
« principes universels » (« une image », selon Deleuze) et qui reproduit
notre rencontre avec le réel sous la forme d'un amour naturel et inné
pour la vérité et d'une bonne volonté.

La pensée serait donc *a priori* attirée par le vrai dans la réalité : tout
le reste demeure contingent et complémentaire (comme les qualités
secondes de Locke). Celui qui semble manifester un intérêt trop prononcé
pour ce qui ne relève que de l'accessoire est sur le coup jugé frivole, naïf
ou de mauvaise volonté.

Dans le troisième chapitre de *Différence et répétition*, Deleuze recense
et donne une analyse serrée des « postulats » de la pensée se soumettant
à ce modèle classique ou à cette « image[2] ». Les postulats sont donc ces
conditions implicites qui déterminent comment une pensée se déploie et
ce que penser veut dire. Dans ce cas-ci, il s'agit donc de conditions qui
sont reprises et présupposées à chaque fois sans jamais être remises en
question ou posées de façon explicite. Elles empêchent aussi la pensée de
s'ériger de façon active vis-à-vis de ce qui la sollicite ou la défie. L'image
par excellence est celle que forme le système kantien.

En principe, d'après Deleuze, dans le système kantien la pensée
cherche à réduire a priori la multiplicité en une unité de plus en plus
abstraite. Par exemple, chaque sensation ou « sense datum » motivera une
synthèse, qui prend son élan dans les facultés sensorielles afin d'aboutir
au niveau de la pensée conceptuelle (« ich denke »)[3].

Par exemple : le multiple sensoriel et la pluralité des facultés telles
que l'ouïe, l'odorat, le toucher, la vue, etc. sont subordonnés à une
faculté sensorielle, par exemple la visuelle. C'est le « sensus communis »
en tant que « concordia facultatum[4] ». Toutes les expériences se voient
subordonnées de cette manière à la vision, en participant à la constitution
d'un champ visuel harmonieux. Et puis, de ce champ s'érige une autre
unité ou synthèse, celle de l'objet concret. Je « reconnais » le chien
du voisin dans ce que j'ai pu entendre, voir et sentir à l'instant. Cette
faculté de la « récognition » nous offre donc la possibilité d'effectuer une
synthèse à un niveau supérieur, grâce à notre capacité d'identifier et de

---

1 *Cf.* Gilles Deleuze, *La philosophie critique de Kant*, *op. cit.*, p. 24.

2 *Différence et répétition*, *op. cit.*, p. 169-217.

3 Pour un commentaire précis sur la lecture deleuzienne de Kant, *cf.* Anne Sauvagnargues,
op. cit., chapitre IX.

4 *Différence et répétition*, *op. cit.*, p. 174.

localiser un objet particulier au sein du champ. Cette identification se
pose comme la finalité des facultés sensorielles. Le champ s'organise dès
lors en termes d'objet et de qualités : ce que je sens et ce que j'entends
est intégré dans ma vision en tant que qualité du chien perçu. Et c'est
précisément sur cette synthèse que la pensée (le concept) agit. Le but
est enfin de faire converger toutes les facultés en une unité harmonieuse
et cohérente – partant des sensations, à l'imagination, à la récognition
jusqu'à la pensée. La vérité « s'exprimera » donc à l'aide d'un jugement
qui rendra explicite le rapport qui soude les qualités à l'objet et qui se
formulera sous la forme S est P.

La pensée se déploie en accord étroit avec le modèle des « conditions
transcendantales » (les structures a priori de l'entendement et de la raison). Mais, dit Deleuze, ce modèle transcendantal repose entièrement et
d'une façon bassement triviale sur une donnée empirique, *la récognition* :

> Mais justement, ce qu'il faut reprocher à cette image de la pensée, c'est
> d'avoir fondé son droit supposé sur l'extrapolation de certains faits, et de
> faits particulièrement insignifiants, la banalité quotidienne en personne, la
> Récognition, comme si la pensée ne devait pas chercher ses modèles dans des
> aventures plus étranges ou plus compromettantes. Soit l'exemple de Kant [...].
> Dans la première édition de la Critique de la raison pure, il décrit en détail
> trois synthèses qui mesurent l'apport respectif des facultés pensantes, toutes
> culminant dans la troisième, celle de la récognition, qui s'exprime dans la
> forme de l'objet quelconque comme corrélat du Je pense auquel toutes les
> facultés se rapportent[1].

C'est la raison pour laquelle, par exemple, le passage proustien
sur la madeleine, a si souvent été lu comme un exemple où le pouvoir
d'évocation du goût devait être saisi et traduit en termes de souvenir.
Comme si la madeleine en tant que telle possédait une vertu stimulant
la récognition ou la mémoire.

On comprend le motif : tout ce qui avait la force de défier et de
mouvoir la pensée a d'emblée ou « spontanément » été absorbé par
le désir de « reconnaître » quelque chose. Avec la conséquence que
chaque nouvelle tentative d'acquérir plus de connaissances se réduisait
à la confirmation de structures et de connaissances déjà acquises. Cette
tendance se concrétise finalement dans notre inclination à limiter notre

---

1   *Ibidem*, p. 176. *Cf.* aussi : « Il est clair que Kant décalque ainsi les structures dites trans-
    cendantales sur les actes empiriques d'une conscience psychologique. » (*Ibidem*, p. 176-177).

rapport au réel à une relation visant des « objets concrets ». Le rapport est « objectivé » et la vérité est perçue en termes de « propositions ». Bref, le modèle détermine la nature et la valeur du vrai.

La réponse à la question de la vérité prend dès lors la forme d'une proposition. Et inversement, un « problème » doit s'exprimer sous cette forme. Lorsque l'on dit : « Descartes est l'auteur du Discours de la méthode », on a affaire à une proposition. En revanche, si l'on demande : « Est-ce que Descartes est l'auteur du Discours de la méthode ? », c'est là un « problème ». Ce qui veut dire que chaque problème peut en principe se laisser exprimer sous la forme propositionnelle[1]. Mais ainsi on se contente de décalquer les problèmes sur des propositions. Tout comme on calque le modèle transcendantal de la pensée sur le récognition, on calque la réalité du problème sur la proposition. Et c'est ce qui explique pourquoi dans la « pensée dogmatique » un problème détient son sens à la capacité qu'on a de lui trouver une réponse[2] et le sens d'un problème philosophique dépend de notre aptitude à le résoudre. On réduit par-là la pensée philosophique au modèle de l'interrogation, de tâches à résoudre, ou pis, des tests, des concours, des examens, etc. Du genre : Descartes était-il le père de la modernité ? Hume était-il influencé par Malebranche ? Husserl a-t-il inventé l'intentionnalité ? Sans signaler les commentateurs professionnels qui démontent selon l'ordre de la raison et suivant les lois du métier qu'un Descartes ou un Sartre n'étaient pas à même de résoudre les problèmes qu'ils ont eux-mêmes suscités (le « mind-body » chez Descartes, l'altérité chez Sartre). Voilà la vraie plaie de la philosophie, dit Deleuze[3]. Et puisque le modèle mis

---

1   *Cf.* à ce propos le commentaire de Deleuze sur les *Topiques d'Aristote, Ibidem,* p. 204-205.

2   « Le sens est dans le problème lui-même. Le sens est constitué dans le thème complexe, mais le thème complexe est cet ensemble de problèmes et de questions par rapport auquel les propositions servent d'élément de réponse et de cas de solution. Toutefois, cette définition exige qu'on se débarrasse d'une illusion propre à l'image dogmatique de la pensée : il faut cesser de décalquer les problèmes et les questions sur les propositions correspondantes qui servent ou peuvent servir de réponses. Nous savons quel est l'agent de l'illusion ; c'est l'interrogation, qui, dans le cadre d'une communauté, démembre les problèmes et les questions, et les reconstituent d'après les propositions de la conscience commune empirique, c'est-à-dire d'après les vraisemblances d'une simple *doxa.* » (*Ibidem,* p. 204).

3   G. Deleuze & F. Guattari, *Qu'est-ce que la philosophie, op. cit.,* p. 33 : « ceux-là sont la plaie de la philosophie. Ils sont animés par le ressentiment, tous ces discuteurs, ces communicateurs. Ils ne parlent que d'eux-mêmes en faisant s'affronter des généralités creuses. » (*Cf.* aussi la critique qu'adresse Deleuze aux « nouveaux philosophes » (« BHL & Compagnie »), in *Deux régimes de fous, Textes et entretiens 1975-1995,* Paris, Minuit, 2003, p. 127-134).

en pratique par ces commentateurs part du principe que la solution abolira une fois pour toute le problème, les experts se donnent la belle illusion que même en philosophie, on progresse.

> On nous fait croire que l'activité de la pensée, et aussi le vrai et le faux par rapport à cette activité, ne commencent qu'avec la recherche des solutions, ne concernent que les solutions. Il est probable que cette croyance a la même origine que les autres postulats de l'image dogmatique : toujours des exemples puérils séparés de leur contexte, arbitrairement érigés en modèles. C'est un préjugé infantile, d'après lequel le maître donne un problème, notre tâche étant de le résoudre, et le résultat de la tâche étant qualifié de vrai ou de faux par une autorité puissante [...] Telle est l'origine d'une grotesque image de la culture, qu'on retrouve aussi bien dans les tests, dans les consignes du gouvernement, dans les concours de journaux[1]...

C'est cette illusion naturelle qui « se prolonge dans une illusion philosophique ». Bien sûr, Deleuze ne nie pas qu'en philosophie on ne peut pas dissocier la quête de la vérité et du savoir du problème que l'on pose, mais une fois de plus, il rejette l'idée (« septième postulat ») d'après laquelle le sens et la vérité d'un problème dépendent essentiellement de la possibilité de le résoudre. Cette sorte de pensée a quelque chose de grotesque tant elle réduit (« structurellement ») le sens du problème à quelque chose de puéril : problèmes qui anticipent en tant que tels la solution possible. « On nous fait croire que l'activité de penser, et aussi le vrai et le faux par rapport à cette activité, ne commencent qu'avec la recherche des solutions[2]... ». Or, comme on l'a remarqué dans l'introduction de ce livre, c'est l'articulation même du problème qui génère son sens et le genre de vérité qu'il mérite. Le problème du sens doit être rapporté aux problèmes eux-mêmes : le sens et le problème sont « extra-propositionnels ».

Dès lors, pour en revenir à notre problème du sceptique : lui aussi est une victime de l'image dogmatique de la pensée et calque sa vision de la réalité sur celle d'objets particuliers et le sens de ses problèmes sur celui de propositions. Il ne fait que reproduire un faux problème : en fait il transfère un doute concret formulé à un niveau empirique vers un niveau métaphysique. On peut en illustrer l'origine de façon suivante : il se peut en effet que je sois frappé du fait que certaines pensées ne

---

1   *Différence et répétition, op. cit.*, p. 205.
2   *Ibidem.*

coïncident pas avec la réalité. Ambroise, contrairement à ce que je croyais et à ce que j'avais prévu, n'est pas dans son bureau. J'en conclus qu'il existe comme une tension, voire un divorce entre ma pensée et le réel. Et ce qui vaut pour la cas d'Ambroise, vaut peut-être pour la réalité en tant que telle… « Je crois qu'elle existe, qu'elle est là, mais qui sait… Je me suis déjà laissé leurrer par Ambroise… »

L'origine de ce problème réside déjà dans le fait que je rabaisse l'acte de la pensée à celui de la représentation et la détermination d'objets. Mais en outre, que ce modèle même de la représentation détermine la nature de la pensée. La pensée elle-même se voit réduite à une sorte d'objet mental[1]. Ce qui explique pourquoi des doutes surgissent prenant la forme d'une tension entre l'idée mentale et les choses hors de moi. J'ai en effet une image d'Ambroise dans ma tête – mais en réalité, il est différent. Et de même, j'ai une idée en tête de la réalité, mais qu'est-ce qui correspond à cette idée ?

Ce questionnement ou ce doute métaphysique n'est pas « faux » ou ne contient pas « d'erreurs » (du genre 2+2=5). Il s'agit plutôt du fait que le sceptique est séduit par un questionnement qui repose sur des confusions. Il n'est pas simple de saisir en quoi ses questions sont déplacées. Mais c'est là aussi la raison pour laquelle elles sont si séduisantes. La question qu'il pose est en soi démunie de sens, vu qu'elle n'est pas en mesure d'effectuer une distinction entre ce qui est de première importance et ce qui n'est qu'accessoire, ce qui appartient à l'ordre des choses concrètes et des doutes empiriques et ce qui appartient aux problèmes d'ordre ontologique. Comme dit Deleuze : « Déjà les professeurs savent bien qu'il est rare de rencontrer dans les "devoirs" [...] des erreurs ou quelque chose de faux. Mais des non-sens, des remarques sans intérêt ni importance, des banalités prises pour remarques, des confusions de "points" ordinaires avec des points singuliers, des problèmes mal posés ou détournés de leur sens, tel est le pire et le plus fréquent, pourtant gros de menaces, notre sort à tous[2] ».

---

1   Certes, il ne s'agit pas ici du modèle cartésien de la représentation, pour qui une idée est loin d'être un objet mental ou un « tableau ». Pour une analyse d'inspiration cartésienne du problème de la représentation, *cf.* Pierre Guenancia, *Le regard de la pensée*, Paris, PUF, 2009.

2   *Différence et répétition, op. cit.*, p. 198-199.

BÊTISE TRANSCENDANTALE

En résumé, le modèle classique perçoit la bêtise comme défaut empirique qui n'affecte aucunement la structure transcendantale de la pensée (« le raté du bon sens[1] »), voire le remettre en question. L'amour inné pour le vrai ne sera perturbé que par des distractions superficielles, accidentelles, physiques ou autres. Mais jamais cet amour en tant que tel ne sera atteint au cœur.

Deleuze inverse la situation : il n'existe pas d'organe inné et autonome pour le vrai. La pensée ne repose pas sur l'une ou l'autre faculté naturelle, et elle est en tant que telle exposée à l'épreuve de la violence du réel. La vérité elle-même n'a de sens que dans ce rapport et elle reflète les conditions d'exercices de la pensée : c'est-à-dire, sa force de répondre aux conditions singulières qui la défient. La vérité est donc assujettie à la question du sens. Elle acquiert elle-même une valeur dans ce contexte précis et trahit ou représente la rencontre vitale et créatrice de la pensée avec l'extériorité ou le réel. Ce qui est transcendantal, ce n'est pas l'affinité innée avec le vrai, mais une ouverture au réel qui demeure lui-même indifférent aux acquis de ma pensée. Chaque pensée risque en effet de sombrer dans ce que Sartre appelait « la Nuit de l'Être, le froid glacial de l'Être[2] », et de s'aplatir en cliché insignifiant, savoir pédant, stéréotype, déjà-vu : bref, bêtise.

> La bêtise est une structure de la pensée comme telle : elle n'est pas une manière de se tromper, elle exprime en droit le non-sens dans la pensée. La bêtise n'est pas une erreur ni un tissu d'erreurs. On connaît des pensées imbéciles, des discours imbéciles qui sont faits tout entiers de vérités ; mais ces vérités sont basses, sont celles d'une âme basse, lourde et de plomb. La bêtise et, plus profondément, ce dont elle est le symptôme : une manière basse de penser. Voilà ce qui exprime en droit l'état d'un esprit dominé par des forces réactives. Dans la vérité comme dans l'erreur, la pensée stupide ne découvre que le plus bas, les basses erreurs et les basses vérités qui traduisent le triomphe de l'esclave, le règne des valeurs mesquines ou la puissance d'un ordre établi[3].

---

1   *Ibidem*, p. 192.
2   J.-P. Sartre, *Vérité et existence*, Paris, Gallimard, 1989, p. 87.
3   *Nietzsche et la philosophie, op. cit.*, p. 120.

C'est donc toujours au sein d'un contexte concret que la pensée est "éveillée" et que la question de la vérité prend sens. Une fois isolé de ces circonstances, le sens de ces propositions et de ces pensées se vide en généralités, en théories abstraites, hypothèses tant spéculatives qu'inoffensives : « Fait troublant : le vrai conçu comme universel abstrait, la pensée conçue comme science pure n'ont jamais fait de mal à personne[1] ».

Une fois jaloux, Swann semble maladivement sensible à toute forme de détails (gestes, paroles, expressions du regard, lapsus, etc.) censés trahir l'infidélité d'Odette. Il renifle dans chaque geste le fait qu'elle le trompe. Or, cette sensibilité n'est pas naturelle et ne repose pas sur une affinité avec le vrai ; elle est le symptôme d'une pensée perturbée et entièrement déroutée par l'évocation d'un réel qui lui échappe. Le petit univers familier des gestes anodins et des rituels quotidiens est fracassé suite au soupçon que derrière cette façade se cache tout un monde bien réel hors duquel il était tout le temps exclu. En fait, Swann ne s'intéresse même pas au vrai en tant que tel. Son désir de la vérité n'est que le produit dérivé des frustrations que son amour lui cause. Il sent que tout ce qui des mois durant avait donné sens et intensité à sa vie risque de se briser en un instant. Il soupçonne Odette de mener secrètement une deuxième vie dans laquelle il n'a aucunement part. Mais sa méfiance maladive et son obsession inquisitoriale de découvrir enfin la vérité n'ont qu'une valeur symptomatique : elles expriment le sentiment qu'il a que son monde s'écroule. Ce sentiment même ou cette intuition qu'il a de la fragilité du sens excite son désir de vérité. Swann se sent trompé, parce que la réalité en tant que telle trahit ses sentiments et ses émotions. La vie continue inlassablement, et passe indifféremment devant lui, étouffant son amour dans l'indifférence. S'il se sent trahi par Odette, c'est avant tout parce qu'il se sent trahi et déçu par la vie, par son caractère vain et futile (« vanitas »). C'est précisément cette trahison-là que le sceptique exploite, mais qui ne se laisse pas traduire ou comprendre dans les termes et la pensée qu'il adopte pour la formuler.

Or, aussitôt évanouie l'intuition de cette « trahison ontologique », c'est sa recherche maladive et lucide de la vérité qui s'estompe. Il n'est en effet pas exclu que la vérité tant recherchée apparaisse après bon

---

1   *Ibidem*, p. 120.

nombre d'années ; mais trop tard. Elle nous laisse indifférent. Le sens de la vérité s'inscrit dans un « champ symbolique » concret[1], c'est-à-dire le contexte et l'épreuve au sein desquels quelque chose « fait problème ». La bêtise surgit là où une pensée confond pareil champ avec un autre et cherche à trouver des solutions pour des problèmes qui n'ont aucun rapport avec le champ où ils ont été suscités. Ainsi, une personne racontait un jour comment elle défendait à son enfant d'apprendre par cœur les tables de multiplication. La personne trouvait que son enfant devait faire preuve de créativité et devait donc être capable de développer des stratagèmes rapides et efficaces lui permettant de recalculer à chaque fois la solution. Sa remarque a quelque chose de bête : non seulement en ce que la personne ne comprend pas en quoi la mémorisation peut être une condition pour atteindre un niveau de calcul plus complexe. À ce niveau, la personne ne fait que se tromper, et cette erreur est innocente en ce qu'elle relève de l'ignorance. Mais ce qu'il y a de stupide dans son attitude est le fait que, afin de défendre sa « thèse », cette personne confond et mêle différents clichés et les applique à des domaines où ils sont entièrement inappropriés : que son enfant doit être « indépendant » et autonome n'est pas un problème, mais l'idée qu'il doit manifester sa créativité et son autonomie dans le contexte des tables de multiplication est foncièrement bête. Le champ symbolique qui concerne l'apprentissage du calcul et celui qui concerne l'indépendance et l'autonomie sont confondus. Et dans cette confusion, il y a quelque chose de grotesque. Cela fait un peu penser à cette blague du Chat (de Philippe Gelück), qui se fait la réflexion que le jour où il se suicidera, il le fera le matin. Voilà une journée de travail de gagnée. Cette remarque est absurde, même si elle ne dit rien de faux. Elle rapproche et assemble différents contextes de sens.

Le genre de bêtise que je viens de décrire compte pas mal de victimes du fait même qu'elle repose sur un mépris ou une négligence du sens particulier propre à chaque contexte et à chaque problème, qui néglige ou bonnement rate la complexité et spécificité propres à chaque domaine. On demande à un homme d'État de donner son avis sur le football

---

1   Par « champ symbolique », Deleuze entend le contexte « où s'expriment les conditions du problème dans son mouvement d'immanence » (*Différence et répétition, op. cit.*, p. 213). Deleuze parle dans ce contexte de champ de symboles (par exemple en mathématiques) dans lequel ce qui donne à penser est accueilli et intégré.

et à un joueur professionnel de mobiliser les gens à aller voter contre l'extrême droite. Ou un parti politique fait ce qu'on a appelé « le test du bistrot » : « seule une proposition politique capable d'être expliquée à un habitué des bistrots, est une bonne proposition ». En méconnaissant la spécificité de chaque champ symbolique, chaque « connaissance » ou propos sur la réalité acquiert quelque chose « d'imaginaire ». Ils servent peut-être avant tout à neutraliser l'impact du réel (sont donc réactifs) au lieu de s'y mesurer de manière créative et adéquate[1].

Il existe une forme de bêtise agressive et hargneuse qui vise avant tout à abattre et à se moquer des valeurs du champ spécifique dans lequel certains problèmes et épreuves prennent leur sens. Un peu comme décréter d'avance qu'en ce domaine il n'y a rien à comprendre pour éviter le ridicule de n'avoir rien compris. Une des manières les plus efficaces et opérantes à cet effet est la propagation des « opinions ». En effet, une opinion s'affiche comme étant neutre par rapport à notre rapport responsif à l'être et aux exigences de la réalité. Une opinion ne me compromet jamais, elle est opaque et lourde comme un pavé. On ne forme pas des opinons, on les adopte, on les ramasse. Dès lors, elles ne représentent jamais un effort personnel et créatif de comprendre ce qui m'arrive, elles ne surgissent pas dans un effort de me déterminer en pensées vis-à-vis des exigences du réel. Au contraire, une opinion m'aide à en masquer la nécessité et l'urgence. Prenons l'exemple suivant : récemment j'écoutais à la radio la réaction d'une personne qui avait été sollicitée pour donner son avis sur un fragment de musique qu'elle ne semblait pas immédiatement reconnaître. Un genre qui, assurément, ne lui plaisait pas trop. Sa réaction était étonnement revêche et trahissait son irritation : la personne clamait « Je hais ce genre de musique, c'est une pure confusion de genres, de structures, cela manque d'originalité et de pureté. ». En réponse à ses invectives, un musicologue tentait de lui faire comprendre et de lui expliquer l'importance de cette pièce, sa structure interne, son raffinement, l'inventivité du compositeur. À quoi la personne répondit que tous ces arguments avaient beau être vrais, que lui-même ne voulait pas juger des qualités de cette pièce, mais que tout simplement, il ne pouvait pas le supporter. Il n'était pas « ouvert » à ce genre de musique. Bien sûr, on peut se demander comment il se fait que ce manque « d'ouverture » excite tant d'irritation. Mais c'est

---

1   Je reviens sur cet aspect de l'imaginaire dans la troisième partie, p. 155 *sq.*

là un autre problème. La question est celle-ci : quel est le sens de la bêtise dans ce cas-ci ? En tentant de justifier sa réaction et son manque « d'ouverture » et de réceptivité pour ce genre de musique, la personne répondait que c'était là *son opinion*, et qu'elle ne pouvait rien faire pour la changer. C'était plus fort qu'elle. Son tempérament, son caractère et sa personnalité entière refusaient de tolérer et d'écouter ce genre de choses. Mais en même temps, cette personne ne voulait aucunement remettre en question la vérité que le musicologue lui avait offerte. D'où la bêtise : en faisant référence à cette source plus profonde et opaque de sa réaction empruntée, démesurée et obtuse, cette personne cherche tout bonnement à neutraliser la valeur même concernant la vérité de ce genre de musique. Elle ne veut pas entrer en discussion quant à cette vérité : elle en accepte la réalité (« c'est peut-être vrai ce que vous dites... ») mais après en avoir dégradé, écrasé et profané la valeur.

Une opinion joue ce rôle : d'abord elle nous permet d'échapper au risque et au jugement « d'avoir tort ». L'opinion n'ambitionne pas la vérité, et dès lors, elle ne peut pas être fausse. J'échappe au blâme possible. La bêtise n'est donc pas uniquement dans le contenu stéréotypé de l'opinion (défaut de vérité), mais dans la dynamique qu'elle effectue. Identifier un jugement à une opinion signifie une manière de refuser le fait que dans le fond, la vérité en tant que telle peut être en jeu. Ainsi, j'effectue une sorte de réduction (épochè) sur la vérité en tant que telle : j'élimine tout ce qui est à même d'évoquer une valeur ou un sens dans le contexte duquel cette vérité émerge (« Ce que vous dites est probablement vrai, et je respecte votre avis, mais pour moi cela n'a pas de sens »). On comprend que la revendication du droit à la liberté d'expression et du droit à se former une opinion sont loin d'être neutres, libres de présuppositions ou innocents.

Un bel exemple de cette bêtise acerbe est finalement celle-là même qui se manifeste dans la tendance à mépriser la spécificité de la philosophie comme discipline autonome. Quelqu'un demande de façon provocatrice : « À quoi ça sert, la philosophie ? » Cette question a quelque chose de dénigrant et veut surtout faire sentir que le domaine du philosophique se laisse réduire à celui du pratique. Ainsi, on se demande s'il y a un sens à introduire des cours de philosophie dans l'enseignement, comme un maçon se demanderait si cela vaut la peine d'ajouter de la colle à bois dans du ciment. Mais celui qui pose la question de la sorte rend la réponse d'emblée négative. Dans *Nietzsche et la philosophie*, Deleuze dit de façon convaincante :

> Lorsque quelqu'un demande à quoi sert la philosophie, la réponse doit être agressive, puisque la question se veut ironique et mordante. La philosophie ne sert pas à l'État ni à l'Église, qui ont d'autres soucis. Elle ne sert aucune puissance établie. La philosophie sert à attrister. Une philosophie qui n'attriste personne et ne contrarie personne n'est pas une philosophie. Elle sert à nuire à la bêtise, elle fait de la bêtise quelque chose de honteux[1].

Dire que la philosophie doit nuire à la bêtise signifie qu'elle doit la démasquer. Non pas de la hauteur de l'un ou l'autre idéal des Lumières visant le progrès de l'humanité, mais plutôt inspiré par un soucis quasi-thérapeutique. Une pensée ne peut se permettre l'arrogance de partir en guerre et de triompher contre la stupidité au nom de la vérité. Cette témérité candide ne voit pas que la bêtise est comme la finalité de toute pensée. Car toute pensée, conviction profonde et pleine de probité intellectuelle reste sans défense contre la menace du non-sens. De telles considérations auraient pu inciter la pensée à une certaine modestie[2] : attribuer la bêtise à autrui tout en s'en excluant est l'expression de la logique même de la bêtise (comme du tourisme : tous les autres en sont, sauf moi). Cette logique méconnaît le fait qu'aucun point de vue ou aucune conviction ou proposition ne détiennent la vérité ultime. Ou plutôt, elle méconnaît le fait que la croyance même en cette vérité est soumise au critère du sens. Une bonne réflexion ou un propos vrai et approprié sombrent dans le néant, perdent leur efficace aussitôt qu'ils donnent l'impression d'être pédants.

BÊTISE ET INDIVIDUATION

La croyance obstinée et inconditionnée dans la vérité de certaines opinons et convictions recèle toute une dynamique de conjuration chargée de protéger la pensée contre cette menace continue qui la guette. En cela,

---

1   *Nietzsche et la philosophie, op. cit.*, p. 120.
2   *Différence et répétition, op. cit.*, p. 197.

ces obstinations ne diffèrent pas de la superstition, comme je l'ai signalé tout à l'heure. La bêtise et la superstition ont ceci en commun qu'elles sont sans remède : ni la connaissance du vrai ni la correction du faux ne nous en guérit. Elles ont la même source : dans une sorte de sabbat elles cherchent à conjurer l'absurde ou le glissement du sens vers le non-sens.

Ce qui au XVIe semblait vraisemblable nous paraît grotesque aujourd'hui. À propos du pouvoir mystérieux d'un aimant, William Gilbert nous apprend que « placé sous la tête d'une femme endormie, il la tire du lit si elle est adultère[1] ». Ces propos sont absurdes (quoique l'expérience en vaille la peine), mais pas plus absurdes que l'idée de « l'âme raisonnable » installée comme fontenier dans la machine du corps[2], ou les propos qu'émettent certains neuroscientifiques sur le rapport causal entre les activités dans le « cortex cingulaire » et l'hypothalamus du cerveau et l'émotion de la joie. Du fait que ces propos ne se laissent pas traiter comme de simples erreurs, ils nous intriguent et ne cessent de nous fasciner, ou inquiéter, un peu à la manière d'une superstition qui continue de nous hanter après avoir été démontée ou démentie.

Dans sa massivité de granit, la bêtise est accablante et incite au découragement : elle ne se laisse pas redresser. Il n'est souvent pas possible de détecter les sources mêmes du grotesque. Sa généalogie est souvent très complexe, et déborde le domaine des idées et de la raison : il en va de tout un enchevêtrement embrouillé de présuppositions, de conjectures, d'expériences, de vérités, d'émotions ou même de « sagesses profondes » qui se sont agglutinées et se sont mises à gonfler ou à épaissir en un organisme monstrueux. Et cet organisme ne concerne pas exclusivement notre connaissance, mais forme et détermine *ce que nous sommes en tant qu'individu.* Ce que nous sommes reflète en effet notre manière de nous rapporter au réel et de nous y exposer, notre façon de vivre.

Il existe donc un lien étroit entre la bêtise et l'individuation, soit la manière selon laquelle une « subjectivité » se pose. L'une comme l'autre témoignent d'un effort de s'affirmer et de se déployer sur un fond de non-sens ou d'indifférence[3]. Autrement dit, toute pensée et toute sub-

---

1 Nicolas Witkowski, *Une histoire sentimentale des sciences*, Paris, Seuil, 2003, p. 31.
2 René Descartes, *Traité de l'homme*, AT XI, p. 131-132.
3 Comme dirait Alain : « Tout est contre nous ; mais disons mieux, tout est indifférent et sans égards ; la face de la terre est broussaille et pestilence sans l'œuvre d'homme ; non point ennemie, mais non point favorable. » (*Propos sur le bonheur, op. cit.*, p. 69).

jectivité sont suspendues au-dessus d'un fond impersonnel qui ne cesse de menacer et d'aplatir la sagesse profonde en une trivialité. Deleuze, dans un passage qui a suscité pas mal de commentaires, écrit ceci :

> L'individuation comme telle, opérant sous toutes les formes, n'est pas séparable d'un fond pur qu'elle fait surgir et qu'elle traîne avec soi [...]. Ce fond, avec l'individu, monte à la surface et pourtant ne prend pas forme ou figure. Il est là, qui nous fixe, pourtant sans yeux. L'individu s'en distingue, mais lui ne s'en distingue pas, continuant d'épouser ce qui divorce avec lui. Il est indéterminé, mais en tant qu'il continue d'embrasser la détermination, comme la terre au soulier. Or les animaux sont en quelque sorte prémunis contre ce fond [...]. Il n'en est pas de même pour le Je et le Moi, minés par les champs d'individuation qui les travaillent, sans défense contre une montée du fond qui leur tend son miroir difforme ou déformant, et où toutes les formes maintenant pensées se dissolvent[1].

Cette « montée du fond » qui transforme une pensée en quelque chose de difforme est peut-être ce qu'il y a de plus désespérant dans la bêtise. Celle-ci renvoie à quelque chose qui traîne et menace la pensée sans pouvoir se laisser dissoudre par elle. C'est dans la bêtise que ce « fond » se déclare, infectant la pensée de déterminations « cruelles et mauvaises », n'étant plus formées par une pensée, mais « écorchées, séparées de leur forme vivante, en train de flotter sur ce fond morne » :

> La bêtise n'est pas le fond ni l'individu, mais bien ce rapport où l'individuation fait monter le fond sans pouvoir lui donner forme (il monte à travers le Je, pénétrant au plus profond dans la possibilité de la pensée, constituant le non-reconnu de toute récognition)[2].

La bêtise irrite ou écœure tant elle évoque ce fond qui déstabilise et contamine la pensée. Toute grande littérature s'est beaucoup laissé inspirer par elle : le grotesque, l'absurde, personnages stupides ou idiots. Ils peuplent les grands romans, de Cervantes à Ionesco, passant par Flaubert, Proust et y apparaissent non pas pour les dénoncer au nom d'une raison éclairée, ou pour dénoncer la raison : mais ils trahissent une fascination pour les mécanismes mêmes de la bêtise et sa façon d'infecter une pensée ou un individu. Ce qu'ils montrent, c'est comment la bêtise se cristallise en une individualité en tant que telle. Un personnage entier : robuste

---

1   *Différence et répétition, op. cit.*, p. 197.
2   *Ibidem*, p. 197-198.

comme du granit. Or, cette individuation reste en orbite autour de ce fond impersonnel qui, à chaque fois, risque de détériorer mes acquis aussi bien personnels que cognitifs[1].

LE TRANSCENDANTAL S'ANIME

Concluons ce chapitre avec quelques exemples issus de la *Recherche* de Proust. Dans cette immense fresque, il est beaucoup question de bêtise, non seulement du fait que le roman dans sa totalité en est quelque part l'icône[2], mais aussi au sens où presque chaque personnage incarne une de ses formes : le diplomate Norpois incarne la bêtise de « l'esprit gouvernemental », Brichot celui de l'académique pédant, Cottard celui du chirurgien grossier aux propos inconvenants, Odette de la « femme entretenue » à l'esprit simple[3], Mme Verdurin illustre l'alliance de la bêtise avec la cruauté[4]. Certes, Cottard ne manque pas d'intelligence : « ce grand imbécile était un grand chirurgien ». Pour ce qui concerne Norpois, sa bêtise n'est pas due à un manque d'érudition ou « d'esprit de finesse ». Dans son domaine, il est un expert. Mais sa bêtise se précise et se déclare dans le fait que ce domaine commence à définir et consolider de plus en plus sa personnalité entière. Il coïncide avec le genre de propos qu'il émet en tant que diplomate et qui sont célébrés et glorifiés dans les salons. Mais ces propos ne sont finalement que des généralités stupides, creuses et éculées. Du genre (lors du déclenchement de la première guerre mondiale) « il y a là des symptômes qu'il serait exagéré de prendre au tragique, mais qu'il convient de prendre au sérieux ». Ou : « la fameuse Kultur qui consiste à assassiner des femmes et des enfants sans défense » etc.[5]. Norpois a la ferme conviction (à tort

---

1   Plus loin (p. 129 *sq.*), j'aimerais suggérer que ce qui nous rend « transcendantalement » bête dépend de la présence d'un noyau d'opacité autour duquel l'individuation se cristallise, que j'appelle la singularité, et qui insiste « en moi sans moi » en s'arrachant aussi bien du fond que de la personnalité.
2   J'y reviens p. 129 *sq.*
3   Par exemple Tome I, p. 251 *sq.*
4   Tome I, p. 261 *sq.*
5   Pour ne pas signaler son « œuvre de maître » : « Qu'on le sache bien au quai d'Orsay, qu'on l'enseigne désormais dans tous les manuels de géographie qui se montrent incomplets

ou à raison) qu'une bonne rhétorique diplomatique peut sauver des gouvernements[1], mais sa bêtise apparaît au moment où il commence à croire que ses propos sont des exemples de grande littérature. Ce Don Quichotte de la diplomatie semble de plus en plus figé dans son petit univers qui se ferme au contact du réel, au point que son esprit si ouvert et sensible au moindre remous politique « rate » le sens des événements. Il devient borné et obtus.

Mais c'est justement cet esprit borné qui finit de plus en plus à le déterminer dans son individualité ou qui contamine sa personne en tant que telle. *Il a et il est un esprit borné.* Il en est possédé, au point de réaliser cet esprit dans tous ses comportements, ses désirs et ses habitudes. Ce lien entre la bêtise et la personnalité a quelque chose de troublant : il nous révèle à quel point la bêtise se durcit et finit par s'incarner dans certains comportements d'une personne et par déterminer sa vie. Cette personne rétrécit à un petit nombre de convictions, de mesquineries qui se cristallisent autour d'un « fond » dans une tentative d'en conjurer la montée. Sa vie semble rouillée et son esprit comme pétrifié sur quelques banalités et obstinations. Mais ce sont elles seules qui maintiennent debout sa personne. Ses convictions perçues comme « irrationnelles », ses vérités jugées impertinentes sont à l'origine peut-être le fruit de profondes réflexions, mais elles se sont formées dans une tentative de se protéger contre la hideur du fond. La bêtise nous confronte avec la vulnérabilité de toute personne. Elle est elle-même l'expression d'une tentative de conjurer la montée de ce fond impersonnel : et dans cette conjuration, elle devient cruelle et agressive. Elle élimine tout ou elle résorbe tout ce qui serait susceptible d'évoquer le sentiment de vulnérabilité de l'individu et de son monde. La bêtise s'y opère alors dans la violence et la cruauté. La violence y est un signe de bassesse, de vulnérabilité et de faiblesse[2].

à cet égard, qu'on refuse impitoyablement au baccalauréat tout candidat qui ne saura pas le dire : Si tous les chemins mènent à Rome, en revanche la route qui va de Paris à Londres passe nécessairement par Pétersbourg. » (Tome I, p. 454).

1   *Cf.* son talent pour détecter les signes signalant les tensions ou les rapprochements entre régimes (par exemple ses commentaires sur le mot « affinité » utilisé par le « Le roi Théodose » pour saluer ses rapports avec la France, Tome I, p. 452).

2   Ce rapport entre bêtise et agressivité apparaît aussi dans l'essai de Robert Musil, *Über die Dummheit, op. cit.* p. 1271 *sq.* ou chez Montherlant, dénonçant la violence issue des « idées bêtes [...] avec bannières, hymnes, haut-parleurs, voire tanks et lance-flammes »

Prenons l'exemple du personnage de Mme Verdurin : sa bêtise, une fois encore, ne coïncide pas avec un défaut de compréhension, d'idées, de talent et de créativité. Au contraire, elle est infiniment ingénieuse en ce qui concerne l'organisation et la consolidation du « petit clan ». Dans la vie, elle s'épuise à créer des intrigues, des soupçons, elle a le flair mondain pour inviter des hôtes stratégiques et pour bannir des éléments dangereux, les infidèles. Son goût est raffiné, mais le sens en est subordonné à l'ambition d'attirer de nouvelles « recrues ». En même temps, elle est impitoyable et féroce : aussitôt qu'elle renifle une infidélité chez un des ses membres, qu'elle le soupçonne de liens avec le clan adverse (« les ennuyeux »), déferle sur la victime une vague de représailles diaboliques et destructives (comme celle visant Swann, et après lui Charlus). Dans cette vengeance elle conjure la fragilité du petit clan, et c'est là, comme dirait Deleuze, que « s'opère le sabbat de la bêtise et de la méchanceté[1] ». Là où le vernis de son « petit noyau » craquelle, sa bêtise remonte en force dans une tyrannie et une vindicte cruelle, impudente et éhontée[2]. Son désir de représailles met à l'épreuve la fidélité inconditionnelle de ses membres en les soumettant à une complicité visant le châtiment, voire l'exécution finale du membre récalcitrant. La plupart des membres s'y mettent de leur plein gré, d'ailleurs, s'ameutent et participent aux cérémonies de ragots et de condamnations. Et cela avec l'enthousiasme gourmand d'une bande d'anthropophages qui salivent et bavent à l'idée d'un bon repas. Bref, « le paysage du transcendantal s'anime ; on doit y introduire la place du tyran, de l'esclave et de l'imbécile[3] ».

(Carnets XXI, in *Essais*, Paris, Gallimard, Bibliothèque de la Pléiade, 1963, p. 1027). J'y reviens p. 182 *sq.*

1   *Différence et répétition, op. cit.*, p. 198.
2   Signe même de sa tyrannie : elle accuse la victime d'être la cause de son état et de sa cruauté.
3   *Différence et répétition, op. cit.*, p. 196.

DEUXIÈME PARTIE

AUTRUI ET SINGULARITÉ

LA BÊTISE EST LA BÊTISE
DE L'AUTRE

... il me vient une idée.
– J'en suis bien surpris.
CHAMFORT

INTRODUCTION

« On est toujours l'imbécile de quelqu'un », dirait Michel Adam[1]. Mais la bêtise de l'autre est tout aussi bien celle dont je me fais le juge que celle dont je suis l'objet. Il appartient à la logique propre de la bêtise de la détecter sur autrui afin de s'en exclure soi-même. Ou comme dans cette réplique qu'adresse Laurel à Hardy : « *Je ne suis pas aussi bête que tu en as l'air.* »

Jusqu'à présent j'ai tenté d'approcher la bêtise dans le cadre subjectif de l'individuation. Elle est la conséquence même d'une conscience spontanée qui s'alourdit et se laisse passivement affecter d'un ego. Cet ego – poussé par la sensation qu'il a que cette conscience idiote, vide et inconditionnée lui ôte toute forme de fondement et de justification – se prend au sérieux. Il se prend et se laisse prendre pour qui il est. Il cherche à conjurer le sentiment de n'être personne. D'où les tendances à l'emphase ou à l'excès. On en *fait* trop pour étouffer le *manque* qu'on *est*. Cet excès d'un moi enflé et satisfait est le symptôme même de la tension qui insiste au cœur de la vie individuelle entre l'image de ce

---

1 M. Adam, *Essai sur la bêtise, op. cit.*, p. 23. Ou pour reprendre une des idées reçues retenues par Flaubert : « Imbéciles Ceux qui ne pensent pas comme vous. » (*Le dictionnaire des idées reçues*, Texte établi, présenté et annoté par A. Herschberg Pierrot, Paris, Le livre de poche, 1997, p. 93).

qu'il croit être et ce *rien* qui le pousse à y croire. Bref, entre le moi et la conscience. Cette tension est le sens même de la liberté. N'étant pas ce que je suis et étant ce que je ne suis pas, je subis la liberté comme ce qui m'arrache continuellement à ce que je crois être et comme ce qui me contraint à assumer ce que je ne pensais ni ne voulais pas être. C'est pourquoi, selon Sartre, chaque tentative de totalisation individuelle est vouée à l'échec. « Le pour-soi est échec », avoue-t-il, et le sens de cette notion s'avère donc intrinsèquement déterminé par celui que Sartre réserve à la notion de la liberté. Cette liberté, on va le voir à l'instant, se conjugue selon la structure de la *double néantisation*, prolongeant en cela celle que Sartre, dans *L'imaginaire*, réservait à la « conscience imageante ». C'est donc aussi au sein de cette complicité entre « l'imaginaire » et « la liberté » que je tenterai de mieux cerner tout l'enjeu et la portée de la notion d'échec.

Cependant, comme le dit Sartre, cette liberté-même se voit limitée par celle d'autrui. Sous son regard, son jugement et son appréhension, l'écart qui me sépare du moi se voit d'abord amplifié par celui qui me sépare de l'autre. Mais il y a plus : ce regard me rive à un aspect du moi qui m'échappe, ou il me contraint à assumer un lien avec moi-même qui parasite sur le lien que j'ai acquis librement. Outre l'écart qui distancie la conscience de l'ego, je ressens comme un écart qui gronde au sein même du moi : autrui évoque en moi le sentiment d'être lié et rivé à un aspect de mon être d'une manière qui échappe à ma liberté ou à la conscience spontanée. Autrui ravive en moi ce lien avec un reste ou un excès d'être qui en moi demeure muet et sourd. Sourd parce qu'il n'entend rien, et muet parce qu'il ne donne rien à entendre. Tout rapport à la réalité est donc d'emblée alourdi et obscurci par ce lien du moi avec ce noyau. C'est parce que le moi reste en orbite autour de ce noyau sourd et muet qu'il « rate » le sens de l'appel du monde. Ce noyau, je l'appelle la singularité. On verra au chapitre suivant, à partir de Proust, comment cette insistance interne de cette singularité au sein du moi est évoquée et investie par mon rapport avec autrui. Mais aussi comment elle se manifeste au creux du moi et de sa temporalité personnelle. La singularité me fait rater le sens et les interpellations du monde, me rend en ce sens idiot. Mais en même temps il m'empêche de m'affranchir d'une forme d'identité qui fait graviter autour d'elle l'individuation du moi : en ce sens elle me rend bête.

Pour l'heure, j'aimerais surtout explorer la conséquence du lien avec autrui dans le contexte du « pour soi » et de sa « détotalisation » (ou « déterritorialisation ») continue. L'une d'elle est liée à la « conversion » que subit « l'échec » qu'est le sujet suite au fait d'être exposé à autrui. Conversion qui semble s'accompagner de celle de la notion de valeur vers sa dégradation, *l'antivaleur*. L'exemple le plus signifiant pour illustrer cette dégradation de la valeur est justement la bêtise[1].

DE L'ÉCHEC

Qu'est-ce donc, un échec ? Il y a échec, dit Sartre en substance, lorsqu'une opération n'atteint pas son objectif. L'échec suppose donc l'action, qui est une disposition de moyens en vue d'une fin. Et la fin se donne « comme l'au-delà non-existant qui éclaire la totalité de l'existant[2] ». Ce qui veut dire que je comprends le monde à la lumière de la fin, et que par l'action j'y introduis des changements de façon à ce que la totalité des modifications opérées soit approximativement équivalente à la fin réalisée. Et donc, dit Sartre : « Il y a échec lorsque j'ai eu toute latitude de réaliser l'opération et lorsque, l'opération finie, elle ne se transforme pas dans la fin[3]. ».

En ce sens, suivant le genre d'action envisagée, une bonne réussite reste donc possible. Car selon les cas et les enjeux, il est indéniable qu'une fin peut très bien être atteinte. Je peux par exemple faire le pari d'écrire un livre sur la vie des termites. Dans ce contexte au demeurant bien délimité, mon action aboutira une fois l'ouvrage publié. Et si je désire tant terminer ce livre, ce na sera donc pas n'importe comment (par exemple sans plagiats).

Or, c'est peut-être là que surgit le problème. Il n'est en effet pas possible de circonscrire dès le départ le sens définitif de la fin, car c'est finalement « le moi » qui décide du sens de la réussite. Je désire *un succès bien particulier*, et pas n'importe lequel. Le sens et la valeur de ce que

---

1 J.-P. Sartre, *Cahiers pour une morale*, Paris, Gallimard, 1983, p. 318.
2 *Ibidem*, p. 450.
3 *Ibidem*, p. 451.

je considère être l'aboutissement de mon projet dépend finalement de
ma liberté, qui par essence ne s'arrête pas à l'issue de cette réalisation,
mais malheureusement la déborde. Même dans le cas où la fin envisagée
devait se produire et se réaliser, elle ne me comblera jamais de manière
définitive et irrécusable. Le sens de cette réalisation dépend de ma
liberté qui justement la transcende et ne « s'arrête pas à l'ornière de ses
résultats », comme disait René Char. L'intervention militaire dans l'un
ou l'autre pays est-elle un triomphe ou un échec ? Cela dépend, entre
autres, du point où l'on décide d'arrêter toute opération[1]. Mais cet *arrêt*
est quant à lui totalement injustifiable et arbitraire, car il s'impose par
une liberté qui par définition est illimitée et infinie.

En ce sens, « tout triomphe est échec », ou, pour reprendre la terminologie de *L'être et le néant*, « le pour-soi dans son être est échec[2] ».
Il n'arrive jamais à boucler le « soi » de sa subjectivité. Ce « soi » est
ce que Sartre appelle la « valeur ». Une valeur, c'est le « soi » de toute
conscience en tant qu'il représente l'être qui se fonde sur sa liberté. Elle
constitue le sens du dépassement, ce vers quoi le pour-soi se transcende
et qui dans cet élan hante son existence comme une absence. Cette
valeur fait donc partie intégrante de la liberté comme dépassement
du donné vers et au profit d'un être désiré ou d'une fin projetée. Elle
est structurellement inscrite dans ce double rapport que toute liberté
entretient face au donné.

Sartre – contrairement à ce que certains de ses critiques affirment –
a bien montré comment cette liberté n'implique ni l'idée de survol ni
celle d'une distance absolue, mais qu'elle surgit uniquement en tant
que dépassement d'un donné concret. La liberté est constitutivement
impliquée, elle est « un moindre être qui suppose l'être, pour s'y soustraire[3] » et ne se produit par conséquent qu'à partir d'une préséance de
l'en-soi sur le pour-soi. Ce qui, bien sûr, renvoie à la base ontologique
de *L'être et le néant*, et à l'idée d'une décompression de l'être[4]. Par son
implication dans le réel, la liberté ne se heurte donc pas à l'être comme
à un « obstacle », puisque c'est en partie l'irruption de mes choix qui
la constitue comme telle. Admettons, pour reprendre l'exemple noté

---

1 *Ibidem.*
2 J.-P. Sartre, *L'être et le néant, op. cit.*, p. 132.
3 *Ibidem*, p. 32.
4 *Ibidem.*

plus haut, que je tombe gravement malade et que je me voie contraint d'abandonner mes projets les plus chers. Le malheur est que je suis libre : « je suis ainsi contraint par ma liberté de la faire mienne », d'en faire mon horizon, ma perspective, de me reprendre et me dépasser à partir des pertes et des sacrifices qu'elle m'impose. Elle m'interdit à m'y installer : ainsi, être libre signifie être « condamné à vouloir ce que je n'ai pas voulu, à ne plus vouloir ce que j'ai voulu, à me reconstruire dans l'unité d'une vie en présence des destructions que m'inflige l'extérieur[1] ». Voilà ce que signifie « condamné à être libre » : *être totalement déterminé et totalement libre*. Je suis exposé au monde et contraint de le dépasser. Simone de Beauvoir illustre cette idée en se référant à Van Gogh qui, selon elle, quoique malade, « accepte sereinement la perspective d'un avenir où il ne pourra plus peindre », sans qu'il y ait là résignation stérile. « Dans un tel renoncement le passé se trouvera intégré et la liberté confirmée ; il sera vécu à la fois dans le déchirement et dans la joie[2] ». Déchirement bien sûr, puisque ce passé constituait son mode de vie essentiel et personnel, mais joie aussi parce que ce renoncement libère une sorte d'ivresse vers un avenir encore vierge et non entamé. En un mot, la liberté est « rapport au donné » ou à l'être comme massivité opaque. C'est à la lumière des choix ou des fins que le *plenum* d'être apparaîtra comme monde[3]. Il n'y a de liberté qu'au milieu du monde, et il n'y a de monde que par la liberté. Or, ce double rapport face au donné, *dépassement et dévoilement*, caractérise aussi la structure de *l'imaginaire* ou d'une conscience imageante. C'est cette parenté entre la structure de l'imaginaire et de la liberté qui incite Sartre à affirmer que « l'imagination [...] c'est la conscience tout entière en tant qu'elle réalise sa liberté[4] ». Autrement dit, dans l'imaginaire en tant que tel, la liberté trouve sa condition la plus propre.

Posé fort brièvement ce qu'il entend par cette structure de l'imaginaire[5] : d'une part l'imagination pose un objet irréel, hors d'atteinte du monde réel. Elle permet en cela de prendre du recul face au monde en tant que

---

1 *Cahiers pour une morale, op. cit.*, p. 449.
2 S. de Beauvoir, *Pour une morale de l'ambiguïté*, Paris, Gallimard, 1947, p. 42-43.
3 J.-P. Sartre : « Par son recul néantisant, la liberté fait qu'un système de relations s'établisse du point de vue de la fin entre "les" en-soi, c'est-à-dire entre le *plenum* d'être qui se révèle alors comme monde. » (*L'être et le néant, op. cit.*, p. 567).
4 J.-P. Sartre, *L'imaginaire, op. cit.*, p. 358.
5 J'y reviens plus longuement p. 160 *sq.*

tel. Le dépassement vers un irréel s'accompagne en effet d'une saisie du monde dans sa totalité. D'autre part, afin de se laisser dépasser vers un irréel, le monde-même doit être neutralisé ou nié. Sartre affirme que tenir le monde à distance et le nier, c'est une seule et même chose. Dès lors, l'imagination repose sur *une double néantisation* : elle pose un irréel, et elle irréalise le monde. Ces deux négations sont strictement complémentaires, puisque, dit Sartre, nier d'un objet qu'il appartient au réel, c'est nier le réel en tant qu'on pose l'objet. Telle est la double condition pour que la conscience puisse imaginer. Chercher à s'imaginer en ce moment ce que fait Odette c'est, pour Swann, neutraliser le réel en tant que tel, le poser à distance. Mais cette distance n'est ni absolue ni arbitraire : elle est très précisément liée à la production d'Odette en image. L'imagination est donc une manière de dépasser le monde « par une conscience qui reste dans le monde[1] ». Je ne transcende pas le donné par une « intuition du néant[2] » qui paralyserait toute appréhension du monde ; je ne transcende le monde que vers un irréel concret. Ce qui revient à dire que je ne dépasse pas le monde de n'importe quelle façon mais obligatoirement *d'un certain point de vue* : le monde de Swann apparaît désormais comme cette totalité d'où Odette est absente. Sa transcendance, ou ce vers quoi Swann tend, reflue sur la totalité dépassée et la marque de son irréalité. En ce sens donc, l'imaginaire apparaîtra comme l'infrastructure du réel comme monde. Ou comme l'affirme fermement Sartre : « Ainsi l'imaginaire représente à chaque instant le sens implicite du réel[3] ». C'est en effet parce que j'échappe au réel en vertu d'une fin projetée et imaginée que le monde s'affirme comme totalité organisée et *comme le fond même que cet irréel transcende*. Voilà comment la conscience échappe au réel ou se tire d'elle-même vers une position de recul par rapport à lui. Autrement dit : « L'appréhension du néant ne peut se faire par un dévoilement immédiat, elle se réalise dans et par la libre succession des consciences, le néant est la matière du dépassement du monde vers l'imaginaire. C'est en tant que tel qu'il est *vécu*, sans jamais être posé pour soi[4] ». C'est donc là sa manière *d'être libre*, et la structure de l'imaginaire est finalement celle de la conscience comme dépassement libre en général.

---

1   *Ibidem*, p. 358.
2   *Ibidem*.
3   *Ibidem*, p. 360.
4   *Ibidem*, p. 361.

Poser une fin, c'est dépasser le réel non pas vers un monde en retrait, c'est dépasser ce monde concret de manière à le faire apparaître comme totalité à la lumière de la fin posée. Bref, le schème ou la structure de l'imaginaire (*la double néantisation*) détermine à son tour celui d'une conscience comme projet et libre choix : poser une fin au milieu du monde implique la double néantisation. « Ainsi le surgissement de la liberté est cristallisation d'une fin *à travers un donné* et découverte d'un donné *à la lumière* d'une fin ; ces deux structures sont simultanées et inséparables[1] ». La liberté articule la même « double néantisation », celle qui, pour reprendre une phrase de Simone de Beauvoir, permet à l'être de se dévoiler, et ce dévoilement, dit-elle, « c'est le passage de l'être à l'existence[2] ».

Pourquoi toute liberté est-elle finalement vouée à l'échec ? Odette imaginée ou désirée est un irréel, elle n'existe pas en image dans un monde imaginaire : au contraire, cet imaginaire est un néant qui ne s'affirme qu'au prix d'une perpétuelle néantisation et conjuration du réel, d'un réel qui pour sa part demeure entièrement indifférent à son existence. Odette désirée et imaginée n'atteint jamais l'être, elle ne fait que le hanter par son absence. Or, il en va de même pour les valeurs et pour toute fin projetée. La structure même qui la crée la condamne à la défaite.

VALEUR ET ÉCHEC

La valeur est ce dont manque le pour-soi comme manque à être : c'est cet irréel vers lequel il se transcende et qui constitue le sens de ce à partir de quoi il projette sa fin. Ce manqué, c'est en un mot le « soi-même » de tout acte de conscience, l'irréel projeté comme fruit de cette structure réflexive qu'est la double néantisation. Ce qui me manque (« pour être heureux ») c'est ce dont je désire la possession dans telle situation concrète – mais celle-ci ne suscite en moi le manque qu'en raison du désir qui s'y investit. Ce que je cherche ainsi à réaliser, ce n'est pas un être en

---

1   *L'être et le néant, op. cit.*, p. 590.
2   S. de Beauvoir, *op. cit.*, p. 43.

tant que tel, mais une synthèse impossible entre un être et mon rapport à lui. Je cherche en un mot à conjuguer en un mouvement un désir et sa satisfaction : soit un désir qui ne manque de rien, ou une satisfaction qui excite le désir[1]. Et si, malgré cet échec, l'esprit atteint encore ici et là des moments de calme et de repos, ce n'est pas en vertu des choses considérables que ses désirs obtiennent, mais comme disait Leibniz, c'est grâce à des « demi-plaisirs », des « petites aides ou petites délivrances » qui rendent supportable le manque suscité par l'inquiétude[2].

Au reste, c'est *en chaque acte concret* que la conscience tend vers le « soi » impossible qu'est la valeur. Toute conscience cherche à se laisser envoûter, hanter ou inspirer par ce *soi*, bref, cherche à l'évoquer et à l'être sans perdre de sa transparence ou de sa translucidité. Elle vise à atteindre et à conserver un retour sur soi sans être dégradée en identité sans présence ni distance. La valeur n'est donc pas une norme abstraite, voire idéelle : c'est ce vers quoi tend toute conscience, aussi bien dans le bonheur que dans la souffrance.

L'exemple de la souffrance est paradigmatique. Du fait même qu'elle est une conscience et non une simple donnée physiologique, qu'elle est donc une forme de présence à soi, de dépassement hors de soi, elle souffre pour ainsi dire de ne pas être assez souffrance. De ne pas l'être absolument, non pas sous la forme massive d'un en-soi, mais comme *en-soi-pour-soi*. La souffrance cherche à s'affirmer comme conscience dont tout dépassement spontané serait entièrement et, de façon *paradoxale*, déterminé (ou pour reprendre la terminologie de la bêtise : « contaminé ») par l'être qu'est la souffrance. Cette conscience s'applique à n'être prioritairement que pure émanation spontanée de souffrance, elle cherche à se réduire à une sorte de création continuée d'elle-même, à se conjurer de telle sorte que toutes ses « pensées » ou ses débordements spontanés et inconditionnés ne soient que le signe, l'expression et la confirmation de cette souffrance. Cependant, pour atteindre cette synthèse impossible, elle doit chercher à se laisser « passivement » ensorceler par un être qu'elle-même crée et maintient en vie. De là, au lieu d'être une réaction à une situation ou à une sensation réelle, cette conscience s'évertue à la faire naître par une incantation magique. Elle se dégrade en une pantomime spontanée, une mise-en-scène du souffrir qui pousse le moi à une sorte de comédie : je

---

1   Autrement dit, un état d'ébriété.
2   Leibniz, *Nouveaux essais sur l'entendement humain*, Paris, GF-Flammarion, 1990, p. 130.

me tords les bras, je crie, je gémis et me lamente (« ay ! que la vie est dure... »). Les rictus, le froncement de sourcils, mes grimasses n'expriment pas ma manière de supporter une souffrance qui me surprend, mais vise à la sculpter. Or, une fois de plus, tout ce procédé pour créer ce « soi » ou cette valeur repose sur celui de la *double néantisation*. Je m'irréalise, c'est-à-dire que je néantise mes sensations physiques en « analogon » afin de créer une souffrance irréelle et dont je voudrais qu'elle me déborde « comme un orage ». Mais justement, il faut que « je l'élève à l'existence dans ma libre spontanéité[1] ». Ce rapport libre et spontané au réel cherche à se laisser conditionner par ce qu'il fait naître et projette au-delà du réel. La conscience crée un irréel par lequel elle s'efforce à se laisser passivement affecter et hanter, dans l'espoir de conjurer ce manque qui résiste. Elle ne sera jamais « écrasée » par la souffrance – car dans ce cas, toute conscience s'évanouit – et du fait même qu'elle est « conscience de souffrance » elle demeure beaucoup trop « bavarde », elle s'échappe vers un au-delà de la souffrance. Elle se distrait d'elle-même, et afin de conjurer cette distraction idiote, elle s'enfonce davantage dans son expression et la pousse à l'emphase et à l'excès. *De là l'échec perpétuel* : la souffrance même s'échappe. Ou bien elle est trop distraite – ou bien elle devient excessive et trop bavarde.

ANTIVALEUR

Dans la *Recherche*, Proust décrit comment Françoise, la cuisinière de Tante Léonie, elle qui accuse les souffrants et les malades de « jouer la comédie » et demeure insensible aux plaintes réelles de ses proches, est surprise un soir à se lamenter à la lecture d'un livre de médecine (du genre « DSM V »). Marcel la surprend qui « lisait la description de la crise et poussait des sanglots maintenant qu'il s'agissait d'un malade-type qu'elle ne connaissait pas ». À chaque symptôme qu'elle lisait, elle s'écriait : « Hé là ! Sainte Vierge, est-il possible que le Bon Dieu veuille faire souffrir ainsi une malheureuse créature humaine ?[2] ».

---

1   *L'être et le néant, op. cit.*, p. 135.
2   M. Proust, *À la recherche du temps perdu, op. cit.*, Tome I, p. 121.

Or, *du fait même de la surprendre*, cette lamentation paraît aux yeux de Marcel foncièrement risible et déplacée. Toute cette pantomime spontanée vue du dehors a quelque chose de ridicule, semblable au ridicule du « garçon de café » qui s'efforce de paraître naturel et spontané[1].

Sous le regard d'autrui, toute l'attitude même d'une personne se laissant envoûter par ses sentiments ou par une action, se dégrade. Elle s'expose à un dehors qui du coup l'affecte d'un manque supplémentaire : non plus celui instauré par sa propre conscience (le soi, la valeur), mais celui qu'instaure la conscience d'autrui. Se sachant surprise et observée, la personne a tendance à davantage s'enfoncer dans sa comédie spontanée. Affectée par le regard d'autrui, sa spontanéité subit comme une modification : elle n'est plus uniquement envoûtée par le soi qu'elle cherchait à atteindre ou à réaliser, mais elle en est hantée et envoûtée par un être, un « soi-même » qui n'est plus celui vers lequel ses actes tendent et qu'ils créent. Ce soi lui vient du dehors, c'est autrui qui envenime, qui infecte et envahit sa pensée sous le regard de l'autre. Surpris par ce regard, le soi, comme dit Sartre dans des descriptions célèbres, vient tout à coup *hanter sa conscience irréfléchie*[2]. C'est-à-dire que face à ce regard qui m'a surpris, je subis vis-à-vis de cette liberté qu'est autrui *ce que ma propre liberté s'efforçait d'atteindre par la valeur*. Tous mes actes spontanés sont désormais perçus comme l'émanation, la création et la confirmation de ce « soi-même » que je suis fatalement pour autrui. Et mes tentatives pour m'en arracher, pour prouver ma spontanéité et mon naturel, ne sont que de vains efforts pour à nouveau revendiquer et récupérer ma propre liberté, limitée par celle de l'autre. Cependant, par cette comédie, je ne fais qu'affirmer et que confirmer pour autrui ce qu'il évoque en moi. Face à lui, tout ce que je fais et dis, ne sont que des mimes de moi-même, des actes envoûtés par un *soi* que l'autre a imposé et engendré en moi. Comme la « fantaisiste » Franconay qui dans son mime nous donne à reconnaître Maurice Chevalier, dans mes propres actes je me donne malgré moi à reconnaître un *moi-même*. Et comme l'imitatrice, qui semble tout à coup « possédée » par celui qui n'apparaît pas « en chair et en os », mais qui arrive à faire son apparition de manière suggestive, moi-même je ne fais qu'évoquer au regard de celui qui me guette un « soi » que sa liberté crée en moi.

---

1   *L'être et le néant, op. cit.*, p. 98 *sq.*
2   *Ibidem*, p. 318.

Et ce « moi-même » m'échappe, il n'est pas le sens de mes projets libres, ou ce vers quoi ma liberté se dépasse. Ce moi n'est plus une valeur ou ce qui me manque, il est un être qui me poursuit et m'échappe, dans lequel je reste enlisé et qui compromet ma liberté, tel le camembert de la marquise douairière. Ce moi a la qualité du visqueux : comme lui, il n'est pas valeur, mais « antivaleur[1] », c'est-à-dire, un « être idéal où l'En-soi non fondé a priorité sur le Pour-soi[2] ».

Une antivaleur est donc une forme de dégradation propre à toute valeur. Et cette valeur se dégrade lorsque la liberté qui la crée se voit limitée. Et s'il est vrai que seule une conscience peut limiter une conscience, seule la liberté d'autrui peut limiter la mienne. Sa liberté, en me surprenant, m'empêche de me dépasser ou de *me* déborder vers une autre valeur, de surmonter l'échec : mes tentatives qui cherchent à évoquer à ce regard ma spontanéité inentamée sont déterminées et engluées par cet objet visqueux qui me *hante* et que je me sens être pour sa conscience. Voilà qu'en un certain sens, ce regard accomplit la synthèse que ma liberté vainement s'évertuait d'accomplir. Mais cette synthèse réalise un soi-même qu'elle n'a pas désiré, qui n'est pas le sens vers lequel ma liberté se transcendait. Elle est comme déviée vers une forme de synthèse qui lui est imposée du dehors.

LA BÊTISE

Qu'en est-il de la bêtise dans ce contexte d'ordre « intersubjectif » ? La bêtise, on l'a dit à plusieurs reprises, est fascinante en raison de ce qui en elle échappe à la raison et à l'idée optimiste de progrès intellectuel. J'ai déjà insisté sur le fait que la bêtise n'est pas une notion privative et ne renvoie malheureusement pas tout bonnement à un manque d'intellect : elle nous confronte, en quelque sorte, à la faiblesse, l'impuissance, la

---

1   « Ainsi, dans le projet appropriatif du visqueux, la viscosité se révèle soudain comme symbole d'une antivaleur, c'est-à-dire d'un type d'être non réalisé, mais menaçant, *qui va hanter perpétuellement la conscience* comme le danger constant qu'elle fuit… » (*Ibidem*, p. 703, je souligne).

2   *Ibidem*, p. 703.

débilité ou la vulnérabilité de ce qu'on est et des fins que l'on poursuit. Elle renvoie à une sorte d'opacité qui envenime la conscience de celui qui en est la proie et qui cherche à en conjurer la menace en crachant ce venin sur les autres.

Dans un passage assez dense mais très inspirant[1], Sartre la décrit comme phénomène d'oppression (poncif de l'époque oblige). Mais non pas dans un sens strictement politique du terme, c'est-à-dire, au sens où je refuserais à l'autre jugé sot tout accès à un savoir dont la possession assure mon pouvoir. La référence à l'oppression se justifie par le fait « qu'on n'est jamais sot tout seul ». Pourquoi ? Parce qu'au niveau du pour-soi et de ma propre conscience individuelle, mon ignorance ne m'apparaîtra strictement comme telle qu'à la lumière de ma conscience comme dépassement : cette ignorance, je la dépasse du fait même d'en prendre conscience. Ainsi, je la transcende vers un projet dans lequel elle se verra peut-être neutralisée, vaincue, ou simplement refoulée. Je puis en effet, par pure inculture et illettrisme être parfaitement convaincu que la troisième symphonie de Beethoven se surnomme l'Erotica. Mais j'apprendrai ma bévue en la dépassant : j'en ris, je me corrige, bref je « m'instruis ». À ce niveau, la bêtise reste absorbée dans le projet de mon individuation et de la réalisation de la valeur. Elle est le fait même d'un moi qui cherche par emphase et exagération à étouffer le sentiment et l'existence même du manque d'être. Le moi devient bête à force de se prendre au sérieux et de se prendre pour « quelqu'un » : il cherche à se réaliser comme l'accomplissement d'un désir d'être qui ne désire plus que ce qu'il a accompli. De là l'échec perpétuel.

Mais sous le regard, cette synthèse ouverte et condamnée s'impose à moi du dehors : je la subis, j'en suis affecté « en moi sans moi » : je suis au regard d'autrui celui dont l'action et la pensée émanent d'un être. Et dans l'espoir de reconquérir ma spontanéité, de m'affirmer en tant que personne libre et individuelle, je ne fais que davantage m'engouffrer dans cet être et de me river à un soi dont le sens m'échappe. La valeur se dégrade en antivaleur.

Ainsi, il y a une bêtise qui se confond avec le procédé d'individuation : elle s'affirme vis-à-vis de la liberté que je suis, et en tant qu'emphase dans la tentative de se réaliser comme valeur. Et il y la bêtise qui me surprend du dehors : où ma tentative se fige en antivaleur.

---

1 *Cahiers pour une morale, op. cit.*, p. 306-338.

Au niveau du pour-soi, la bêtise reste surmontable : je la dépasse. Même qu'elle se radicalise du fait de mon dépassement perpétuel vers un soi que je cherche à « sculpter ». En ce sens, mon passé d'ignorant ou d'ignare ne m'englue pas (à moins que j'en décide ainsi), puisque c'est par mes libres choix qu'il acquiert le semblant de vie par lequel il se manifeste encore. Je reprends inlassablement mes « défauts », mes échecs pleins d'innocences, de naïvetés et d'inconsciences dans l'unité du projet que je poursuis. Je neutralise ce passé en le surmontant, en me maîtrisant, me perfectionnant, soit en me développant. « Comme j'étais naïf », « quel inculte je faisais »…

On pourrait même dire qu'au regard de ma propre liberté, je ne puis en toute sincérité ou *sans une forme de mauvaise foi*, me juger bête, imbécile ou cuistre. Comme le dit quelque part Wittgenstein : « *Niemand kann mit Wahrheit von sich selbst sagen dass er Dreck ist*[1] ». Du fait même de m'avouer bête, je ne le suis plus qu'à la distance qui me sépare de moi-même.

En revanche, face au regard d'autrui et à la lumière de son appréciation ou de son mépris mon illettrisme, mon manque de tact, de civilité, d'égards, ou encore mon manque de bon sens ou d'habileté, mes obsessions, mes soucis ou tout bonnement mes habitudes apparaîtront comme l'expression même de ma bêtise. Et à cet effet, la valeur même qu'on prête à l'intellect, à l'instruction ou à la raison n'est pas absolue, elle présuppose un « choix[2] », tant il est vrai qu'il n'y a pas de disposition naturelle et innée vers le vrai, vers la sagesse ou le bon sens, à l'image de laquelle je serais jugé bête. Au contraire, comme on l'a vu au premier chapitre, « on connaît des pensées imbéciles, des discours imbéciles qui sont faits tout entiers de vérité[3]… ». Ainsi, le mauvais goût dont fait par exemple preuve Odette n'est pas le fruit d'un manque de raison. On a vu qu'il serait bien trop simple de réduire la bêtise à l'irrationnel ou à un manque intellectuel. D'un point de vue intellectuel, Bouvard et Pécuchet sont des savants : ils lisent tout ce qui est disponible sur un sujet, ils s'instruisent et incarnent une certaine idée du progrès. Et pourtant, ils sont d'une bêtise fracassante et fascinante à la fois.

---

1   L. Wittgenstein, *Vermischte Bermerkungen/ Cutlure and Value*, éd. G.H. Von Wright & H. Nyman, Oxford, Basil Blackwell, 1980, p. 32, « Personne ne peut dire de soi avec vérité qu'il est de la crotte. ».

2   À propos de cette notion de « choix », *cf. L'être et le néant, op. cit.*, p. 508 *sq.*

3   G. Deleuze, *Nietzsche et la philosophie, op. cit.*, p. 120.

SÉDUCTION DE LA BÊTISE

Puisque le pour-soi se constitue sur un « choix », et que c'est en vue de tel « choix » qu'autrui juge mes propos, on peut aussi expliquer la bêtise comme l'effet d'une discordance entre projets. Tout projet détermine un champ : en vue de telle ou telle fin poursuivie, les moyens utilisés créent et dévoilent un monde au regard duquel certains actes et certaines pensées apparaissent comme inadaptés, déplacés, ou excessivement simplifiés. Allez parler d'amour à un neurologue, ou parler de neurones à l'amoureux...

En général, toute situation réclame un genre de « problèmes » bien spécifiques, et tout comme il peut être foncièrement maladroit, voire idiot et stupide d'exiger des réponses et des méditations d'ordre métaphysique à un ingénieur, il est tout aussi idiot de chercher à résoudre des problèmes purement métaphysiques ou philosophique à l'aide de problèmes et de systèmes purement physiques ou biologiques. Une des « thèses » que j'ai voulu avancer consiste à affirmer que la bêtise s'impose précisément dans ces cas de confusion de champs symboliques bien déterminés, voire dans cette brutalité qui souvent nous incite à refuser de prendre en compte le contexte sémantique propre à chaque « ordre du discours », registre de problèmes ou de préoccupations.

La position du problème, c'est-à-dire, la pensée qui se pose en vue d'une fin, crée un champ au sein duquel une vérité est souhaitée. C'est donc *par cette position du problème que surgit la bêtise* : elle est, on l'a vu, « la faculté de faux problèmes ». Je force par exemple une certaine réponse *dans un style de questionnement* qui répugne au contexte interrogé. La bêtise, c'est donc souvent une question de style. Non pas manque de style, mais plutôt de tact : le style est inapproprié aux exigences et complexités de la situation.

Bref, la pensée ou tout autre phénomène de culture se voit menacé par des préjugés infantiles, par la création et l'articulation de problèmes sommairement posés, par une panoplie d'analyses précipitées ou erronées. Et c'est peut-être à ce niveau même que la bêtise, non plus uniquement la mienne, mais celle d'autrui, se laisse détecter : c'est dans son articulation, voire l'entêtement avec lequel ces faux problèmes surgissent et sévissent que l'on dévoile la bêtise des autres. Et cette bêtise a quelque chose d'inquiétant et de déroutant, non seulement en ce que bien souvent et *d'un point de vue objectif et rationnel, ils ne contiennent rien de «faux»* (faux du «genre 2+2=5»), mais aussi en ce qu'ils exercent sur beaucoup d'esprits un immense pouvoir de séduction. Car la bêtise séduit : c'est avec hâte et empressement que je m'y abandonne : comme je l'ai noté plus haut, elle m'inspire et impose son règne avec un force comparable *à celle qui caractérise la superstition.* Je puis en effet être persuadé du caractère irrationnel et faux de certaines manies superstitieuses, ainsi que je puis être conscient de la bêtise de mes propos, et pourtant, je reste malgré moi piégé par elles. La bêtise, comme la superstition, envenime ma conscience *comme une opacité qui ne se dilue pas.* Pourquoi ?

Non plus simplement par effet d'auto-envoûtement, mais parce que cette opacité me vient aussi d'autrui. Elle forme partie intégrante de la structure même de l'intersubjectif et de l'antivaleur.

Qu'est-ce donc ma bêtise, sinon l'articulation de problèmes, de soucis ou d'actes non adaptés au monde dans lequel ils surgissent, c'est-à-dire, le monde du pour-autrui. La bêtise n'est pas un manque d'idées, mais, comme le disait Montherlant, elle consiste à avoir beaucoup d'idées, mais des idées bêtes, qui sont jugées telles par la liberté d'autrui. Elles apparaissent comme l'expression d'un être opaque, d'une antivaleur qui limite ma liberté sous le regard d'une liberté qui me transcende. La bêtise est donc dans ce contexte du *pour-autrui* le signe d'une liberté limitée, *soit d'un esprit borné.* Il se voit incapable de s'affranchir de ce tronçon d'être auquel autrui l'a cloué. Et vu le caractère illimité de toute liberté, rien ne peut véritablement servir de parade contre cette menace que représente la bêtise. Tout acte, toute valeur et toute action sont susceptibles de se voir «détournés» vers un non-sens. Je suis livré aux autres, et tous mes actes sont réfractés dans leur liberté qui, à tout moment, peut me «surprendre». C'est parfois avec stupéfaction qu'on apprend comment certaines de nos paroles que nous avions oublié avoir dites, semblent avoir provoqué l'hilarité ou l'indignation générale. Cette stupéfaction, que Proust décrit comme la conscience d'un écart que l'on ressent entre notre image «selon qu'elle est dessinée par nous-mêmes, ou par autrui[1]» est finalement celle qui dévoile un soi-même que l'autre évoque en nous

---

1   M. Proust, *op. cit.*, Tome II, p. 569.

et auquel on reste rivé malgré nous, qui limite notre liberté. Cette limitation m'englue davantage dans la bêtise : tout à coup, ce que je fais,
ce que je dis et ce que je pense est perçu comme l'émanation d'un être
opaque. Opaque, parce que je n'y ai pas accès, vu qu'il me vient d'autrui.
Mais duquel je ne peux pas m'affranchir, vu que par ma honte, j'en ai
confirmé et trahi l'existence. Ma honte me trahit, au regard d'autrui qui
me stigmatise à jamais. J'ai beau chercher à m'instruire, mais aussitôt
que ma liberté se sentira « surprise » par celle d'autrui, je sentirai cette
opacité remonter en moi. « C'est moi, l'imbécile. »

Il est donc aisé de comprendre pourquoi la bêtise, qui par exemple
me hante dans la honte, s'accompagne de violence ; je me sens traqué,
poursuivi et menacé d'être réduit à cet être opaque qui pour autrui
s'extériorise par mes expressions, mon « accent », mes ignorances ou
par mes actes ou mes « gestes ». Ma violence est le signe de la faiblesse
qui m'accable du fait même que ma liberté se sent arrêtée et que je vis
cette limitation de manière affective par la honte.

La bêtise, étant l'expression d'un « esprit de sérieux », devient dans le
pour autrui celle d'un esprit dont le sérieux lui est imposé du dehors. Il
est comme amplifié au regard d'autrui. Plus possible de faire l'idiot. Le
sérieux est celui d'un esprit renfrogné et inquiet qui refuse d'assumer
la liberté d'autrui, celle qui menace de « surprendre » la sienne : c'est
la bêtise de ceux qui disent non, par humeur ou entêtement et qui ont,
comme disait Barthes, « dans ce recoin du refus qui est en eux, une sorte
d'opacité triste ». Ou il y a encore la bêtise de l'esprit de dogmatisme,
du système « qui prend » (et la liste en serait aussi infinie que la liberté
humaine) : « Dès que ça prend, il y a bêtise[1] ».

CONCLUSION

Dans ce chapitre, j'ai voulu suggérer en quoi l'aspect intersubjectif
modifie en quelque sorte l'expérience de la bêtise, au sens où vis-à-vis
d'autrui, le soi que je tente d'être m'est du coup accolé du dehors. C'est

---

1   R. Barthes, *Le bruissement de la langue*, *op. cit.*, p. 414-415.

pourquoi j'ai tenté de décrire la bêtise comme le fait d'une déchéance de la valeur en une antivaleur. J'ai donc cherché à comprendre la modification qu'est forcé de subir le moi dans son procédé d'individuation une fois saisi et borné par la liberté d'autrui. Ma spontanéité reste comme engluée et limitée par l'être pour qui autrui me prend. Ma conscience ne peut en effet se voir limitée que par une liberté qui transcende la mienne. Cette limitation est précisément celle qui fait déchoir la valeur en antivaleur : ma liberté se voit alourdie et arrimée à un « soi-même » qu'elle n'est que pour la liberté d'autrui. Et vu que cette liberté m'échappe par principe, l'être qu'elle évoque en moi et qui me hante s'impose comme opacité.

Or, de ce point de vue subjectif, comment vaincre ma bêtise, puisque les critères aux yeux desquelles elle est jugée ne transcendent pas les libertés qui la jugent ? On ne triomphe pas d'elle aisément en s'identifiant à une position d'intellectuel, de lettré ou de savant mais, dirait Sartre, *en assumant sa liberté*. C'est en refusant de se laisser borner, en refusant la violence que suscite en moi la honte de me voir figé en cette anti-valeur, que j'assumerais probablement la liberté d'autrui. Et dans ce cas, l'envers de la bêtise n'est pas le savoir, mais la générosité. Si la philosophie doit « nuire à la bêtise », ce n'est pas du haut d'un présumé savoir et d'une supériorité intellectuelle. Mais c'est par générosité que je résiste à la bêtise, générosité qui caractérisait la pensée de Descartes et à la lumière de laquelle la bêtise apparaît comme une manière basse de penser et d'agir, bref, de mesquinerie. Cette mesquinerie est comme l'avarice de l'esprit, l'envers de l'attitude généreuse. À ce sujet, Sartre, qui a consacré plusieurs réflexions à cette « vertu » de la générosité[1], ou même cette « passion », écrit ceci : « toute vérité est pourvue d'un dehors que j'ignorerai toujours. Ainsi, l'attitude de la générosité, c'est de jeter la vérité aux autres pour qu'elle devienne infinie dans la mesure où elle m'échappe[2] ».

1 *Cf.* à ce sujet : R. Kirschmayr, « Don et générosité, ou les deux chances de l'éthique » in *Écrits posthumes de Sartre, II*, Annales de l'institut de philosophie de l'université de Bruxelles, Paris, Vrin, 2001, p. 101-134.

2 J.-P. Sartre, *Vérité et existence, op. cit.*, p. 117.

BÊTISE ET SINGULARITÉ

Ah! Quand serons-nous si bien perdus
Que nous ne nous retrouvions jamais!
MME GUYON

INTRODUCTION

À la recherche du temps perdu est en fin de compte le roman d'un échec : l'auteur y raconte l'histoire des différentes étapes qu'à dû traverser le narrateur afin de comprendre les erreurs dont il a été victime. À l'instar de Swann, qui a gaspillé ou dépensé ses plaisirs de l'art dans ses relations amoureuses et mondaines[1], Marcel perd son temps à chercher au niveau du monde, des êtres ou de sa mémoire, le sens des appels ou des « signes » censés éveiller sa vocation d'écrivain[2]. Et quand finalement il saisit le sens de la tâche qui lui est dévolue, le roman est arrivé à son terme. Cette épopée n'a fait que « peindre les erreurs[3] » : il rate les appels

---

1 « [I]l avait gaspillé dans les plaisirs frivoles les dons de son esprit et fait servir son érudition en matière d'art à conseiller les dames de la société dans leur achats de tableaux et pour l'ameublement de leurs hôtels » (*À la recherche du temps perdu, op. cit.*, Tome I, p. 188.

2 *Cf.* en ce sens le passage bien connu des trois arbres d'Hudismesnil : Les trois arbres recouvrent « quelque chose » pour le narrateur et l'empêchent en même temps de découvrir le sens de leur appel. Marcel les rapproche du passé comme si le sens de leur présence mystérieuse pouvait être contenu par la mémoire : « je ne pouvais arriver à reconnaître le lieu dont ils étaient détachés, mais je sentais qu'il m'avait été familier autrefois... » (*À la recherche du temps perdu, op. cit.*, Tome II, p. 77).

3 « Non, si je n'avais pas de croyances intellectuelles, si je cherchais simplement à me souvenir et à faire double emploi par ces souvenirs avec les jours vécus, je ne prendrais pas, malade comme je suis, la peine d'écrire. Mais cette évolution d'une pensée, je n'ai pas voulu l'analyser abstraitement, mais la recréer, la faire vivre. je suis donc forcé de peindre des erreurs, sans croire devoir dire que je les tiens pour des erreurs... » (Lettre citée par V. Descombes, *Proust : Philosophie du roman*, Paris, Minuit, 1987, p. 13).

en les assimilant aux vicissitudes de la vie. Il remet à plus tard la tâche
« d'approfondir » le sens de telle ou telle impression, et se contente de
réactions inappropriées ou superficielles. Ses réactions sont bêtes, au
sens où elles ne sont pas à la hauteur de la réalité qui l'interpelle. En
plus elles incitent le narrateur à s'en contenter, croyant avoir réagi de
manière personnelle et appropriée. Or, ses réponses manquent le sens de
l'impression que les choses ou les êtres évoquent en lui. Par exemple, au
cours d'une promenade dans les bois de Roussainville, Marcel se laisse
envahir par l'exaltation dans sa lutte contre la pluie et le vent d'une
averse d'automne. Mais dans sa tentative d'exprimer le bonheur ressenti
à tel moment, c'est-à-dire l'instant où le soleil refait son apparition, il
ne trouve qu'une expression très quelconque, vigoureuse et nullement
à la hauteur de l'événement :

> Le toit de tuile faisait dans la mare, que le soleil rendait de nouveau réfléchis-
> sante, une marbrure rose, à laquelle je n'avais encore jamais fait attention. Et
> voyant sur l'eau et à la face du mur un pâle sourire répondre au sourire du
> ciel, je m'écriai dans tout mon enthousiasme en brandissant mon parapluie
> refermé : « Zut, zut, zut, zut[1] ».

Certes, il est conscient de sa maladresse, il pressent que le sens de la
sollicitation venant des choses dépasse la simple perception du paysage
en tant que tel. Aussi, Marcel ajoute-t-il à son « zut » qu'en « même
temps [il] senti[t] que [s]on devoir eût été de ne pas [s]'en tenir à ces
mots opaques et de tâcher de voir plus clair dans [s]on ravissement[2] ».
Dans beaucoup d'épisodes de la *Recherche*, les personnages illustrent
ce genre de réaction inadaptée, non taillée à la mesure des choses :
comme ceux qui « croient accomplir un acte en hurlant à se casser la
voix : "Bravo, Bravo" après l'exécution d'une œuvre qu'ils aiment »,
exaltations accompagnées de « gesticulations », port de tête, maux de
tête (p. ex. l'enthousiasme démesuré de Mme Verdurin en écoutant la
sonate)[3], en un mot : « tout le ridicule des moignons de l'oison qui n'a

---

1   M. Proust, *op. cit.*, Tome I, p. 153.
2   *Ibidem.*
3   Voir entre autres : Tome I, p. 186, p. 203-211, et sur les « changements physiques » et
    troubles de nerfs provoqués en elle par la musique, *cf.* e.a. Tome III, p. 298, p. 300-
    304, p. 308-310 *sq.* Finalement, elle ne « pourra » plus écouter la sonate qu'après s'être
    « graissé le nez »... Tome III, p. 745-746 car Mme Verdurin n'exprime pas ses émotions
    artistiques « d'une façon morale » mais « physique », « pour qu'elle semblassent plus

pas résolu le problème des ailes et cependant est travaillé du désir de planer[1] », ridicule fortement illustré par l'envolée exaltée de « Mme de Camembert », décrite au premier chapitre.

Dans la « métaphysique » esthétique proustienne, la bêtise de ce genre de réaction se décrit en rapport à une vision créatrice de l'écriture : le narrateur néglige toutes les interpellations venant des choses (madeleine, clochers, aubépines, pavés) ou des êtres (Gilberte, Albertine, ...) au profit d'une valeur personnelle ou existentielle[2]. Au lieu d'y voir la préfiguration des exigences qu'impose la création d'une œuvre d'art, il réduit ce que le monde a d'esthétique à la mesure de ses expériences (amoureuses et autres) personnelles[3].

Seulement, pourquoi rate-t-il le sens de ce que Deleuze appelait les « signes » ? D'où vient sa cécité, ou sa surdité ? Pourquoi ces appels mettent-ils tant de temps (tout un roman) à révéler leur sens ? Pourquoi n'arrivent-ils pas à l'atteindre dès le début au bon endroit, à éveiller d'emblée son sens créatif et sa « vocation » ?

Au chapitre précédent, nous avons constaté comment le rapport à autrui révèle et manifeste un rapport à soi qui semble parasiter ou se greffer sur celui que j'acquiers à mesure de mon individuation. Face à autrui, je ressens l'existence d'un lien qui me rive à un aspect de moi-même dont le sens m'échappe, et qui résiste à tout projet d'appropriation. Autrui n'institue pas ce lien en moi, il le lève comme du gibier, il en réveille l'expérience (par exemple par la honte). Je me rends compte que le moi, plus qu'un simple auto-envoûtement d'une conscience pure en ego, est mis en orbite autour d'un noyau sourd et muet. L'individuation a sans cesse gravité autour de ce noyau de singularité : si l'appel venant des choses n'accède pas au moi, c'est parce que le moi n'accède pas au centre autour duquel il gravite. Dans son rapport aux choses, un excès insiste, sans se muer en sens, et trouble, infirme ou perturbe son appréhension de ce qui s'offre à lui. En ce sens, ce noyau le rend idiot :

---

inévitables et plus profondes ». En réalité, dirait Marcel, pour se dispenser d'en approfondir l'impression.

1   M. Proust, *op. cit.*, Tome IV, p. 471.
2   *Cf.* à ce propos : Anne Henry, *Marcel Proust. Théories pour une esthétique*, Paris, Klincksieck, 1981.
3   C'est ainsi que pour Swann, l'œuvre de Botticelli sera soumise à l'idéalisation de sa « cocotte », ou la sonate de Vinteuil sera baptisée « air national » de leur amour (Tome I, p. 215). Il esthétise sa vie et déréalise l'appel de l'art et de la vérité.

sa conscience ne mord pas sur les choses, et le sens des choses n'entre pas en elle. Mais du fait que le moi reste rivé à ce noyau qui le hante, du fait qu'il n'arrive pas à s'en libérer, son individuation continue de rôder autour de ce noyau qui lui n'évolue pas : le moi est, du fait de ce centre sourd et muet, comme borné. Malgré son évolution, ses apprentissages, ses expériences, il se rend compte de « ne pas avoir changé ».

On pourrait tenter de montrer comment ce noyau de singularité s'impose en creux du « projet » qu'est l'individuation du moi, comment il insiste au sein même du temps qu'il vit et qu'il déploie. Comment en d'autres termes un lien avec ce noyau insiste en retrait des liens que le moi instaure dans son rapport temporalisant avec les choses et les êtres. Comment en d'autres termes le moi reste idiot et bête dans son rapport aux choses. Cela supposerait une description, entre autres, de la manière selon laquelle Proust rend « visible le temps ». Un bon nombre d'auteurs ont déjà souligné cet aspect[1].

Or, dans ce chapitre, j'aimerais illustrer comment cette singularité obstrue l'expérience du temps : Marcel rate le temps et reste à plusieurs reprises insensible à son « vol ». Ou bien parce que sa conscience idiote, simple et pure, du fait de ce noyau qui insiste entre elle et l'ego, se libère des dispositions égologiques. Ou bien parce que cet ego reste rivé à une identité qui perturbe le sens même du rapport avec soi-même et de sa propre évolution.

Proust décrit en effet comment tout au long de la recherche, le temps qu'il était censé rendre visible, *se faisait invisible*. Et cela de deux manières.

La première forme d'oubli du temps est celle-ci : le narrateur avoue ne pas avoir conscience de son âge. La *Recherche* a beau décrire de manière cruelle le délabrement général que le temps produit chez les êtres, ou décrire le vertige de se voir vaciller au-dessus des années vécues, le narrateur avoue plusieurs fois que « [n]ous ne voyons pas notre propre aspect, nos propres âges[2] ». C'est toujours du dehors que la notion du temps se manifeste : c'est lorsqu'on commence à vous confier de rester toujours aussi jeune que vous comprenez avoir vieilli. Ou à l'image des

1   Cf. par exemple l'œuvre célèbre de H.R. Jauss, *Zeit und Erinnerung in Marcel Proust's « À la recherche du temps perdu »*, Frankfurt a.M., Suhrkamp, (de 1955), éd. de 1986 ; R. Shattuck, *Proust's Binoculars, A Study of Memory, Time and Recognition in À La Recherche du Temps Perdu*, Princeton, Princeton Univ. Press, 1983 ou G. Poulet, *Études sur le temps humain 4, Mesure de l'instant*, Paris, Librairie Plon, 1964.
2   Tome IV, p. 508.

épreuves subies, des événements que vous avez vécus, des rides que vous voyez apparaître au coin des yeux, de la mémoire qui « flanche ». Et paradoxalement, toutes ces manifestations ou évocations n'entament en rien la spontanéité inconditionnée et fraîche de notre conscience en tant que telle. À supposer même que je me rende compte de mon propre âge, que je puisse voir « son aspect » et me sentir vieilli, la conscience qui appréhende les choses à cet instant même n'est pas vieillie. L'appréhension n'est pas affectée par le temps : elle reste indifférente à la sensation que j'en ai. Bien sûr, Chateaubriand n'a pas tort de comparer la vieillesse à une voyageuse de nuit, à qui la terre est cachée et qui ne découvre plus que le ciel. Or, la conscience qu'elle prend des étoiles n'est pas moins spontanée et inentamée ou inaffectée par ce temps que celle de l'enfant qui joue dans le sable. C'est cela peut-être le « miracle adorable » dont parlait René Char, celui des enfants qui demeurent enfants et voient par nos yeux. Voilà le premier point auquel je m'attarderai.

Il y a une autre forme d'oubli, cependant, et qui me semble encore plus troublant. Lors de la même sinistre et ultime matinée chez les Guermantes, et après avoir dû constater le carnage que le temps a laissé sur les visages de ses convives, le narrateur est interpellé par Gilberte qui lui demande s'il ne voudrait pas aller dîner avec elle un de ces jours. À quoi il répond : « Si vous ne trouvez pas compromettant de venir dîner seule avec un jeune homme[1] ». Tout le monde se met à rire : il y a belle lurette qu'il n'est plus ce jeune homme. Alors, comment un être si sensible au temps, qui a dû témoigner de son œuvre cruelle, peut-il se « tromper » de manière aussi naïve ? La nature de cet oubli-ci diffère donc de celle du précédent. Car voici ce que dit Proust. Après sa réponse distraite et ingénue, Marcel se fait la réflexion suivante :

> Je sentais que la phrase qui avait fait rire était de celles qu'aurait pu, en parlant de moi, dire ma mère pour qui j'étais toujours un enfant. Or, je m'apercevais que je me plaçais pour me juger au même point de vue qu'elle. Si j'avais fini par enregistrer, comme elle, certains changements, qui s'étaient faits depuis ma première enfance, c'était tout de même des changements maintenant très anciens. J'en étais resté à celui qui faisait qu'on avait dit un temps, presque en prenant de l'avance sur le fait : « C'est maintenant presque un grand jeune homme. » Je ne m'apercevais pas combien j'avais changé[2].

---

1   Tome IV, p. 509.
2   Tome IV, p. 510.

Que signifie donc ce moi « qui en était resté » à tel passé, à ce moi qui, entre autres, s'est instauré autour de l'angoisse du baiser refusé ? Contrairement au genre de réaction appartenant au premier registre, celui d'un jet intentionnel ou élan spontané sans mémoire, la réponse évoquée ici semble bien plutôt ressurgir d'un passé enfoui, arrimé à un aspect de moi-même resté à l'ombre du temps et de mon évolution personnelle...

C'est comme si la réponse actuelle du narrateur semblait tout à coup hantée par un fantôme du passé, un fragment d'un moi révolu qui vient s'immiscer et s'infiltrer dans ses visées et intérêts actuels.

OUBLI ET CONSCIENCE IDIOTE

Un bel exemple du premier oubli apparaît dans le passage où le narrateur raconte l'attitude que le père Swann avait eue à la mort de sa femme, qu'il avait veillée jour et nuit. Le grand-père de Marcel avait réussi à lui faire quitter un moment la chambre mortuaire, afin qu'il n'assiste pas à la mise en bière. Et c'est ainsi qu'ils se retrouvent dans le parc, faisant quelques pas sous un faible soleil. Proust raconte ensuite comment tout d'un coup « M. Swann prenant mon grand-père par le bras, s'était écrié : "Ah ! mon vieil ami, quel bonheur de se promener ensemble par ce beau temps. Vous ne trouvez pas jolis tous ces arbres, ces aubépines et mon étang dont vous ne m'avez jamais félicité ? Vous avez l'air d'un bonnet de nuit. Sentez-vous ce petit vent ? Ah ! on a beau dire, la vie a du bon tout de même, mon cher Amédée !" ». Et puis voilà que le souvenir de sa femme défunte revint brusquement, et, poursuit le narrateur, « trouvant sans doute trop compliqué de chercher comment il avait pu à un pareil moment se laisser aller à un mouvement de joie, il se contenta, par un geste qui lui était familier chaque fois qu'une question ardue se présentait à son esprit, de passer sa main sur son front, d'essuyer ses yeux et les verres de son lorgnon[1] ».

Le père Swann s'est donc laissé aller, il s'est laissé surprendre malgré lui par la beauté de ses arbres, il s'est vu débordé par un élan qui l'a

---

1   Tome I, p. 15.

arraché aux sentiments de chagrin et à son intimité psychique. Le père Swann semble saisi par une spontanéité qui lui échappe, qui n'émane plus de son moi profond ou de ses dispositions affectives, mais une spontanéité qui l'expulse hors de lui-même. Son âme s'est « divertie de sa fin » et est projetée là-bas, vers ces arbres, avec un tel désintéressement et une telle insouciance qu'il ressent finalement comme de la gêne. Comment a-t-il pu « s'oublier » de telle manière[1] ? Comment a-t-il pu être si infidèle au souvenir de la défunte ? Un élan insolent en lui a déjà fait le deuil de son chagrin avant que lui-même ait trouvé la force et le temps de se consoler de cette mort. D'ailleurs, de cette mort, la narrateur précise qu'il ne s'en consolera jamais.

Le moi se voit excédé par une vie intentionnelle qui lui échappe, qui le traverse avec une inlassable vitalité indifférente et toujours inattendue. Une visée spontanée qui ne prend pas d'âge. Comme disait Claudel : « À chaque trait de notre haleine, le monde est aussi nouveau qu'à la première gorgée d'air dont le premier homme fit son premier souffle[2] ».

Et sur ce plan, l'homme a l'impression de s'échapper sans cesse : il ne peut rien sur cette spontanéité insolente, car lui-même et sa volonté n'en sont que le résidu. Le moi ne possède pas cette conscience, il en est possédé. C'est ce qu'illustre bien notre impuissance à vouloir une conscience (par exemple celle du sommeil, de l'attention, etc.) : je ne décide de cette spontanéité que par ses effets secondaires.

L'excès de la conscience sur l'ego, s'affirme en moi par l'impuissance de coïncider avec moi-même. Je ne suis pas le centre même d'où émanent les élans de conscience qui appréhendent les choses. La conscience « ne sort pas » du je. Le Je, dit Sartre, « n'est pas le propriétaire de la conscience, il en est l'objet[3] ». Autrement dit, le *je est fêlé* (« je est un autre »), il agence une fissure entre le soi de la conscience et sa propre ipséité. Cette fissure, Sartre la résume bien lorsqu'il écrit que le je, « dont on fait bien à tort l'habitant de la conscience », est le « moi » de la conscience, « mais non

---

1 *Cf.* C.S. Lewis, à propos de la gêne qu'il ressent de se sentir mieux au mépris du chagrin qu'il a pour son épouse morte : « Still, there's no denying that in some sense, I "feel better", and with that comes at once a sort of shame, and a feeling that one is under a sort of obligation to cherish and foment and prolong one's unhappiness. » (*Grief Observed*, New York, Phoenix Press, 1984, p. 50).

2 Cité par G. Poulet, *Études sur le temps humain 1, La pensée indéterminée*, Paris, Librairie Plon, 1985, p. 47.

3 J.-P. Sartre, *La Transcendance de l'ego, op. cit.*, p. 77.

qu'il est son propre soi ». Je ne suis pas moi-même, mais représente l'impossibilité de jamais coïncider avec ce moi. Et cette impossibilité n'est pas dérivée, elle est originaire et renvoie à l'opposition et même la différence de nature entre la conscience et le moi.

L'excès de la conscience sur la vie psychique s'explique – comme nous l'avons suggéré au début de cet ouvrage – par le caractère absolu de la conscience. Contrairement aux choses, une conscience ne nécessite rien en dehors d'elle-même pour apparaître. Non seulement, la conscience forme la condition incontournable de tout apparaître (la mare n'apparaît pas au pavé...), mais elle n'accomplit cette tâche que parce qu'elle se donne immédiatement à elle-même, sans être relatif à un être hors de soi afin d'apparaître à soi. Ma perception ne m'apparaît pas à la manière d'une chose, elle est immédiatement consciente de soi. La conscience est donc absolue et inconditionnée. C'est un même élan absolu et affectivement neutre qui m'éjecte loin de moi : que la situation soit gaie ou triste, éprouvante ou attractive, l'acte même qui m'y expulse est sans conditions. Il reste lui-même indifférent à ce qu'il appréhende.

Par conséquent, qu'une conscience se donne de manière immédiate, c'est précisément ce qui définit son existence comme « absolutes Selbst[1] » et ce qui la différencie, quant à son être, d'une chose matérielle. Une conscience n'est donc pas une chose face aux choses. La conscience se pose comme point de vue qui ne peut être point de vue pour soi-même : je puis avoir des doutes concernant la forme ou la réalité d'un objet dans mon champ perceptif, mais non concernant l'acte de la perception. Ce que Husserl résume fort bien, en disant : « ein Erlebnis schattet sich nicht ab[2] ».

Pour Sartre, une conséquence immédiate découle de cette description de la conscience, à savoir que la conscience vise par définition un être qui n'est pas de la même nature qu'elle, ou inversement, qu'une conscience ne sera pas, *par principe*, une chose pour elle-même, elle s'affirme par une négation de ce vers quoi elle tend. Bref, elle ne peut être que *néant d'être*.

Voilà ce qui explique le caractère très ambivalent de la conscience, et de ce que Poulet appelait le « cogito sartrien ». Comme le remarque bien l'auteur *d'études sur le temps humain*, du fait de n'être rien, une conscience

---

1   E. Husserl, *Ideen zu einer reinen Phänomenologie und phänomenologischen Philosophie I*, (Husserliana III, 1-2), Hrsg. von K. Schuhmann, Den Haag, Martinus Nijhoff, 1976, p. 81.

2   *Ibidem*, p. 77.

n'offre nul refuge pour échapper à la présence oppressante du réel. Au contraire
même, ce « grand vent translucide » me plonge dans la pâte même des
choses, me les révèle dans leur effrayante et obscène nudité. Mais en même
temps, n'étant pas du même ordre que cette pâte gluante, la conscience
est finalement ce qui du coup s'arrache à toute fusion, ce qui au centre
de la massive plénitude des choses, engendré par le refus d'être étouffé
par cette profusion extérieure répandue partout, *fait le vide*[1].

La conscience est un rien, mais un rien translucide. C'est lui qui
m'empêche de me dissoudre dans les choses : même absorbée par elles,
ma conscience reste consciente de cette absorption. Cette conscience a
beau s'éparpiller et se perdre dans le monde, elle ne s'oublie pas pour
autant. Comme dit Sartre, « voici le sens de son existence : c'est qu'elle
est conscience d'être de trop. Elle se dilue, elle s'éparpille, elle cherche
à se perdre [...] Mais elle ne s'oublie jamais ; elle est conscience d'être
une conscience qui s'oublie[2] ». C'est ce rien qui est de trop, et ce « trop »
qui apparaît comme fondement de la subjectivité.

Celle-ci repose dès lors sur une origine sans origine, anarchique. Ce
qui fonde le sujet, sape en même temps tout fondement. Et cet aspect
équivoque du fondement sans fond détermine la nature de la vie du
sujet en tant que tel. Ainsi, autant la conscience se joue de nous, fait
notre misère ou nous emporte dans le vertige de sa « spontanéité monstrueuse », autant en revanche elle s'impose comme la condition même
de notre « grandeur[3] », de notre liberté comme pouvoir de rétraction
et de refus. D'une part, le je en est l'objet transcendant, d'autre part
il en est le foyer virtuel d'unité. La conscience absolue accomplit perpétuellement un double mouvement : elle se fait subjective afin de *se*
transcender vers ce qui n'est pas du même ordre qu'elle – et par ailleurs,
son caractère absolu l'affranchit perpétuellement à cette moite intimité.
Contraction en ego ou même en « point de vue », et éclatement en
spontanéité monstrueuse.

Pour Sartre, le sujet est l'expression d'une conscience qui se pose en
point de vue. C'est en effet par la médiation d'une vie subjective (états,
qualités, dispositions, bref la psyché) qu'une conscience *intentionne* un
monde : mais cette autoposition n'est pas elle-même d'origine subjective.

---

1   G. Poulet, *op. cit.*, p. 234.
2   J.-P. Sartre, *La nausée, op. cit.*, p. 213.
3   Pascal, *Pensées, op. cit.*, fragment 105, p. 574.

Elle instaure le sujet et renvoie à une mouvement de « constitution » à l'issue de laquelle on peut dire que la conscience « va vers le je », mais rien de plus. La forme égologique de toute appréhension intentionnelle est inscrite dans la finalité interne de toute conscience agissante en intentionnelle. Le je comme unité concrète de la vie psychique n'a donc rien d'hypothétique. Je puis avoir des doutes sur la nature de mes affections (peut-être suis-je de nature colérique, rancunière etc.), mais nullement sur l'ego. Je puis dire : peut-être que je hais mon pays – mais pas « peut-être que j'ai un ego ».

Pourquoi va-t-elle vers un *Je* et non un *Il* ou un *Tu* ? Parce que la conscience est conscience non positionnelle d'elle-même, et que l'ego n'est que la dégradation de cette immédiateté. *Il en est le symptôme.* À l'origine, il n'y a qu'une conscience qui ne permet aucune distance vis-à-vis d'elle-même, et c'est ce manque de distance que reflète le moi. Non seulement ne peut-il pas se donner comme séparé de ses actes et états, mais en outre ne peut-il se dissocier de lui-même. La conscience immédiate ne peut en effet constituer qu'un objet qui incarne cette même structure indissociable. C'est pourquoi il ne faut pas confondre conscience et ego. Dire que l'ego est un objet transcendant par rapport à la conscience ne signifie nullement que je sois un objet pour moi-même, ou que je puisse m'appréhender comme objet. Je ne suis que le fruit d'une spontanéité qui me déborde et à laquelle il m'est impossible de me dérober. Je la subis, sans pouvoir me placer à sa hauteur à titre de point de vue ou de regard pur en retrait du monde[1]. Cette conscience absolue n'est pas un point de vue « acosmique » : elle est au-delà de la notion même de point de vue. C'est pourquoi elle est sans ego : aucun ego ne peut « l'occuper » à titre de vision « sub speciae aeternitatis ».

En revanche, le fait que toute conscience se constitue en conscience égologique ne limite pas son caractère d'absolu. L'immédiateté même qui

---

1   Voir à propos de la « contradiction » de l'enjeu de la réflexion : « La scissiparité réflexive correspond à un effort vain pour prendre un point de vue sur la néantisation qu'a à être le pour-soi, afin que cette néantisation comme phénomène simplement donné soit néantisation *qui est*. Mais en même temps, la réflexion veut récupérer cet arrachement qu'elle tente de contempler comme donnée pure, en affirmant de soi qu'elle *est* cette néantisation qui est. La contradiction est flagrante : pour pouvoir saisir ma transcendance, il faudrait que je la transcende. Mais, précisément, ma propre transcendance ne peut que transcender, je la *suis*, je ne puis me servir d'elle pour la constituer comme transcendance transcendée : je suis condamné à être perpétuellement ma propre néantisation. » (*L'être et le néant, op. cit.*, p. 359).

caractérise la présence à soi de la conscience ne se laisse pas « égologiser » et elle demeure en cela absolue et inconditionnée : elle transgresse tout « point de vue » ou toute perspective de l'ego, elle s'affirme malgré le moi, et brise toute unité profonde. Par son caractère absolu elle remet continuellement le moi et ses acquis en question. On peut donc dire que la conscience possède une sorte d'individualité qui ne coïncide pas avec l'unité de l'ego. Cette dernière n'est que son travestissement. La conscience absolue, malgré son individualité, demeure impersonnelle[1]. En un sens donc, l'ego profite de cette individuation impersonnelle afin d'envoûter cette conscience de sa magie égologique.

Il est donc erroné d'identifier la nature préréflexive du cogito à la structure égologique de la conscience. Il n'y a entre l'immédiateté de la conscience de soi et la nature égologique de toute perspective qu'un rapport dérivé, et non originaire. Le soi ou l'ipséité de la conscience ne recouvre pas le moi. Au contraire même : c'est la nature translucide, indivisible de cette ipséité qui est à l'origine de la fêlure du moi, et de son opacité.

On sait qu'une opinion très répandue a prétendu devoir remettre en question la translucidité de la conscience sous prétexte qu'une opacité perturbe celle de l'ego. L'ego est privé de cette transparence : il n'a pas libre accès à soi. Mais cette opacité s'étaye sur le manque d'opacité de toute conscience. Bref, du fait que la connaissance que j'ai de moi-même ne soit pas entièrement claire et distincte, on ne déduit encore rien concernant la façon dont une conscience prend conscience d'elle-même. L'ego est débordé par une conscience qui ne se laisse pas enliser par ce qui n'est pas du même ordre qu'elle et s'en affranchit.

Cet affranchissement perpétuel détermine ce que Sartre dit à propos de la liberté subjective. Dans un passage des *Cahiers pour une morale* Sartre revient sur son expression « condamnés à être libre ». Car visiblement, dit-il, « on ne l'a jamais bien compris[2] ». Et il résume sa thèse par l'idée qu'on est « totalement déterminé et totalement libre ». Ma liberté est l'obligation d'assumer le déterminisme, celui d'être perpétuellement exposé au monde, ou exposé dans ce monde, sans refuge à cet élan centrifuge qui me plonge dans les choses. Et je dois l'assumer, le reprendre à mon compte du seul fait que cet élan est conscience et que je ne puis l'ignorer.

---

1   J.-P. Sartre, *La Transcendance de l'ego*, *op. cit.*, p. 78.
2   J.-P. Sartre, *Cahiers pour une morale*, *op. cit.*, p. 447.

Par exemple, je tombe gravement malade. Bien sûr, les conséquences de cette maladie nécessiteront des sacrifices. Je suis « diminué » : un grand nombre de possibles me sont ôtés. Or il est vrai aussi de dire que c'est moi qui y renonce, ou qui m'y cramponne et refuse de voir cette diminution. Bref, ces possibles ne sont pas supprimés mais remplacés par une totalité d'attitudes nouvelles qui expriment la manière selon laquelle j'assume ma nouvelle situation. J'ai à assumer ma situation de malade, et cette nécessité-là n'est nullement diminuée : elle reste aussi absolue et incontournable qu'avant. Le tragique de la situation réside dans le fait que j'ai à vouloir ce que je n'ai pas voulu : je suis contraint à me déterminer à nouveau à partir d'un état qui supprime les acquis et projets d'un autre moi. « Ainsi ma liberté est condamnation parce que je ne suis pas libre d'être ou de n'être pas malade et la maladie me vient du dehors : elle n'est pas de moi, elle ne me concerne pas, elle n'est pas ma faute. Mais comme je suis libre, je suis contraint par ma liberté de la faire mienne, de la faire mon horizon, ma perspective, ma moralité, etc. ; je suis perpétuellement condamné à vouloir ce que je n'ai pas voulu, à ne plus vouloir ce que j'ai voulu, à me reconstruire dans l'unité d'une vie en présence des destructions que m'inflige l'extérieur[1]. ».

Toute l'ambivalence de la conscience se réaffirme dans cette notion de liberté : d'une part, le moi ne choisit ni la situation dans laquelle il est plongé, ni la manière selon laquelle il en prend conscience. Il subit la manifestation de ce qui apparaît et malgré lui le concerne. Et puisqu'il ne peut pas en ignorer la présence ou la réalité, il se voit contraint de se déterminer à partir de ce qui le détermine. Ainsi le sujet ne subsiste que par la force qu'il trouve à se maintenir, et à réapproprier tous les débordements de sa conscience ou de cette hémorragie mentale vers les choses.

C'est cette reprise perpétuelle qui concède au moi *son unité*. Le je n'est pas cette instance qui rend miennes les expériences, n'est pas la source des émanations du vécu et qui formerait a priori la structure générale de la conscience. Cette forme n'est que secondaire, conquise sur la totalité de rapports inconditionnés et involontaires avec les choses. Or, comme Sartre le suggère à plusieurs reprises à l'occasion entre autres des patho-logies de l'imaginaire, cette unité n'est jamais définitivement acquise.

---

1   *Ibidem*, p. 448-449.

Il y a certes permanence et continuité dans la vie psychique : le moi est cette totalité organique qui se temporalise au gré de nouvelles expériences et revirements existentiels. Mais cette temporalisation est elle-même dérivée et reflète indirectement notre réappropriation perpétuelle de nos élans vers les choses. Loin d'être cette force originelle, indivise et créatrice qui nous pousse vers de nouvelles expériences, cette durée est un effet secondaire, sorte de simulacre de création spontanée de soi par soi. Au fond, le moi n'est que la retombée continue des rapports qu'il subit avec le monde hors de lui. Sa vie intime est emplie et encombrée des choses qu'il a saisies, vers lesquelles il s'est senti attiré et projeté. Et si le bon fonctionnement de sa mémoire forme la garantie de l'existence de son unité personnelle, cette dernière se voit garnie et comblée de faits divers, d'un tas d'événements, de situations ou d'expériences : bref, de choses externes et indifférentes au moi. Le moi n'est peut-être rien en dehors de ces choses et ces mondes auxquels il s'est vu relié. Et c'est pourquoi aussi avec la perte de tel monde, ou de telle personne, c'est une partie de soi-même qu'on a l'impression de perdre. Aussi, afin de décrire la succession de ces *moi*, on pourrait reprendre un belle image que Georges Poulet applique à la pensée de Pascal : le moi est comme « une série de fenêtres qui se referment l'une après l'autre[1] ».

L'unité du moi et sa cohérence interne ne s'affirment donc qu'au prix de notre effort de *maintenir nos projets ou de nous maintenir* en tant que point de vue sur les choses dans lesquelles on est contraint de s'abandonner. C'est à l'intérieur d'un projet actuel que l'unité apparaît. Mais n'y-a-t-il dès lors pas autant de moi que de revirements et de projets ? Vu à distance, j'ai moins d'affinité avec ce moi de mon enfance qu'avec celui de mon ami. Je puis même être conscient d'une ressemblance et de récurrence dans certains traits de caractère (déjà jadis, je râlais pour tout) : mais la conscience que j'en prends ne cimente pas l'unité. Cet enfant apparaît au loin, comme un ami perdu de vue depuis longtemps, ou une épave qui reste sur place. Ainsi, la mémoire qu'on peut avoir de tous ces passés ne nous livre qu'une accumulation de faits anodins, ou qui furent jadis importants, mais dont la totalité est démunie de toute cohérence logique ou existentielle. L'univers du moi profond est en réalité composé de moi hétérogènes, un chaos de fantômes anéantis et de temps hétéroclites.

---

1   G. Poulet, *op. cit.*, p. 105.

Ou partons du présent : qu'est-ce qui relie le moi du malade à son moi encore ignorant et vigoureux ? Rien en dehors de la tâche qu'il ressent de se réaffirmer à l'image d'un monde nouveau et insoupçonné (celui de l'hôpital, des attentes interminables, des angoisses et de l'ennui). Comme disait Pascal, « c'est une chose horrible de sentir s'écouler ce qu'on possède[1] ». Le nouveau moi devra assumer le deuil du précédent, acquérir d'autres qualités en vue d'un monde différent et d'une réalité aux exigences nouvelles. Ne pas céder, résister : voilà sa subjectivité. Un pouvoir inépuisable de recommencer et de se reprendre à chaque fois.

Ce deuil perpétuel, Proust (on s'en doute) l'a décrit entre autres à l'occasion de la fin d'un amour. Ce qui nous sépare d'un être cher, c'est souvent moins sa disparition que la mort de nous-même. Un nouveau moi surgit des cendres de l'autre, la vie reprend un nouvel essor, quittant la morne plaine d'un amour dévasté et défunt. On quitte ce moi comme on quitte une région sinistrée : avec regret et espoir. Bref, une infidélité involontaire me déchire de moi-même. Et avec la perte de certains intérêts, d'un amour ou d'un engouement pour certaines choses, c'est un moi qui sombre dans l'indifférence. Alors, dans ce cas, comme il est vain de se vouloir immortel. Comme le remarque le narrateur : « Nous désirons passionnément qu'il y ait une autre vie où nous serions pareils à ce que nous sommes ici-bas. Mais nous ne réfléchissons pas que, même sans attendre cette autre vie, dans celle-ci, au bout de quelques années nous sommes infidèles à ce que nous avons été, à ce que nous voulions rester immortellement[2] ».

Et pourtant, un lien subsiste parfois avec telle épave ou moi disparu. C'est un lien de cette sorte qui occasionne l'autre forme d'oubli. Il y avait en effet deux sortes d'oubli affectant notre condition temporelle : celui du père Swann, expression d'un élan spontané qui nous arrache à nous-même. Ou cet oubli du narrateur quinquagénaire à l'occasion de l'invitation de Gilberte, et qui semble en revanche l'expression d'un lien qui nous lie malgré nous à un moi mort et enterré. Au sein de cet amas de fantômes anéantis, il y a ici et là comme des revenants qui sortent de la pénombre.

---

1   B. Pascal, *Pensées*, (fr. 636), *op. cit.*, p. 800.
2   Tome III, p. 253.

OUBLI ET SINGULARITÉ

L'image du moi n'est donc pas celle d'une unité organique qui évolue et s'adapte sans cesse. Il est plutôt fait de la superposition d'états et de moi successifs, eux-mêmes n'étant que l'intériorisation de nos rapports inconditionnés avec les choses, les situations ou le monde. Or, il s'avère que parfois, certains de ces rapports innombrables survivent au moi qui les avait vécus. Au sein du moi présent, se révèle l'existence et l'insistance d'un lien indissoluble avec un éclat du passé demeuré tout le temps dans l'ombre de l'oubli. En dépit de la perte et du dépérissement du moi ancien, un lien a subsisté tout au long de ces années et « tout le long de son trajet dans l'abîme où il était lancé » (Proust) et qui insiste comme une sorte d'identité inflexible en marge du défilé des moi.

Quelque chose me relie malgré moi à ce moi d'autrefois et en ravive un aspect, en fait renaître comme un reste d'attitude involontaire, de conduite spontanée. Il en va de même de la réaction un peu intempestive du narrateur à l'invitation de son ancienne amie. Sa réponse fait brusquement oublier sa situation réelle, celle d'un adulte dégrisé par l'amour. Elle n'est plus l'effet d'une irruption de la spontanéité absolue de sa conscience, mais elle renvoie à ce passé lointain et figé du temps où sa mère en parlant de lui disait que « c'est maintenant presque un grand jeune homme ».

Ainsi, sa réaction prouve d'une part qu'il a gardé après tant d'années des restes de ce moi oublié, et un rapport latent et insoupçonné avec celui qu'il était autrefois. Comme des traces ou les empreintes de ce passé, ce comportement et cette attitude envers Gilberte ont survécu dans le moi actuel, un peu à l'image de ces rituels d'un culte qui survivent à la communauté depuis longtemps oubliée. Des fleurs de ruine. Telle attitude intempestive m'appartient, certes, mais « comme un point de beauté à une province écartée du corps » (Char).

Quels sont donc la nature et l'origine de ce lien ?

Dans le passage auquel nous nous sommes référé, le narrateur semble suggérer que cette attache au moi de jadis apparaît être également le fruit d'une intériorisation d'un rapport au dehors : mais ici, ce que le moi intériorise n'est plus sa propre spontanéité, mais celle d'autrui. Ce lien même semble raviver le moi qu'il était au regard de sa mère (« Or, je m'apercevais que je me plaçais pour me juger au même point de vue qu'elle. ») : ou mieux, il évoque un lien avec ce moi qu'il était pour elle. Ce reste qui subsiste au long de son existence, et « hante » sa conscience irréfléchie (comme dirait Sartre), renvoie à une expérience isolée des autres. L'expérience – décrite au chapitre précédent – qu'on peut faire d'être interpellé, approché, surpris ou embarrassé par (la présence d') autrui. Lui, le quinquagénaire désabusé, laisse échapper une sorte de timidité involontaire, du fait qu'un fragment d'attitude de cet enfant qui sent le regard et le jugement de sa mère posés sur lui, s'est frayé un chemin jusqu'au comportement du moi actuel. Il ne retombe pas en enfance pour autant. Cet enfant timide reste « sur place », au loin. Mais la réaction de l'adulte trahit le fait que malgré ses expériences et les dépérissements successifs de ses moi, un lien s'est maintenu avec un fragment d'un moi abandonné. Malgré le fait d'avoir dû subir de la part du temps, « les métamorphoses aussi complètes que celles de certains insectes » (Proust), un rapport a survécu avec un moi qui n'existe plus depuis bien des années. Et cette survivance n'est nullement motivée ou sollicitée par mes projets actuels. Au contraire, elle fait irruption, immotivée et inappropriée. Survivance en marge de mon évolution, de ma temporalisation personnelle, de ma psychè ou de ma vie affective. Comme dit Proust : « On ne change pas, on fait entrer dans le sentiment qu'on rapporte à un être bien des éléments assoupis qu'il réveille mais qui lui sont étrangers[1] ».

Comment décrire ce lien ? Il n'est pas l'œuvre du moi, puisqu'il survit en marge du dépérissement et de l'épuisement successifs de tout ce que j'ai été. Loin de confirmer une quelconque unité, il est en partie ce qui vient la briser subrepticement. *Ce qui me fait oublier mon âge l'espace d'un instant.*

Cette évocation du regard maternel qu'invoque le narrateur ne se réduit pas à l'absorption des soins intentionnés ou bienveillants de l'autre. Sa conduite anachronique – encombrée de restes d'enfant timoré – ne révèle et ne ravive pas l'amour et l'affection qui lui étaient réservés autrefois et qu'il reproduit dans ses propres rapports amoureux. Que pareille reprise ou réitération involontaire existe ou non, là n'est pas la question. Ce qui est en jeu ici est d'un autre ordre. Le moi ne réitère

---

1   Tome II, p. 418.

pas un comportement subi, mais quelque chose qui au contraire ne se laisse pas lui-même assimiler *comme conduite ou rapport* avec autrui. Il assimile quelque chose qui demeure en-deçà de tout rapport, inarticulé, et qui me détermine « pas derrière », qui se manifeste ou est évoqué à l'occasion de ce reste du moi, (c'est-à-dire, la réponse intempestive et inappropriée). De quoi s'agit-il ? De l'évocation et de l'expérience d'une forme d'identité en marge de l'unité personnelle : cette expérience d'être resté le même n'est pas prélevée sur la totalité de mes conduites, pas plus qu'elle ne se laisse néantiser par la conscience vide et idiote : elle l'investit et l'envahit du dehors ou du dedans à la fois : cette identité ravivée et insistante se manifeste dans ce contexte à partir de l'expérience du moi d'avoir signifié quelque chose pour cette mère qui disait : « C'est maintenant presque un grand jeune homme. »

Au chapitre précédent, nous avons suggéré en quoi le pour autrui me rive à un aspect du moi qui hante mes projets. Or, pourquoi cette hantise se solidifie-t-elle ? Parce qu'elle se greffe sur notre rapport latent avec la singularité, et qui est réanimé sous ce regard. Proust raconte comment le narrateur se met à choyer le nom de Gilberte : le prononcer, s'est comme évoquer sa présence, en personne, sans pour autant vaincre la souffrance de son absence. Comme un talisman, ce nom contient la personne en chair et en os, évoque un lien direct ou magique avec elle, mais tout en échouant dans sa tentative de la faire apparaître en vrai. Gilberte reste « sur place ».

Son nom, qu'il cherche à tout prix à faire prononcer à n'importe quelle occasion, est comme une amulette qui l'aide à conjurer l'absence de Gilberte, c'est-à-dire, ses possibles refus, ses rejets, son indifférence anticipée, ou tous les changements psychiques qui causeront la séparation inévitable. Le nom est ce qui, à tel moment précis, exprime, avec une force quasi féerique, une passion et un attachement pour Gilberte qui la vise au-delà même de ses transformations : il exprime une fidélité éternelle, quoique très temporaire, pour cette personne. Fidélité qui transcende ses métamorphoses.

Sartre remarque quelque part dans *Les Mots* qu'il a connu des hommes « qui ont couché sur le tard avec une femme vieillie par cette seule raison qu'ils l'avaient désirée dans leur jeunesse[1] ». Tout le

1   J.-P. Sartre, *Les Mots*, Paris, Gallimard (Folio), 1964, p. 194.

monde devine que ce désir différé ne peut s'alimenter de l'appréhension d'une persistance réelle des traits d'autrefois. Ce n'est plus la même personne, et ce n'est même plus en raison de ses traits physiques ou autres qu'elle est restée désirable. Ce qui la rend pourtant séduisante à cet homme aujourd'hui, c'est l'évidence, ou au moins la confiance, qu'il s'agit réellement de la même personne. Et cette conviction ou prémonition d'identité précède la perception réelle d'une continuité : elle confère un sens et une valeur à l'idée même que cette femme ait gardé quelque chose des traits d'autrefois. Il se peut que je retrouve en elle la persistance d'un trait qu'elle-même ne soupçonne peut-être même pas : mais c'est en raison de la présomption de son identité que cette persistance prend valeur. Or, cette présomption est antérieure à toute expérience de continuité et de permanence. Elle se greffe sur les rapports que nous entretenons avec autrui. Or, peut-être que le « C'est maintenant presque un grand jeune homme. » fonctionne-t-il de la même façon. Cette remarque est l'expression de l'inconditionnel intérêt que la mère porte à son fils, d'une fidélité inflexible : celle qui s'imprime en lui comme hantise, comme pensée involontaire et irrépressible. C'est-à-dire, l'évocation ou la conscience aiguë d'être son fils, pour toujours et en dépit de ses oublis ou même de ses reniements ou de ses sentiments personnels envers elle.

Ce qu'il a intériorisé, c'est finalement l'expérience en tant que telle d'avoir été pour cette mère d'autrefois comme un talisman du moi qu'il est aujourd'hui. Et peut-être est-ce cette conscience-là qui lui confère un sentiment d'identité.

Cette identité est involontairement acquise, et demeure en marge de son évolution personnelle : elle ne coïncide pas avec l'unité au demeurant éclatée du moi. Cette identité est le fruit d'une conscience qu'on peut avoir et qui nous hante, que la permanence même d'une personne, malgré ses métamorphoses, garde une valeur pour quelqu'un. Et qui sait est-ce uniquement cette foi en pareille valeur qui nous protège contre les désillusions et les pertes que nous inflige le temps. C'est cette identité en marge de mon unité, en-deçà de toute identification personnelle et volontaire, qui me confère une singularité et qui seule, résiste à cet « émiettement » du moi, tant elle ne dépend pas de lui. Cet étrange contraste de survivance et de mort est ce qui caractérise la vie du sujet. Autant Marcel affirme tout au long de sa recherche n'être

« qu'une suite de moi juxtaposés mais distincts qui mouraient les uns les autres », autant le souvenir involontaire éveille en lui « une portion de notre âme plus durable que les moi divers qui meurent successivement en nous[1] ». Autant son passé et ses souvenirs lui reviennent et « symbolisent un appel », autant cet appel lui révèle « que depuis lors [il] n'avai[t] pas progressé[2] ».

SINGULARITÉ ET SOUVENIR

Le « pour autrui » éveille en moi le sentiment d'une identité : en me rivant à un aspect du moi auquel je n'ai pas accès, autrui fait surgir la conscience que le moi n'a toujours fait que pivoter autour de ce noyau d'identité et dont parfois les manifestations lui font signe à distance. Entre la conscience idiote et égologique, ce noyau d'identité insistait d'emblée, autour duquel le moi dans sa tentative de subsister, gravite « bêtement ».

Dans l'exemple de Proust, il ne s'agit donc pas tout bonnement d'un phénomène d'intériorisation de l'affection maternelle, mais il nous montre comment la conscience qu'on prend de cette identité opaque et singulière se déploie selon les circonstances en rapport à ce qu'on semble avoir été vis-à-vis d'autrui. Ce n'est pas lui ou elle qui me rive à un moi qui m'échappe, mais autrui évoque en moi un rapport à cet excès au sein du moi. Le narrateur ressent son identité comme investie d'un sens et d'une valeur profondes, et cela en dépit des métamorphoses radicales que le temps lui aura infligées (quitte à le rendre méconnaissable). En d'autres mots, il vit cette identité comme l'expression du fait *qu'il restera pour elle toujours le même*, celui dont sa mère a dit un jour que « C'est maintenant presque un grand jeune homme. ».

Bref, cette évocation d'identité s'exprime comme la conscience que j'ai du fait que mon moi présent est matériellement le même que celui de ma mère me prenant autrefois dans ses bras, même si aucun souvenir personnel, intime ou affectif ne me relie encore à ce passé lointain.

---

1   Tome IV, p. 476.
2   *Ibidem*, p. 457.

Or, ce sentiment est aussi celui que lui révèle le souvenir involontaire[1]. Un détail anodin le rappelle et le renvoie à un passé oublié, ranimant un lien qu'il ne soupçonnait pas avoir gardé et qui lui semble plus vif et plus insistant que les liens personnels acquis au long de son « individuation ». Ce lien, évoquant une identité en marge de l'unité de la personne, insiste au creux de la mémoire comme un supplément ou excès qui ne se laisse pas dissoudre par le procédé de remémoration. Il reste muet et sourd, et se manifeste de surcroît éveillant un oubli (lien d'identité). Voilà la particularité ambiguë de ce souvenir : au lieu de combler un oubli de la mémoire, il éveille par ce passé la sensation d'avoir oublié. Et cette sensation, coïncidant avec celle d'avoir gardé un lien d'identité avec un fragment d'un moi perdu, excite la conscience à se remémorer le temps passé. D'où vient dès lors l'ambiguïté du rôle de la mémoire dans la Recherche et du souvenir involontaire en tant que tel : d'une part, cette identité ou singularité incite le narrateur à conjurer cet excès, il se met en orbite autour d'elle afin d'en extraire le sens. Or, comme à l'occasion de l'appel venant des trois arbres, il se leurre en s'imaginant que ce sens coïncide avec celui que récupère la mémoire. Il rate le sens de l'impression laissé par le goût de la madeleine, mais en même temps, ce leurre a fait naître le roman. Comme si le roman avait émergé de la tasse de thé à la manière des petits morceaux de papier japonais révélant leur forme au contact de l'eau (comme les petit-pois dans la Royco Minute Soup). Voilà que resurgit « l'édifice immense du souvenir » : la chambre, la maison, le jardin, Combray, les deux côtés, les amours, … *jusqu'à l'infini*[2]. Le souvenir comme un objet miniature… Mais en même temps cet édifice est l'histoire de quelqu'un qui a raté le sens des interpellations, et qui sans cesse a reporté à plus tard la tâche « d'approfondir l'impression » que ces détails ont imprimée en lui.

En ce sens, cet « édifice » génial qu'est la Recherche est comme la mise en scène de toutes les formes de bêtises, allant du sens de réactions inadaptées jusqu'aux exigences propres aux appels venant des choses : et dans le cas des souvenirs, le narrateur, lorsqu'il se met en scène dans ses tentatives « d'approfondir » le sens des souvenirs, se décrit souvent en catégories propres à celles utilisées par Bergson pour saisir le sens du comique : le mécanique plaqué sur le vivant.

---

1   *Cf.* Tome I, p. 46.
2   *Cf.* Tome I, p. 44-47.

Sous l'enchantement du souvenir, sa démarche d'en saisir le sens se réduit à la répétition mécanique de quelques gestes : retremper machinalement la madeleine, une première fois, une deuxième fois, et puis un nouvelle fois encore... (« Dix fois il me faut recommencer ») pour que, subitement, le passé surgisse dans telle saveur, dans tel parfum. Ou à l'occasion des gestes grotesques qu'il effectue à l'occasion de l'expérience produite par les « pavés mal équarris » dans la cour de l'hôtel de Guermantes[1]... Vu « du dehors », le narrateur acquiert quelque chose d'aussi comique et d'ahuri que la démarche de Monsieur Hulot jouant au ping pong ou brandissant son parapluie fermé.

---

1   « Un azur profond enivrait mes yeux, des impressions de fraîcheur, d'éblouissante lumière tournoyaient près de moi et, dans mon désir de les saisir, sans oser plus bouger que quand je goûtais la saveur de la madeleine en tâchant de faire parvenir jusqu'à moi ce qu'elle me rappelait, je restais, *quitte à faire rire la foule innombrable des wattmen, à tituber comme j'avais fait tout à l'heure, un pied sur le pavé plus élevé, l'autre pied sur le pavé le plus bas.* » Tome IV, p. 445 (je souligne).

TROISIÈME PARTIE

ENTRE L'IMAGINAIRE
ET L'INFINIMENT PETIT

Quand on jette les yeux du côté de l'infiniment petit, tout développement est toujours un développement *infiniment rapide.*
F. Nietzsche

UN PEU DE TEMPS
À L'ÉTAT PUR

LE RÊVE D'ALFRED MAURY

Alfred Maury, un classique dans l'analyse des rêves, raconte comment un jour, il s'éveille « en proie à la plus vive angoisse », au moment où il sent le couteau de la guillotine lui trancher le cou. Et cette image, dit-il, était comme l'aboutissement d'un rêve extravagant (quoique bien érudit) qu'il venait d'avoir sur la Terreur et sur le Tribunal Révolutionnaire assisté par Robespierre... Or, tous ces événements et leur enchaînement interne semblaient causés par un fait réel et bien vrai : la flèche de son lit qui s'était détachée lui était tombée sur les vertèbres cervicales[1]. Déjà en son temps, cette description a suscité bon nombre de commentaires. On retrouve en outre des variantes de ce rêve chez des contemporains de Maury, dont Proust.

Ce qui m'intrigue dans ce type d'exemples au demeurant bien connus[2], ne concerne toutefois pas directement la question de la nature du rapport entre sensations et images. Question souvent résolue de façon « empiriciste », et qui réduit la différence entre le sensible et l'image à une différence de degré ou de vivacité (Hume). Ou l'autre tendance, dite « idéaliste », qui attribue aux images une force créatrice autonome et d'origine spirituelle. Dans cette deuxième version, les images sont supposées utiliser la sensation vraie en guise de matière autour de laquelle le rêve se referme comme un moule. En général, c'est ce qui se passe dans tous les rêves, et ce phénomène repose sur une des lois

---

1   Alfred Maury, *Le sommeil et les rêves : études psychologiques sur ces phénomènes et les divers états qui s'y rattachent, suivies de recherches sur le développement de l'instinct et de l'intelligence dans leurs rapports avec le phénomène du sommeil*, Paris, Didier, 1865.
2   L'exemple type est l'histoire d'Alice au pays des merveilles.

ou caractéristiques principales de l'imaginaire, celle de « l'analogon ».
On connaît les exemples : Bergson, qui affirme que les rayons de la
lune, « caressant les yeux du dormeur, aient la vertu de faire surgir
des apparitions virginales[1] ». Séailles qui explique : « Appuyez la main
sur la poitrine d'une personne endormie, elle rêve qu'on l'étouffe[2]... ».
Ou Proust, qui ouvre la Recherche en évoquant la naissance d'une
femme d'une fausse position de sa cuisse. Avec rien, le rêve ne fait
rien, disait Bergson. Tous ces exemples cherchent donc à illustrer l'idée
selon laquelle l'imagination serait comme un pouvoir représentatif
à part entière et qui se nourrirait, qui formerait ou déformerait, qui
traiterait ou maltraiterait la matière de base, c'est-à-dire les données
sensorielles. Tout ce travail de transformation, de condensation ou
de défiguration libère les impressions et les sensations à la base pour
les élever au-delà des contraintes du réel afin de les relâcher dans le
champ libre de l'irréel.

Sartre a admirablement bien décrit les procédés et la dynamique à
l'œuvre dans cette transposition. Je ne m'y attarderai dans le présent
chapitre qu'afin de tenter de répondre à la question (ou plus modeste-
ment, de comprendre le sens du problème) qui intriguait tant Maury
et une bonne part de ces contemporains : comment une tragédie imaginée et pourtant si riche en émotions peut-elle apparaître à l'occasion
d'une sensation temporellement aussi brève ou fugitive ? Comment
comprendre et expliquer « qu'il suffît d'un instant pour faire un rêve
étendu » ? La sensation des vertèbres cervicales est, pour ainsi dire,
poussée à des hauteurs où les « limites horaires » du réel n'ont plus
aucune prise. Mais entretemps, tout le drame fictif de la mise à mort
s'est déployé à l'occasion de, et peut-être même dans les limites de cette
sensation évanescente. Bref, comment un instant peut-il contenir toute
une durée ?

En même temps, l'enjeu-même de ce chapitre est plus général :
l'analyse qui suit sur le « temps imaginaire » poursuit l'élan d'inspiration
sartrienne de cet ouvrage : je tiens à montrer en quoi l'imaginaire décrit
par Sartre – outre le fait qu'il n'est pas un simple pouvoir empirique
parmi d'autres, mais la conscience tout entière « en tant qu'elle réalise sa

---

1   H. Bergson, Le Rêve, Œuvres, op. cit., p. 892.
2   G. Séailles, Essai sur le Génie dans l'Art, Paris, Alcan, 1902, p. 99.

liberté » – est surtout l'expression d'une tendance propre à la conscience pure (non égologique) : dans l'imaginaire, elle cherche à atteindre une forme d'immanence pure. Inversement, aux yeux de cette pensée, l'idée même d'une immanence pure est imaginaire.

En outre, on a souvent reproché à Sartre de trancher de manière trop radicale entre perception et imagination : c'est toutefois de cette distinction tranchée que je tiens à développer mon propos. Elle permettra d'éviter une forme de « bêtise » issue de confusions. Car en effet, lorsqu'on cherche à atténuer les oppositions, on se trompe régulièrement de registre. À l'instar d'un « esprit malsain » (cf. p.73 sq.), on adopte dans un domaine spécifique une attitude qui ne lui convient pas. On projette au niveau de l'analyse phénoménologique, distinguant les actes de conscience[1], des réflexions qui ont pour objet et méthode un registre différent, par exemple celui d'une « (endo-)ontologie » cherchant à faire droit à la « texture imaginaire du réel[2] ». Or, en confondant ces domaines, on en arrive aussi à poser de fausses questions[3].

Bien souvent, quand on parle d'un entrelacement originaire entre le réel et la fiction, on part de tout sauf d'une analyse : on prend l'exemple d'une œuvre de fiction (roman, biographie, film) dont on stipule qu'une grande partie du contenu est issu de et inspiré par des faits réels. Et ce fait au demeurant d'ordre assez trivial est repris et projeté dans une dimension qui n'a plus rien d'une œuvre accomplie (*i.e.*, la dimension purement dynamique des actes de consciences). Bref, on change de dimension, on n'analyse pas, mais on « commente » et confond les registres : tout commentateur, dit Deleuze, peut en effet changer de dimension, « et c'est sa grande faiblesse, le signe qu'il n'en habite aucune[4] ».

---

1   En termes sartriens : des « attitudes irréductibles de la conscience ».
2   M. Merleau-Ponty, *L'œil et l'esprit, op. cit.*, p. 24.
3   Comme celles concernant l'idée d'une forme d'indétermination – traditionnellement réservée à l'imagination – propre à la perception. *Cf.* les remarques pertinentes à ce sujet de J. Benoist, *Le bruit du sensible, op. cit.*, 2013, p. 181-183.
4   G. Deleuze, *Logique du sens, op. cit.*, p. 114.

ALAIN ET SARTRE

L'opposition entre « le réel et la fiction » est souvent interprétée en termes « sensualistes » : la sensation présente ou actuelle est l'instant réel qui « donne occasion à l'esprit » – ainsi dirait un cartésien – à créer des représentations ou des images irréelles. Les vrais chocs sensoriels ne nous laissent pas le temps de penser. Ainsi, dans un de ses propos, Alain explique pourquoi une catastrophe réelle est sans durée. « Le coup écrase la victime, l'instant d'avant elle était comme nous sommes quand nous ne pensons point à la catastrophe. » Un passant est par exemple renversé par une voiture et tué sur le coup. « Le drame est fini, il n'a point commencé ; il n'a point duré ». C'est par la « réflexion » que pour Alain « naît la durée ». Moi, j'imagine la scène : la voiture arrive, et au lieu de me sauver, comme je ferais s'il s'agissait d'une perception, je reste sur place et revis à chaque fois la situation de celui qui vient d'être écrasé. Bref, « je meurs mille fois et tout vivant[1] ».

Les maux réels vont vite : étant ce qu'ils sont, ils ne débordent pas les contours de l'instant et de la sensation. Chaque impression chasse l'autre, dit Alain. Or, la pensée prolonge ou allonge le moment et l'étire au-delà du réel factuel : un fait bref me paraît long « parce que j'y pense, parce que j'y reviens », bref parce que je l'investis de développements et d'un écoulement possibles. En revanche, dit Alain, un fait réel « a cela de bon, si mauvais qu'il soit, qu'il met fin au jeu des possibles[2] ».

L'instant réel nous réveille et nous secoue hors de la durée et des maux irréels. Il nous remet les pieds sur terre les yeux grand ouverts *sur le réel et le présent*. Voilà pourquoi, dira Alain (fidèle à son inspiration spinoziste), il « faut penser le réel présent de toutes ses forces, par science vraie, au lieu de jouer la tragédie ».

Sartre reprendra la description du rapport entre le réel et l'imaginaire en termes de l'opposition entre le réel et le possible, il n'est pas non plus insensible aux descriptions et aux intuitions de ce qu'Alain nommait « l'incantation magique » propre aux passions, à ses idées sur la

---

1   Alain, *Propos*, Paris, Gallimard, Bibliothèque de la Pléiade, 1956, p. 89.
2   *Ibidem.*

volonté (« il faut vouloir vouloir »), sur le fatalisme comme l'envers de la liberté, etc.

En même temps, Sartre rejette les présupposés épistémologiques. Le présent ne se manifeste pas en tant que sensation, mais en tant qu'être qui apparaît à une conscience intentionnelle.

L'approche phénoménologique avait bien entendu permis à toute une génération de penseurs, dont Sartre, de se libérer des prémisses et des présuppositions à l'œuvre dans bon nombre de conceptions d'inspiration empiriste et idéaliste sur l'imagination. Il ne me semble pas vraiment nécessaire d'y revenir ici. Il est clair, par exemple, que Sartre, même s'il paraît sensible à bon nombre d'intuitions d'Alain, s'en distancie radicalement du point de vue méthodologique.

Mais il y a plus : la phénoménologie, vu ses conceptions concernant le rapport entre la conscience et le réel, semble en fin de compte modifier certaines idées à propos du rapport entre sensation et image dans leur contenu même. Et à ce sujet, ce qui m'intéresse plus particulièrement dans le contexte de ce chapitre, c'est de voir comment Sartre semble inverser les corrélats de l'opposition entre l'instant et la durée telle que l'avait établie Alain : l'instant, suggère en substance Sartre, ce n'est pas le réel qui nous désarçonne et bouscule hors de la fiction. *L'instant, c'est l'irréel même.*

Puisque pour Sartre le réel ne se laisse plus réduire à un chapelet d'impressions, mais qu'il est le corrélat d'un rapport dynamique qu'une conscience établit avec le monde, c'est aussi dans ce rapport que s'instaure et se déploie la durée au titre de temporalité. En revanche, l'imaginaire est une conscience qui pose un néant, et créant le vide autour d'elle, ne repose sur rien sinon sur sa propre spontanéité. L'acte d'une conscience imageante s'affranchit de la conscience perceptive et dès lors de la durée qui se déploie avec elle. L'imaginaire procède par soubresauts d'instants absolus, et rebondissant à chaque coup sur le réel, il se voit contraint de se relever et de renaître *ex nihilo* par une création continuée.

LA CONSCIENCE IMAGEANTE

Mais avant tout, reprenons de manière très condensée les traits essentiels qui établissent l'imaginaire dans son opposition à la conscience perceptive. Pour Sartre, comme nous l'avons noté plus haut, toute conscience est une saisie intentionnelle de ce qui n'est pas de même nature qu'elle : la conscience est par essence « en dehors d'elle-même », une fuite au sein de l'être[1]. La perception et l'imagination visent tout deux ce qui est, le réel en tant qu'extériorité : ces deux actes de la conscience expriment un « rapport » avec les choses. L'objet de l'imagination, ce n'est pas l'image de Pierre, mais c'est Pierre en image. En quoi ces deux actes diffèrent-ils ?

Pour Sartre, la perception est une conscience comme « ouverture à » et qui « se met en présence » d'une chose hétérogène à elle. La chose se donne comme *étant ce qu'elle est*, c'est-à-dire comme extériorité. L'objet s'observe toujours d'une certaine façon ou d'un point de vue, et dès lors ne se manifeste que dans une série de profils. Entre la conscience et l'objet un écart et décalage résident. L'objet, c'est de *l'être* qui reste par définition à distance du *non-être* qu'est la conscience et il ne se laisse appréhender que par l'accumulation des différentes manières de le saisir. « On doit apprendre les objets, c'est-à-dire multiplier sur eux les point de vue possibles[2]. » Pour la conscience, l'objet s'offre au savoir comme une synthèse de ces « prises de vue ». Mais du fait de son extériorité, l'objet s'impose comme présence qui déborde cette appréhension. Le réel me sollicite et incite la conscience à l'explorer. Un savoir se forme lentement. Puisqu'il est hétérogène à l'acte intentionnel, l'objet peut toujours me surprendre par un détail insoupçonné. Par essence il résiste à toute appréhension totalitaire. Voilà ce qui en fait toute la richesse.

En revanche, dans l'image « le savoir est immédiat[3] ». Il est d'emblée impliqué dans l'acte même qui accouche de l'image. Celle-ci « ne contient

---

1 « Toute conscience est conscience *de* quelque chose. La conscience irréfléchie vise des objets hétérogènes à la conscience… » (*L'imaginaire, op. cit.*, p. 30).

2 *Ibidem*, p. 23.

3 *Ibidem*, p. 25.

donc jamais rien de plus que ce que j'y ai mis », elle se *donne d'un bloc à l'intuition*[1] et ne déborde jamais l'acte qui l'a fait naître. En image, l'objet visé ne m'apprend rien que je ne sache déjà. L'image est en ce sens « pauvre » : par elle, l'objet manque de toute extériorité vis-à-vis de la conscience imageante et ne me surprendra jamais comme venant « du dehors ». En général, je ne me trompe jamais au niveau des images (genre : « dans l'image j'ai confondu Pierre avec Paul »)[2].

Dans le cas d'un acte de perception, l'acte synthétique est le résultat de mon apprentissage de et de mon initiation à l'objet. Il assemble en un tout les différentes façons qu'a l'objet de se manifester. Mais dans le cas de l'image, cet acte synthétique devance l'apparaître : c'est lui qui crée l'objet. La conscience *se donne* Vincent, François, Paul et les autres par un acte contractant savoirs, intentions et représentations[3]. Cet acte synthétique est constitutif de l'image, alors que dans la perception, il est un aboutissement.

Autrement dit, la conscience ne cherche plus à se mettre en présence avec un être, ne cherche pas à se laisser solliciter ni séduire par ce qui est en face d'elle : *elle tente de créer elle-même une présence.* Par l'image, elle tâche de contraindre le réel à offrir l'objet convoité à son appréhension. La conscience imageante se rapporte donc à l'objet par la voie d'une image qui est de la même nature qu'elle. Et cette image reste immanente à l'acte par lequel elle est produite. L'objet n'obtient dès lors qu'une présence d'emprunt, et perd son extériorité et indépendance.

Perception et imagination sont donc *par essence* incompatibles[4] : l'un pose un être, l'autre pose un néant. Dans la perception, la conscience pose l'objet comme existant. Or, l'acte imageant pose l'objet en image, c'est-à-dire comme inexistant ou néant d'être. Ce qui veut dire que

---

1   *Ibidem*, p. 27.
2   Ou dans un exemple célèbre de Wittgenstein : il est absurde de demander à celui qui se représente le *King's College* en feu : « comment sais-tu qu'il s'agit bien du King's College ? » (*The Blue & the Brown Book*, Basil Blackwell, Oxford, 1958, p. 39).
3   « Produire en moi la conscience imageante de Pierre, c'est faire une synthèse intentionnelle qui ramasse en elle une foule de moments passés, qui affirme l'identité de Pierre à travers ses diverses apparitions et qui se donne cet objet identique sous un certain aspect (de profil, de trois quart, en pied, en buste, … etc.) » (*L'imaginaire, op. cit.*, p. 34).
4   En termes sartriens : « l'image et la perception, loin d'être deux facteurs psychiques élémentaires de qualité semblable et qui entreraient simplement dans des combinaisons différentes, représentent les deux grandes attitudes irréductibles de la conscience. Il s'ensuit qu'elles s'excluent l'une l'autre. » (*Ibidem*, p. 231).

toute conscience pose son objet, « mais chacune à sa manière[1] ». Viser Pierre en image, c'est le poser d'une façon telle que par définition, ma conscience ne le « voit » pas. L'objet de ma conscience imageante est d'office posé comme n'étant pas là.

Puisque toute conscience s'apparaît à elle-même dans une saisie non-thétique de soi, il faut dès lors admettre que la distinction radicale qui sépare la perception de l'imagination se manifeste au cœur même de leurs actes antinomiques. En effet, une conscience perceptive s'apparaît comme passivité, une conscience imageante comme spontanéité. Cette dernière est une espèce « de contrepartie indéfinissable du fait que l'objet se donne comme un néant[2] ». La conscience doit créer l'apparaître de cet objet de toute pièce, et cet apparaître en image n'est rien, sinon l'acte qui le crée.

En définitive, la distinction entre le réel et l'irréel ne dépend donc nullement de la nature de l'objet, ne concerne pas sa qualité d'être, mais elle renvoie à l'acte qui le vise[3]. L'objet réel et l'objet irréel ne peuvent alterner que comme « corrélatifs de consciences radicalement distinctes[4] ». L'objet en image n'est donc rien, il ne s'offre pas à une sorte de contemplation particulière et propre à un genre particulier d'objet (les objets irréels) : c'est cette « contemplation » qui le crée et le maintient artificiellement en vie. Mais cet acte ne le crée pas au-delà du domaine de la perception, comme fait la pensée des « essences universelles » dans le cas du concept[5]. La conscience imageante vise et pose l'objet sur le terrain du sensible.

L'objet est absent, ici et maintenant, où il est ailleurs, ou même pas du tout[6]. Et si je tente de le saisir en image, ce n'est pas pour l'observer secrètement et en toute intimité, mais afin de conjurer cette absence au sein du sensible. L'image tente d'arriver à quelque chose d'intuitif. Elle

---

1   *Ibidem*, p. 32.
2   *Ibidem*, p. 36.
3   Ou, ce qui revient au même : « Les deux mondes, l'imaginaire et le réel, sont constitués par les mêmes objets ; seuls le groupement et l'interprétation de ces objets varient. Ce qui définit le monde imaginaire comme l'univers réel, c'est une attitude de la conscience. » (*Ibidem*, p. 47, *Cf.* aussi plus bas : « il n'y a pas de monde irréel »).
4   *Ibidem*, p. 232.
5   *Ibidem*, p. 32-33.
6   « C'est seulement sur le terrain du sensible que les mots "absent", "loin de moi", peuvent avoir un sens, que le terrain de l'intuition sensible qui se donne comme ne pouvant pas avoir lieu. » (*Ibidem*, p. 33).

cherche à mobiliser tout ce qui est réel et sensible afin d'attirer à soi ce qui n'y apparaît pas. L'objet de la conscience imageante n'est pas du *non intuitif*, mais c'est de « l'intuitif-absent[1] ». Elle conjure la présence de ce qui est afin de se donner ce qui n'y est pas. C'est sur le sensible que l'image pose son néant. De là un semblant d'observation, l'image mime la perception (comme Franconay *mime* Maurice Chevalier...)[2], mais ne crée que des fantômes d'opacité sensible[3].

Bref, l'image vise l'objet dans l'étoffe du sensible, mais son attitude même vis-à-vis de ce bout de réel l'en exclut. Voilà ce qui explique le caractère foncièrement ambigu et équivoque de l'acte imageant ou de l'imaginaire : il veut se donner un être en se formant un néant. Mon image vise Pierre en chair et en os : celui que je puis voir, toucher ou entendre. Mais du fait que je le vise en image, je pose d'emblée que je ne le vois pas, que je ne le touche pas, et que je ne puis l'entendre. Bref, *je pose une manière de ne pas le voir, de ne pas le toucher ou l'entendre*[4]. Par l'image, Pierre se manifeste comme manière de ne pas être présent, là devant moi. En outre, l'acte par lequel ma conscience tente de réaliser l'objet, le détruit en même temps. Toute ma croyance cherche à faire naître l'idée que Pierre existe réellement, à l'évoquer − mais le sens même de cette croyance ne vient que de l'acte qui a posé Pierre absent.

D'une part donc, l'image tente d'atteindre quelque chose d'intuitif, elle cherche à évoquer l'objet. Mais dans cette tentative, elle l'exclut du monde sensible. Elle le pose d'office comme néant. Une fois seul, Swann évoque l'image d'Odette : d'une part il cherche à nier le fait qu'elle est hors d'atteinte. Il veut la sentir en ce moment précis tout près de lui. Mais en même temps, c'est cette tentative même qui l'exclut du réel : et ce réel, il ne vaut plus rien sans elle.

En termes sartriens, l'acte d'une conscience imageante se structure comme ce que l'on a désigné plus haut par une « double néantisation. » Ou, pour reprendre une phrase très précise de Sartre à l'occasion de l'image de Pierre : « La croyance, dans l'image, pose l'intuition, mais ne pose pas Pierre[5] ».

---

1   *Ibidem*, p. 34.
2   *Ibidem*, p. 56 *sq.*
3   *Cf.* l'exemple de le convergence des yeux qui « mime » la proximité de l'objet, au lieu d'en être le résultat (*Ibidem*, p. 261).
4   *Ibidem*, p. 34.
5   *Ibidem*, p. 34.

L'acte d'une conscience imageante est un acte *sui generis*, et n'est donc nullement dérivé d'une perception. Il exige une *attitude globale* face au réel qui anéantit la conscience perceptive et modifie donc radicalement notre conduite face aux choses extérieures. Cet acte vise un objet ou une personne, Pierre, *dans sa corporéité*, et non à vide comme dans le cas d'une conscience de signification. Je veux évoquer sa présence : cet acte est « magique », dira Sartre, au sens où il ressemble à une « incantation destinée à faire apparaître l'objet qu'on désire[1] ». Mais en même temps, l'acte ne pose pas l'objet, mais son absence. Je ne crois pas en la présence réelle de Pierre, mais ne pose que ce qui sur le terrain du sensible est en mesure d'alimenter l'évocation et lui fournir un contenu intuitif. L'acte doit le viser à travers un *contenu déjà constitué* mais privé de son sens propre, c'est-à-dire, dont le sens est détourné vers un irréel. Ce contenu ou le « représentant » est dès lors transcendant à l'acte imageant, vu que celui-ci le ramasse, c'est-à-dire l'intègre sans le constituer, et l'investit de son élan irréalisant. « Mais transcendance ne veut pas dire extériorité[2] » : une fois l'image anéantie, ce contenu s'évanouit. L'acte imageant le dépouille de sa consistance réelle, l'affecte de son irréalisation en le réduisant à un « analogon ». « Double néantisation » signifie donc que d'une part, ce qui est réel est irréalisé : l'intuitif n'est pas étouffé, mais il est dessaisi de son pouvoir propre de manifester le réel. D'autre part, l'objet visé en image est posé comme néant d'être, c'est-à-dire donné comme *absent* et comme manque au sein du réel. Du fait de cette double néantisation, je perçois « directement » « l'absentéisme de Pierre ». Celui-ci constitue la « structure essentielle de mon image », dit Sartre, « une nuance qui le colore tout entier[3] ».

L'OBJET IRRÉEL

L'image inclut donc une dynamique qui pousse la conscience *vers une irréalisation de plus en plus globale*, et la resserre en une sorte d'immanence.

---

1   *Ibidem*, p. 239.
2   *Ibidem*, p. 110.
3   *Ibidem*, p. 243.

L'extériorité du réel se détériore en une transcendance[1]. Et cette tendance irréalisante se radicalise quant à l'objet visé, puisque celui-ci reste strictement immanent à l'acte imageant. Le réel est neutralisé et néantisé au profit d'une présence magique dont l'existence ne transcende même plus l'acte qui le vise.

Il est vrai, nous dit Sartre, que la néantisation n'est pas arbitraire, puisqu'elle est ancrée à un point de vue. Le dépassement ne s'opère pas de n'importe quelle façon, mais elle reste motivée par une conscience qui pose l'absence de tel objet concret. L'imagination est « en-situation-dans-le-monde[2] ». Mais en même temps elle pose ce monde comme unité ou totalité synthétique *en marge* duquel l'objet imagé est constitué et posé. Le monde est donc posé en bloc et il est tenu à distance, « en un mot nié[3] ». Le monde comme unité de rapports infini entre objets *n'agit plus sur la conscience*. Toute différentiation, jusque-là interne aux choses (par exemple spatiales, temporelles ou qualitatives), est soustraite au réel pour s'affirmer comme fissure qui sépare ce réel de l'irréel, c'est-à-dire qui sépare l'être du néant. Ce qui veut dire que par ce procès d'imagination, le réel en tant que tel s'obscurcit progressivement et se rétracte en *un tout dédifférencié[4]*.

Cette « néantisation » du monde se traduit au niveau de l'objet irréel dans sa manière totalitaire de se présentifier. Il n'apparaît plus d'un point de vue situé dans le monde : je tente de me représenter Pierre tout court, comme il est en soi, et non pas vu sous un angle particulier. Il y a tout au plus « l'ébauche d'un point de vue » (« Pierre à 5 heures ») qui s'évanouit aussitôt l'objet évoqué[5]. Ce qui ne veut pas dire que Pierre m'apparaît de façon abstraite et sans précision spatiale ou temporelle. Seulement celles-ci sont aussi irréelles que lui. L'acte imageant les évoque en même temps que l'objet, comme qualité immanentes à son image et en constituant son étoffe. Ce point me paraît d'une importance capitale. Je tente de l'éclaircir.

---

1   Pour un exemple de « confusion entre transcendance et extériorité », *cf. L'imaginaire, op. cit.*, p. 204-205.

2   *Ibidem*, p. 355.

3   *Ibidem*, p. 352.

4   De là les deux tendances fondamentales de la conscience imageante : l'immanence pure du rêve, versus une transcendance pure de la pathologie.

5   Ainsi, un objet irréel peut condenser plusieurs point de vues à la fois ; vu du dedans et du dehors, de divers profils, contenant des détails incompatibles, etc. Ce qui offre à l'image son caractère parfois « louche », un « semblant d'opacité » (*L'imaginaire, op. cit.*, p. 254).

Sur le terrain de la perception, l'objet est rigoureusement indivi-dualisé. Il a sa place bien déterminée et en équilibre avec le milieu. Il ne peut, en d'autres termes, apparaître en différents lieux à la fois ou en même temps. Dès lors, ancré à chaque instant à un site déterminé, il réclame une multiplicité de point de vues et d'approches afin d'être connu et exploré. Il me faut prendre distance, adopter diverses conduites, le contourner, m'orienter face à lui afin d'alimenter et de satisfaire mon « savoir ». C'est l'objet qui sollicite mon attention, c'est lui qui en ce sens apparaît comme « agissant ». De mon point de vue, il résulte être la totalité ou la synthèse ouverte de ces multiples approches. « Ouverte », puisque l'objet lui-même, « installé » dans son milieu, semble chercher à « se compléter ». Or, dans le cas d'une conscience imageante, l'objet ne tend nullement à se compléter, vu que l'acte qui l'évoque le donne tout d'un coup. Le savoir est ici à l'origine de l'apparaître et d'emblée homogène à l'acte qui le fait naître. L'acte imageant se donne dès lors à la fois comme sensible et savoir. Par conséquent, la conduite ne réagit pas à l'appel ou à la sollicitation venant de l'objet. Dans l'imaginaire, cette conduite constitue l'objet qui reste lui-même « inagissant » (puisque posé comme irréel). Tout au plus l'imaginaire *joue-t-il* la réceptivité. Comme par *inversion* du rapport propre au registre du perceptif, ma conscience ne réagit plus à une présence réelle, mais agit et s'épuise afin d'en évoquer une irréelle. Et puisque le savoir est ici contemporain de l'apparaître, la conscience imageante constitue l'objet comme quelque chose d'arrêté, dont les ressources sont épuisées d'entrée de jeu. Une fois posé, il est impossible d'y ajouter quelque chose, de faire des retouches, voire d'en subir l'effet, ou d'en prendre distance et d'en admirer les contours. Il faudrait en effet une part de « passivité et d'ignorance » dans pareille contemplation[1], contraires à la nature même de l'acte imageant.

L'objet irréel est finalement un absolu qui, en corrélation avec la concentration de la diversité des éléments noétiques qui le constitue[2], contient dès son apparaître tout ce qui sur le terrain de la perception individualise l'objet, c'est-à-dire les qualités liées à la localisation spatiale et temporelle. L'objet irréel a incorporé les profils, le point de vue, les dis-tance, etc., et qui du fait de leur constitution irréalisante, sont tous portés

---

1   « Il faudrait qu'à un moment nous puissions cesser de produire cette forme synthétique
      pour constater le résultat » (*Ibidem*, p. 257).
2   C'est-à-dire, savoir, kinesthèses et affectivité.

à l'absolu[1]. L'objet irréel est donc l'aboutissement, le point ultime d'une conscience synthétique, et non son amorce. Il contient comme qualités absolues (*i.e.* non relatives à un point de vue[2]) et « totalité indivisible » ce qui dans la réalité constitue un monde. C'est pourquoi l'irréel en tant que tel ne constitue pas un monde à part entière. L'objet irréel n'est pas individué, il est la synthèse totalisée de quelques qualités spatiales et temporelles portées à l'absolu. Étant affranchi des contraintes spatiales et temporelles qui déterminent l'apparaître dans un monde, l'objet irréel se présente « sans aucune solidarité avec aucun autre objet[3] ». Autrement dit, chaque objet irréel apporte avec lui son temps et son espace[4]. Cela signifie aussi que pour Sartre, *il n'y pas de monde irréel*. Au contraire, l'irréel est un non-être exclu de ce qui forme un monde. Fuir dans l'irréel, ne signifie donc pas se retrancher ou se cloîtrer dans un paradis artificiel, mais signifie avant tout *fuir devant les contraintes du monde* réel et devant les conduites que le réel exige de nous. Les objets irréels, pour résumer avec Sartre « se donnent toujours comme des totalités indivisibles, des absolus. Ambigus, pauvres, secs en même temps, apparaissant et disparaissant par saccades, ils se donnent comme un perpétuel "ailleurs", comme une évasion perpétuelle. Mais l'évasion à laquelle ils invitent n'est pas seulement celle qui nous ferait fuir notre condition actuelle, nos préoccupations, nos ennuis ; ils nous offrent d'échapper à toute contrainte de monde, ils semblent se présenter comme une négation de la condition d'être dans le monde, comme un antimonde[5] ».

---

1   « Ces qualités (grandeur et distance) n'apparaîtront plus comme des relations de Pierre avec d'autres objets : elles sont intériorisées : la distance absolue, la grandeur absolue sont devenues des caractéristiques intrinsèques de l'objet… » (*L'imaginaire, op. cit.*, p. 245-246).

2   Ou il s'agit d'un point de vue porté à l'absolu : l'objet en image n'est pas petit à cause d'une comparaison externe, elle porte sa petitesse intériorisée. (*Ibidem*, p. 246).

3   *Ibidem*, p. 260.

4   Par exemple, la chambre de Pierre en image, est posée à partir de Pierre, modifiant radicalement un rapport externe de contiguïté en « un rapport interne d'appartenance » (*Ibidem*, p. 248).

5   *Ibidem*, p. 260-261.

LE TEMPS IRRÉEL

Ce qui vaut pour le monde, vaut dès lors pour notre manière de nous y rapporter. Je peux en effet poser un avenir irréel afin d'échapper au sort réel qui m'attend. En ce cas, j'irréalise le temps en isolant une de ses extases. Mais il y a aussi une forme d'irréalisation qui concerne le temps en tant que tel : il s'agit de la modification radicale que subit la durée dans la conscience imageante, dont je rappelle que la condition est de « poser une thèse d'irréalité ».

Mais d'abord, qu'est-ce le « temps réel » ? Dans le contexte de l'imaginaire, on pourrait le décrire comme synthèse spontanée de la diversité des actes, des sentiments ou affects et des données sensibles que la conscience déploie durant la perception d'un objet réel. Le temps est corrélatif à notre appréhension des choses. Celles-ci ne se donnent jamais d'un coup, et exigent une approche toujours adaptée aux profils qui s'offrent au regard. Ainsi, les choses imposent leur loi : elles nous font attendre, elles retardent notre action ou nos décisions. Qu'il s'agisse d'un acte de perception ou d'une activité plus globale, il faut apprendre à saisir l'occasion, intervenir le moment opportun, attendre que « le sucre fonde[1] ». Bref, agir dans et selon l'efficacité des choses-mêmes et se soumettre à, ou profiter de leur ordre.

Dans ce rapport aux choses et aux événements qui les guettent, l'avenir peut surgir comme un possible dont le sens se développe en accord avec ma perception ou l'action présente. L'avenir ne fait que développer la réalité d'une situation globale amorcée par un geste ou l'autre ou par un événement. J'anticipe sur ce qui va arriver, je m'y prépare en tentant de me représenter l'évolution à l'intérieur de, et propre à, la situation présente. L'avenir n'est que le développement réel de la situation. Et ma prévision reste réelle au sens où elle continue de réaliser la situation en la prévoyant[2]. Le passé, en revanche, n'est pas une irréalisation du présent. En passant, le réel ne sombre pas dans l'irréel : il reste aussi

---

1   Le réel se manifeste par la résistance qu'elle impose à la conscience : « il faut entendre par là qu'elle occupe une position rigoureusement définie dans le temps et dans l'espace : c'est le principe d'individuation », *Ibidem*, p. 129.
2   *Ibidem*, p. 350.

réel, mais inactif (comme dirait Bergson). Le présent subit « une mise à la retraite », dit Sartre. Bref, « toute existence réelle se donne avec des structures présentes, passées et futures, donc le passé et l'avenir en tant que structures essentielles du réel sont également réels, c'est-à-dire corrélatif d'une thèse réalisante[1] ». En revanche, si la conscience imageante tente de poser par exemple tel avenir pour lui-même, elle n'y arrive qu'en le « détachant du présent dont il constituait le sens[2] ». Cette conscience se le donne comme absent ou néant. Si, impatient de voir Pierre, je tente à chaque instant de me représenter comment il réagira lors de notre rencontre, je pose l'événement futur pour lui-même en « le coupant de toute réalité ». Je l'anéantis ou le présentifie comme néant. Et plus je tente de le saisir par l'image, plus je me heurte au présent qui me paraît peu à peu comme insoutenable. Il se désarticule, ne se déploie plus, mais apparaît comme un bloc incontournable : un obstacle. C'est parce que le réel lui-même perd ses nuances et sa coloration propre, qu'il se déréalise face à l'avenir irréel.

La conscience imageante, en projetant l'avenir au-delà du rapport aux choses présentes, démembre le temps et l'écoulement de la durée. C'est en ce sens qu'on pourrait dire, comme Bergson, que le temps est ce qui empêche que tout soit donné d'un coup. Le réel impose son rythme, exige patience et constance. Or, comme on l'a vu, dans la conscience imageante, l'objet irréel apparaît d'un seul coup, ou pas du tout. Il n'attend pas d'apparaître et ne précède jamais l'intention. Il suffit d'y penser et il est là, mais comme néant : il ne nous surprend pas une seconde.

Poser un objet irréel, par exemple l'image d'un événement futur, c'est donc le déraciner du monde présent, si bien que du même coup je l'arrache au temps réel en tant que tel. L'objet irréel ne complète pas l'écoulement réel de mon appréhension des choses, il ne remplit pas des lacunes, mais il les crée. Au lieu de laisser à l'objet l'initiative de s'offrir au regard, je cherche à me l'offrir d'un coup stoppé net en le posant comme néant. Outre les profils et déterminations spatiales, c'est le temps même qui est injecté en lui comme qualité absolue. L'objet irréel ne dure que le temps que l'acte imageant a consenti d'intégrer en lui, pas une seconde de plus. Le temps irréel est une qualité de l'objet

---

1   *Ibidem.*
2   *Ibidem.*

posé comme néant : il est sans parties, et ne se compte pas ni ne se laisse mesurer[1]. Ce temps fait partie de son étoffe irréelle. L'objet irréel ne s'écoule donc pas dans un temps irréel : *il absorbe toute détermination temporelle et en modifie radicalement le sens même.*

C'est ce que suggère fermement Sartre lorsqu'il affirme que la durée de l'objet imagé subi « une altération radicale dans sa structure[2] », et qui s'apparente à celle qui, selon Bergson, transforme la durée en un temps bâtard ou spatialisé. Une action irréelle est faite d'instants sans durée.

Le temps réel, on l'a vu, est corrélatif au savoir que la conscience accumule dans sa saisie d'un objet réel. Il faut du temps pour le connaître. Or, dans l'évocation irréelle, où le savoir précède à la constitution de l'objet, il en détermine strictement l'apparaître. Ainsi, renversant l'écoulement naturel, la conscience imageante inverse la chronologie des instants antérieurs et postérieurs. En s'imaginant une scène, elle pose d'emblée le geste ou l'événement à réaliser « comme commandant les instant antérieurs ». Contrairement au temps réel, l'évènement n'est plus l'issue de moments déjà écoulés, il en devient pour ainsi la « cause finale ». Tout est déjà fait, seul reste à reproduire l'antérieur. L'événement à reproduire détermine à rebours le passé dont, en réalité, il aurait été issu.

La durée irréelle est donc une durée tronquée et construite de toute pièce. Ce temps ne partage plus rien avec le temps de la perception. Il ne s'écoule pas, il n'a rien d'indéterminé et « il peut à volonté se déployer ou se contracter en demeurant le même, il n'est pas irréversible. C'est une ombre de temps, qui convient bien à cette ombre d'objet, avec son ombre d'espace[3] ». D'ailleurs, comment pourrait-il s'écouler, vu qu'il est démuni de toute passivité : rien de réel ne sustente ni ne sollicite l'attention de la conscience. Aussi, le sensible ne colle plus sur l'objet appréhendé, il est amputé d'un contact réel au profit de l'acte irréalisant. Il faut qu'il s'y laisse résorber avec docilité et en tant qu'analogon. Ce qui reste de sensible est irréalisé, néantisé par un acte qui, pour sa part,

---

1   « On ne saurait expliciter et compter les instants d'une action irréelle. Il s'agit plutôt d'une conscience vague d'écoulement et d'un coefficient de durée projeté sur l'objet comme une propriété absolue » (*L'imaginaire, op. cit.*, p. 252). Cette réflexion met à mal la théorie de l'image associationiste comme celle défendue par H. Taine. *Cf.* l'exemple que donne Taine à propos de la durée d'une illusion (« L'illusion persista deux minutes… »), *De l'intelligence*, 18e édition, Paris, Hachette, 1938, Tome I, p. 93.

2   *L'imaginaire, op. cit.*, p. 252-253.

3   *Ibidem*, p. 253.

ne rencontre plus rien de sensible ou de réel. Il est vidé de sa substance et comprimé dans une conscience qui se donne tout d'un coup, en un instant, même la durée. Ce qui reste, c'est un présent sans chair. On le traverse sans le vivre. Il lui manque la plénitude de la souffrance et de la joie réelles.

Voilà ce qui explique en substance le décalage décrit tout à l'heure entre l'instant réel et la durée irréelle qu'elle a amorcée. Le sensible était d'emblée irréel, au sens où il était neutralisé par un acte imageant. Et il a « donné naissance » a un acte qui lui s'est affranchi de la continuité intentionnelle consacrée au réel, bref de la durée. Cet instant projette une durée dans la scène imaginée comme qualité intrinsèque. La conscience ne subit pas passivement la suite des événements, comme au cinéma, elle les crée par un acte *qui donne tout d'une fois*, tant cet acte contient en lui la pluralité d'actes noétiques censés se rapporter à un monde (savoir, affection, etc.). Sartre rejette la théorie associationiste selon laquelle il existerait par exemple une différence objective et mesurable entre la durée réelle et l'irréelle. L'une allant « plus vite que l'autre ». Mais il n'y a tout simplement pas de rapport du tout, surtout pas temporel, vu qu'une scène irréelle est par essence sans attaches avec le moi réel[1].

Alors, comment interpréter le phénomène de Maury ? Un rêve fort court fait naître un drame onirique qui peut occuper plusieurs heures, journées, voire plusieurs années. Entre la conscience qui rêve et le drame rêvé, il y a comme un décalage horaire. Mais le soi-disant problème du rapport entre deux durées surgit du fait qu'on se représente le rêve comme une suite d'images. On se dit dès lors que, vu le temps réel de leur apparition, leur succession a dû être plus rapide qu'en temps réel. Or, une image est une conscience. La richesse et la durée de l'événement sont le corrélatif de la richesse des actes impliqués dans sa constitution irréelle. L'idée d'une durée fort longue est, selon Sartre, le strict corrélatif d'un acte de croyance intégré dans l'instant de la conscience irréalisante : « je crois que ces scènes tronquées se soudent les unes aux autres en un tout cohérent [...] Ainsi la durée de l'objet en image est le corrélatif transcendant d'un acte positionnel spécial et participe, en conséquence, de l'irréalité de l'objet[2] ».

---

1   *Ibidem.*
2   *Ibidem*, p. 251.

Dans ce qu'il dit, Sartre suggère finalement que la conscience qui donne naissance à une durée irréelle ne « dure » pas un instant elle-même[1]. Cette conscience ne s'affirme et ne subsiste que dans la mesure où elle s'isole de ce qui dure réellement. La conscience imageante ne s'affirme que désencombrée des contraintes de la volonté et des phénomènes dans le monde. Elle est comme une « force » pure et spontanée qui se libère et qui ne crée que du néant.

Sartre parle d'une spontanéité pré-volontaire, du fait d'un écart structurel qui existe entre ce jaillissement inconditionné et la conscience enlisée dans le monde réel. Le moi, ainsi qu'on l'a déjà remarqué plus haut, n'est lui-même ni maître ni possesseur de cette conscience pure, il n'en est qu'un produit, une détérioration semblable à celle que subit la conscience en constituant un « objet irréel[2] ». Sa propre volonté n'est elle-même qu'un « objet qui se constitue pour et par cette spontanéité[3] » : elle reste parfois désarmée face à cette « spontanéité qui échappe à notre contrôle ». Et même si le dépassement produit par une conscience imageante n'est pas arbitraire, mais prend son essor dans un point de vue (puisque l'image est « le monde nié d'un certain point de vue »)[4], il repose sur une conscience qui finalement dépasse parfois le moi qui cherche à se l'approprier[5]. C'est dans ce contexte que Sartre parle aussi des « spasmes de la conscience », d'une spontanéité qui se libère, d'une libération de consciences latérales, marginales et corrélatives d'une conscience impersonnelle et qui perforent les formes supérieures d'intégration psychique, c'est-à-dire le moi[6].

---

1   Le problème du rêve est celui d'une conscience captivée, d'une immanence aboutie : l'instant étendu, mais qui reste sans durée. La conscience par soubresauts spontanés se laisse envoûter par ses propres images, elle produit cet envoûtement.

2   « Il s'ensuit que la conscience projette sa propre spontanéité dans l'objet Ego pour lui conférer le pouvoir créateur qui lui est absolument nécessaire. Seulement cette spontanéité, représentée et hypostasiée dans un objet, devient une spontanéité bâtarde et dégradée, qui conserve magiquement sa puissance créatrice tout en devenant passive » (Ibidem, p. 63-64).

3   Ibidem, p. 79.

4   Ibidem, p. 354.

5   Car dans les cas de la conscience imageante, plus rien de positif ou de présent du côté de l'objet « ne vient compenser cette qualité de néant » qui caractérise tout l'acte même : elle surgit « à cause de rien ».

6   L'imaginaire, op. cit., p. 305. Sur la « pathologie de l'imagination », cf. p. 285 sq.

CRÉATION CONTINUÉE

On a vu que le temps d'un objet irréel est lui-même irréel. Sa durée est incorporée dans l'objet à titre de qualité portée à l'absolu. Mais qu'en est-il du temps de l'acte lui-même ? Cette conscience, on l'a vu, donne son objet d'un seul jet. Il ne se développe pas, ne mûrit pas au fond de l'esprit. Tout au plus (comme dans le rêve) reprend-il le contenu de l'acte précédent dans un même acte clair et distinct. L'objet irréel se constitue comme en un éclair, ou par saccades de consciences disjointes, intermittentes et à chaque fois instantanées.

On a vu que la nature même de la conscience imageante repose sur une inversion du rapport entre la conscience et l'objet visé. L'acte qui pose l'objet comme néant n'est plus approvisionné par l'objet qu'il vise (c'est-à-dire, « son savoir précède l'apparaître »). En outre, en tant qu'elle porte une thèse d'irréalité, la conscience imageante s'affranchit de l'étreinte de l'intentionnalité perceptive et de la durée qui en représente la structure interne. C'est dès lors la raison pour laquelle l'image est une conscience qui ne s'affirme qu'en s'isolant de la conscience « réalisante », et qui transperce sa durée d'une spontanéité inconditionnée, incontrôlable et irrécupérable. Elle s'épuise et se détruit en même temps qu'elle surgit. Cette spontanéité, isolée de et arrachée à la durée ou au temps réel, jaillit comme *instant pur*.

Mais contrairement à la thèse bergsonienne, cet instant-ci n'est pas l'éclat d'une durée plus profonde. Ici aussi, dans cette chute de l'acte intentionnel en imaginaire, le temps subit une altération radicale en sa structure, une inversion du rapport entre instant et durée. Dans l'acte de la conscience imageante, ce n'est pas l'instant qui dure secrètement, c'est la durée qui reste instantanée. Elle ne déborde plus l'image, et s'évanouit en même temps qu'elle. Toute durée reste solidaire et inhérente à l'acte irréalisant, et ne se laisse pas résorber dans la durée de notre conscience « réalisante ». Cette durée n'est qu'une éruption non résorbable. Elle ne « passe » pas dans le cours du temps réel, elle disparaît hors de lui et en marge de l'écoulement de notre vie psychique. C'est donc *cet instant absolu*, que rien ne précède sur son propre domaine, qui crée une durée imaginaire et inhérente à l'objet visé en image. Cet instant, du fait de son caractère absolu, c'est-à-dire affranchi de toute temporalisation réelle, est *l'absence de toute durée*. Il est en tant qu'acte *une antidurée* corrélatif à *l'antimonde* des images. Or, paradoxalement, cette antidurée est peut-être dans son effervescence instantanée, pré-volontaire et impersonnelle ce qu'on pourrait appeler « un peu de temps à l'état pur ». Un temps comme un éclair, non lié à un écoulement, sans passé ni avenir, et qui dans un acte comprimé crée *à chaque fois* et *ex nihilo* un objet qui lui-même n'est que du vide ou du néant.

Dans la quatrième Méditation, consacrée à la problématique du vrai et du faux, Descartes explique qu'en tant qu'être humain « je suis comme un milieu entre Dieu et le néant, c'est-à-dire placé de cette sorte entre le souverain être et le non-être[1] ». Ce n'est qu'en tant que je participe au néant que je me trompe et bascule dans le faux. Or, si je dispose en moi des facultés pour m'abstenir du faux, et de vivre dans le vrai, il me manque la force pour me maintenir dans l'être. C'est pourquoi, selon Descartes, mon être et ma pensée doivent être conservés par une création continuée.

> Et encore que je puisse supposer que peut-être j'ai toujours été comme je suis maintenant, je ne saurais pas pour cela éviter la force de ce raisonnement, et ne laisse pas de connaître qu'il est nécessaire que Dieu soit l'auteur de mon existence. Car tout le temps de ma vie peut être divisé en une infinité de parties, chacune des desquelles ne dépend en aucune façon des autres ; et ainsi de ce qu'un peu auparavant j'ai été, il ne s'ensuit pas que je doive maintenant être, se ce n'est qu'en ce moment quelque cause me produise et me crée, pour ainsi dire, derechef, c'est-à-dire me conserve[2].

Cette théorie affirme que l'être ne dispose pas du pouvoir de persévérer dans sa propre existence. Cette idée de la *création continuée* a fortement influencé certains auteurs et religieux du XVIIe ; comme chez St Cyran, il est à l'origine d'un sentiment d'angoisse à l'idée de disparaître à chaque instant dans le néant et de dépendre d'un Dieu qui « répare inlassablement en l'être créé son incapacité à continuer d'être[3] ». C'est aussi l'être ou l'univers entier qui risque à chaque instant de sombrer dans le néant[4]. Dans le *Discours de la méthode*, Descartes affirme à propos

1   R. Descartes, AT, IX, p. 43.
2   AT, IX, p. 38-39.
3   G. Poulet, *Études sur le temps humain 4, Mesure de l'instant, op. cit.*, p. 34.
4   J. Wahl, *Du rôle de l'idée de l'instant dans le philosophie de Descartes*, Paris, Alcan, 1920.

de Dieu, que si les choses matérielles devaient s'avérer exister, « leur être devait dépendre de sa puissance, en telle sorte qu'elles ne pouvaient subsister sans lui un seul moment[1] ».

À l'être créé, qui comme dirait Fénelon, porte la « marque du néant d'où il est tiré, et où il peut retomber à toute heure[2] », à cet être donc, il manque la force de persévérer et de durer dans l'être. Seule une création censée reprendre en entier et de façon absolue la totalité du créé est en mesure de soustraire l'univers au néant. Et pour Descartes, l'univers et ses vérités ne subissent à chaque création aucune altération, puisque Dieu et sa volonté sont eux-mêmes immuables. « Dieu est la cause de toutes les choses créées, non seulement en ce qui dépend de leur production, mais même en ce qui concerne leur conservation ou leur durée dans l'être. C'est pourquoi il doit toujours agir sur son effet d'une même façon pour le conserver dans le premier être qu'il lui a donné[3] ».

La création continuée nous sauve à chaque instant du néant par une création qui elle-même est pure et instantanée (sans retouches…). Elle reste hors du temps ; sans cela, elle devrait à son tour être créée et maintenue (voire « entretenue »). De ce point de vue cartésien, nous sommes vis-à-vis de Dieu ce que les objets irréels sont vis-à-vis de notre conscience imageante. Il n'y a aucune extériorité entre Dieu et sa création, aucun décalage, tout au plus une « transcendance ». C'est pourquoi les choses risquent de disparaître à l'instant même que son acte les a créées.

Mais pour Sartre, l'être humain n'est pas Dieu. Il n'est pas un être, mais du néant. Ce qu'il crée, il doit avant tout le dérober à l'être, et poser du non-être. L'imaginaire sartrien dégage de l'être des bouffées de néant grâce auxquelles il creuse un relief dans sa massivité. En ce sens, l'imaginaire est en effet peut-être la source de cette passion inutile qu'est l'existence humaine. L'imagination, quoique créatrice, ne divinise pas l'homme, mais elle néantise l'être. Elle est une décompression, une implosion du temps en un instant pur parce que vide.

---

1   « En effet c'est une chose bien claire et bien évidente (à tous ceux qui considéreront avec attention la nature du temps), qu'une substance pour être conservée dans tous les moments qu'elle dure a besoin du même pouvoir et de la même action, qui serait nécessaire pour la produire et la créer de nouveau, si elle n'était point encore » AT, IX, p. 39. *Cf. Réponses I* (*cùmque nullam in se invenit potentiam, quae suffocat ad ipsum vel per momentum temporis conservandum, merito concludit se esse ab alio*, AT VII, p. 111).

2   Cité par H. Michon, *L'ordre du cœur, Philosophie, théologie et mystique dans les « Pensées » de Pascal*, Paris, Champion Classiques, 2007, p. 110.

3   AT, IX, p. 369.

Ainsi, la vie et sa durée sont trouées d'instants. Tout déploiement psychique est habité de tensions entre volonté et spontanéité, entre durée et instant, entre le moi et la conscience pure, bref entre ces deux « attitudes fondamentales » que sont la perception et l'imagination. Comme je l'ai dit à l'instant : l'une pose l'être, l'autre le néant.

CONCLUSION

La question de l'irréalisation du temps s'empare donc, si je puis dire, aussi bien du versant noétique que noématique de l'acte imageant. En ce qui concerne l'acte, son « temps » est celui d'un instant, non pas en raison de son caractère furtif, mais du fait de son isolement vis-à-vis de la durée réelle ou de la *temporalisation* de la conscience « réalisante ». Il est un événement absolu, qui fait irruption peu importe quand et peu importe ce qui le précède. Il est en un sens sans origine, *anarchique*, sans passé et sans promesse de continuité ou d'avenir au-delà de sa propre spontanéité.

Cet acte déchire la continuité de la durée réelle et la perfore de sa spontanéité incompatible et inassimilable. En ce sens, il ne laisse pas de trace et dès lors il ne s'efface pas non plus. Ses saccades qui distraient et bousculent l'esprit, sont comme des petites crampes qui contractent en un jet savoir, mémoire, affect, etc. L'acte imageant suppose une condensation extrême, mais en se comprimant, aussitôt il se consume.

Cela implique que les objets irréels, issus d'une conscience latérale et absolue, restent eux-mêmes *atemporels*. L'image, qui contient son temps comme qualité absolue, ne prend plus une ride alors que moi je vieillis. Quelque part, Swann garde intacte et inentamée en lui l'image d'Odette telle que son désir l'avait autrefois forgée. Cette image, d'ores et déjà arrêtée et ne se complétant plus dès l'origine, cette image a gardé toute la fraîcheur de la froide momie qu'elle était.

Du reste, avec l'âge, notre esprit semble de plus en plus hanté par ces reflets sans vie ni profondeur. Seuls vestiges de nos anciennes effervescences, ce sont elles qui creusent encore ici et là des petits trous de néant et distraient un esprit fatigué et affaibli du silence assourdissant de l'être.

PASSIONS IMAGINAIRES

Violence et sentimentalisme

IMAGINATION ET INVERSION

Pascal, à l'instar d'un grand nombre de ses contemporains, se plaint des fourbes vertus qu'a l'imagination à corrompre notre rapport au vrai. Elle « grossit, dit-il, les petits objets jusqu'à en remplir notre âme par une estimation fantasque et par une insolence téméraire elle amoindrit les grandes jusqu'à sa mesure, comme en parlant de Dieu[1] ». Car l'imagination se plaît à inverser l'ordre des choses et celui des valeurs qui gouvernent le monde. Et, comme le suggère Pascal, en ce que « les hommes prennent souvent leur imagination pour leur cœur », cette même inversion concerne de près nos émotions ou nos passions.

Une passion me fait en effet apparaître l'objet comme affecté d'une valeur, d'un prix, d'une importance. En cela, elle « transfigure » l'objet et le rend désirable. Et elle use à cet égard de l'imagination pour évoquer précisément ces qualités-là de l'objet par lesquels l'âme se sent attirée. Une des fonctions de la passion étant en effet de nous rendre l'objet plus grand, plus attrayant ou plus nocif qu'il ne l'est véritablement, elle s'impose en étroite alliance avec l'imagination, elle s'accomplit, comme conduite, en cohérence intrinsèque avec la fonction représentative de l'esprit. Ou comme disait Alain, la passion a pour prétention de changer l'objet, « par un travail intérieur qui est comme une poésie[2] ». Et tout ce travail est indispensable pour accomplir cette inversion et ou cette corruption de nos rapports au vrai. Il modifie et inverse la hiérarchie entre les liens qui nous unissent au vrai et au faux, à l'infini et au fini, à Dieu ou au monde.

---

1 B. Pascal, *Pensées, op. cit.*, fragment 475, p. 752.
2 Alain, *Propos sur le bonheur, op. cit.*, p. 23.

On finit par vénérer et adorer des choses insignifiantes, ou à l'inverse, on abaisse le divin à une image à notre mesure.

Inversion du rapport au vrai par l'imagination, et complicité entre imaginaire et passions : on retrouve, dans un contexte théorique certes fort différent, ces deux éléments dans l'approche sartrienne de l'émotion. Il suffit de se souvenir de la tentative qu'il fait de comprendre la nature de l'émotion comme « transformation du monde » : la conduite émotive, dit-il, n'est pas effective, et n'a pas pour fin d'agir réellement sur l'objet en tant que tel. Elle cherche plutôt à « conférer à l'objet par elle-même et sans le modifier dans sa structure réelle une autre qualité » ou ce qu'il appelle significativement « une moindre existence[1] ». L'émotion se joue, comme une comédie à laquelle on finit par croire, et qui vise une modification de notre rapport au vrai, c'est-à-dire aux exigences du réel. En un sens l'émotion tente avant toute chose de supprimer l'obligation que l'on ressent de répondre de manière adéquate et appropriée aux appels venant du monde. Elle impose une saisie de rapports nouveaux et d'exigences nouvelles : la conscience se transforme pour transformer l'objet.

Autrement dit, la tâche immédiate de l'émotion est de transformer notre appréhension du sens du monde et des choses qui nous affectent. En modifiant notre conduite vis-à-vis du réel, nous cherchons à transformer le monde-même, non plus de manière effective, mais de façon magique. Par les émotions, nous cherchons à conjurer la présence des choses afin d'agir sur le mode-même de leur apparaître : à la lueur de nos humeurs, l'apparition des choses est soumise à cet unique devoir de confirmer et de renforcer nos sentiments. On ne veut pas modifier la structure réelle des choses, mais leur structure phénoménale.

C'est ce qu'illustre bien la description que donne Alain des « mélancoliques ». Ceux-ci, dit-il, ne sont pas tristes parce qu'ils se sentent malades, mais deviennent malades à force de former des pensées tristes. Et ils trouvent toujours des raisons pour se sentir humiliés, contrariés, infortunés ou sans remède. « Ainsi cette agitation des pensées ne sert qu'à rappeler leur attention sur l'état désagréable où la maladie les tient ; et dans le moment où ils argumentent contre eux-mêmes, et sont écrasés par des raisons qu'ils croient avoir d'être tristes, ils ne font plus que remâcher leur tristesse en vrais gourmets[2] ». Les pensées et

---

1   J.-P. Sartre, *Esquisse d'une théorie des émotions*, Paris, Hermann, 1939, p. 42 *sq.*
2   Alain, *op. cit.*, p. 21.

les raisonnements ne servent qu'à faire apparaître un monde entier qui confirme et illustre notre état maladif et à exaspérer nos « peines » : tout le monde est contre moi, rien ne me réussit, je suis un raté, etc. En cela réside ce qu'Alain, on l'a vu, appelait « l'éloquence des passions » : toute une « fantasmagorie triste ou gaie, brillante ou lugubre, que nous déroule l'imagination selon que notre corps est reposé ou fatigué, excité ou déprimé[1] ». Tout est interprété *selon* la tristesse, et celle-ci en est amplifiée : « on dirait un peintre qui peindrait les Furies et qui se ferait peur à lui-même ».

Bien entendu, notre imagination quant à elle ne fait que « gratter au bon endroit », elle agit comme une irritation, une insomnie ou une folie. C'est parce que ma pensée « se scandalise de ne pas dormir quand elle le voudrait » qu'elle s'interdit le pouvoir de dormir. Ainsi, c'est parce que l'imagination ranime perpétuellement les mauvaises pensées qu'elle se condamne à la peine qu'elle cherche à surmonter. La « folle du logis » crée, entretient et exaspère des « maux imaginaires » : ses pensées éloignent la guérison. « C'est l'imaginaire toujours qui est notre ennemi[2] », elle investit un « cercle d'enfer ; mais c'est moi qui suis le diable[3] ».

LES PASSIONS IMAGINAIRES

L'inversion pascalienne, traduite en une version phénoménologique, nous pousse à comprendre, non pas comment l'étroite alliance entre l'imagination et l'émotion nous fait prendre le semblant ou la pure apparence pour la réalité, mais plutôt comment elle nous contraint à transformer le sens même du réel. Mais il y a plus : à mesure que l'émotion se laisse emporter par l'élan imaginaire, elle-même *s'irréalise*. Car l'objet dont mon émotion cherche à transformer le sens et l'apparaître risque lui-même de s'irréaliser. Et cette irréalisation de l'objet impose un bouleversement radical de la nature de l'émotion : elle se fait imaginaire. Qu'est alors une émotion ou passion imaginaire ?

1 *Ibidem*, p. 131.
2 *Ibidem*, p. 44.
3 *Ibidem*, p. 129.

Puisque, pour reprendre les analyses sartriennes à ce sujet, l'image n'est pas une chose mais une conscience, un acte dynamique, comment cette dynamique implique-t-elle l'émotion ? En tant que conscience, l'image est conscience *de* quelque chose. On a vu à l'instant que dans sa manière de viser une chose elle se distingue radicalement de la perception, même fausse : elle vise la chose en image. Et en cela, elle ne *voit* pas des images, elle les forme. À l'instar de la perception, l'imagination vise par essence ce qui n'est pas de l'ordre de la conscience : mais là où la perception vise ce qui se donne comme présence, l'imagination se donne ce qui est absent. Perception et imagination, on l'a vu, forment donc les *deux grandes fonctions de la conscience*, ou ce que Sartre appelait donc les deux grandes « attitudes[1] ». Autrement dit, entre imagination et perception, la différence est de nature. Ce qui reste « d'intuitif » dans l'imagination est entièrement privé de son sens propre. Il n'est plus « perçu », mais « néantisé ». Voilà ce que signifie l'irréalisation : l'évocation imaginaire permet d'éclipser le réel. Autant la conscience perceptive se met en présence de ce qui se donne comme réel, autant la conscience imageante s'efforce de se donner ce qui n'est pas présent (l'irréel). Alors que la perception constitue un « sens du réel », l'imagination constitue celui de l'irréel.

Pour Sartre, l'imagination s'affirme comme fonction à part entière, avec une structure intentionnelle qui se produit par ce qu'on vient de décrire comme une *double néantisation*[2] : d'une part, elle pose un objet en image, c'est-à-dire un irréel, un manque, bref du néant. D'autre part elle néantise (anéantit) le réel ou le perçu, c'est-à-dire modifie le sens de notre conscience des choses. Celles-ci *sont vécues de manière opposée à celle de la perception*, elles sont dépouillées de leur valeur effective et réelle. Tout *notre sens du réel* est modifié *au profit d'une appréhension de l'irréel*. En se pliant vers l'irréel, la conscience modifie sa présence même aux choses : au lieu de saisir leur présence comme telle, elle la dépasse afin de la reprendre comme *fonction* d'une visée imageante qui cherche à *se donner, comme par incantation, un objet absent*. Le réel se voit subordonné à part entière à l'évocation *en image* de cet objet. La conscience imageante se présente alors comme un effort qui monopolise et s'empare de tout ce qui me rapporte au présent (les affects, les kinesthèses, le savoir, etc.) *afin*

---

1   J.-P. Sartre, *L'imaginaire, op. cit.*, p. 214.
2   *Ibidem*, p. 357.

d'arriver à quelque chose d'intuitif. C'est ce que Sartre appelle « l'analogon », qui « remplit la conscience *à la place* d'un autre objet » et qui fait que cette conscience imageante connaisse, en même temps que le néant de l'objet qu'elle vise, « une certaine plénitude[1] ». À travers cet analogon, c'est l'objet lui-même que convoite la conscience. Ce concept d'analogon nous aide à comprendre le sens que pourrait prendre l'idée de passions imaginaires. Car face à une image, il n'est plus possible de dire que nos sensations et nos émotions soient dans une attitude de passivité : elles « ne réagissent » pas à sa présence, mais elles se produisent en tant qu'analogon afin d'évoquer l'objet, et de conjurer son absence et manque de vie. Ce passage à l'irréel modifie donc la nature des passions : l'objet visé étant irréel, et absent, il ne saurait avoir la force de produire en nous quelques sentiments. *Il n'agit pas.* De là, le sens qu'il faut attribuer à l'idée suggérée à l'instant d'une inversion radicale de nos rapports au réel : au lieu d'être une réaction immédiate à la présence d'un objet, la passion en devient la source. Elle contribue à créer à partir de rien l'objet visé et absent. Et en ce sens, cette « passion » est *tout entière activité*, elle *joue la réceptivité*, sorte de « danse rituelle en face de l'irréel », elle s'évertue à faire apparaître et garder en vie ce qui n'est que néant.

En un sens, le moi à part entière « joue la réceptivité », bref, il s'irréalise. Une colère jouée et imaginaire (par exemple en l'absence de son destinataire) n'a rien de réactif ou de passif : je ne réagis pas à une situation imaginée. Le sens de cette colère s'épuise dans une tentative de recréer une situation (par exemple d'indignation), mais en l'absence de toute conduite effective face à ce qu'elle a de réel. Cette colère ne cherche nullement à modifier le sens des choses et leur apparence : elle tente bien plutôt de garder toute présence effective à distance. En ce sens, en s'accouplant à l'imagination, l'émotion joue une forme de réceptivité qui isole le moi de son rapport aux choses et neutralise le sens même de ce qu'elles exigent de lui. Une colère imaginaire, aussi virulente soit-elle, à l'instar d'une image, creuse un néant et met le réel hors d'atteinte ou hors-jeu.

La passion imaginaire ne cherche pas uniquement à transformer le sens du réel, mais elle tente finalement de neutraliser sa présence effective. Et en cela elle participe à notre tentative de nous dispenser de toute conduite appropriée face aux exigences que le monde nous impose.

---

1   *Ibidem,* p. 164-165.

Elle accomplit une conduite qui en tant que telle s'irréalise, c'est-à-dire me libère du réel ou du moins m'aide à rompre tout rapport vis-à-vis du sens-même de ce qui apparaît. Comme si une passion imaginaire cherchait avant tout à supprimer dans la réalité tout ce qui a trait au sens, et ainsi à en étouffer indirectement la présence matérielle.

On a vu au chapitre précédent comment l'imaginaire se radicalise pour tendre vers une immanence pure, celle aboutie dans le rêve. Dans le rêve accompagné de sommeil profond, la présence même des choses est modifiée dans sa manifestation en tant que telle. Pour un esprit captif du rêve, l'appréhension du réel en tant que tel semble *involontairement* bouleversée, puisque le sommeil élimine toute résistance de la part de la volonté. Celle-ci est entièrement asservie aux représentations invoquées par le sommeil. De même, la passion imaginaire tend vers une irréalisation de plus en plus prononcée et exacerbée, cherchant en cela à irréaliser la présence du réel. Cette irréalisation dans la passion peut prendre plusieurs formes. J'en analyserai deux, parce qu'elles illustrent à leur manière, deux formes de bêtises[1] : d'une part la violence. D'autre part, le sentimentalisme.

LES PASSIONS VIOLENTES

Dans un texte puissant et très dense, J.-L. Nancy décrit la violence comme « l'impression par la force de son image dans son effet ». La violence se veut en effet « monstrative », manifestation de soi, comme une image. Et inversement, afin d'être « monstrative », l'image doit s'exhiber comme hors du commun de la présence : elle « dispute à la chose sa présence[2] ».

Cette connivence entre l'image et la violence est donc d'une part issue du fait qu'une image a quelque chose de « monstrueux » et tel un acte violent, surgit comme isolé (en dehors du circuit) des choses au sein desquelles elle s'impose. Et inversement, qu'un acte violent veut imprimer sa trace (ou sa crasse) dans ce qu'il écrase ou casse.

---

1 Car en effet, comme je l'ai suggéré au début de cet ouvrage, les émotions aussi peuvent être dites bêtes.

2 J.-L. Nancy, « Image et violence », in *Le portique* [En ligne], 6, 2000, mis en ligne le 24 mars 2005 (http://lepportique.revues.org/451), p. 5-6.

On pourrait dès lors tenter de comprendre en quoi la violence est elle-même d'emblée purement imaginaire. Bien entendu, non pas au sens où elle serait inventée de toute pièce, mais au sens où elle devrait être conçue comme étant l'explosion d'une force déchaînée et disproportionnée issue d'une tendance de l'imaginaire ou des passions imaginaires : tendance à l'excès ou à l'immanence pure. Dans la violence s'accomplit une chute de la *neutralisation* du réel dans sa *destruction* effective et matérielle.

L'acte violent – une explosion colérique, une agression physique ou verbale, des représailles – est comme une rage dont la force n'est plus en rapport avec la situation dans laquelle elle se déchaîne. Elle est, au sens cognitiviste, « irrationnelle », à l'image de celle de ces enfants qui, lorsqu'ils sont tombés, veulent qu'on batte la terre (Sénèque) : elle ne s'ajuste pas aux événements qui la suscitent, au contraire, dans sa rage elle détruit sa cause. Comme le remarque J.-L. Nancy, elle reste en dehors de la logique propre au genre d'actions requis par les choses[1]. Ainsi, elle dénature ce sur quoi elle s'acharne : non pas dans le but de transformer la chose, mais de la détruire, de l'anéantir ou de lui ôter sa forme et son sens : « elle n'en fait rien d'autre qu'un signe de sa rage à elle, une chose ou un être violenté[2] ». Elle détruit en absorbant la chose dans une image d'elle-même : de la force brute de son ravage. Et dès lors, elle s'affranchit de tout échange : elle écrase toute réplique, sa force ne cherche pas à se « mesurer » à un adversaire, mais à aplatir toute complicité. La violence refuse dès lors toute complicité. « C'est pourquoi la violence est profondément bête. Mais bête au sens le plus fort, le plus épais, le moins réparable[3] ». En tant qu'acte, la violence ne vise rien au-delà d'elle-même, elle se condense comme pure intensité empâtée et stupide, impénétrable et lourde[4]. Elle est un acte qui – pour

---

1   J.-L. Nancy : « Prenons un exemple anodin, mais qui peut témoigner d'une violence au sens d'un tempérament violent, ou bien d'une contrainte objective à devenir violent : la nécessité d'extraire une vis rebelle en l'arrachant avec une tenaille, au lieu d'user du tournevis et du dégrippant. Celui qui procède ainsi ne compose plus avec la logique du pas de vis, ni avec celle du matériau (du bois, par exemple) qu'il arrache et qu'il rend inutilisable à cet endroit. » (*op. cit.*, p. 3).

2   *Ibidem*, p. 4.

3   *Ibidem*, p. 4.

4   Montaigne : « La colère est une passion qui se plaît en elle-même et qui se flatte elle-même. Combien de fois, quand nous nous sommes emportés pour une fausse raison, si l'on vient à nous présenter quelque bonne défense ou une bonne excuse, nous nous irritons contre la vérité elle-même et contre l'innocence » (« C'est une passion qui se plaist en soy, et qui

reprendre la définition sartrienne de la bêtise décrite au premier chapitre – se laisse passivement affecter de toute l'inertie, l'impassibilité
ou la massivité de la matière.

« Une masse se noue sur soi et se fond dans sa masse, où elle se fait
coup : inertie ramassée et lancée pour briser, disloquer, faire craquer[1] ».
N'étant que l'expression d'elle-même, ne survivant que par la destruction de ce sur quoi elle crache sa rage, elle se fait donc *absolue* – comme
une image. Elle ne crée *rien* en dehors de ou hétérogène à l'acte même,
et cet acte ne s'affirme que par la destruction du réel. Elle se fait une
ébullition immédiate et sans retrait, l'explosion d'une « force qui écrase
ceux qu'elle touche[2] » et qui dépouille l'âme de ses facultés.

Aucun des fléaux n'a coûté plus cher au genre humain que des
colères violentes disait Sénèque. « Dévastation de villes, anéantissement de peuples entiers », massacres, empoisonnements, accusations
réciproques : « c'est la colère qui a fait ce vide », qui « s'est abattue ».
Ces passions sont dévastatrices de tout ce qui représente un monde et
un sens[3]. Alors qu'une émotion tempérée peut à la limite encore rester
dissimulée derrière une façade de bonne manières, la colère en revanche
emporte tout avec elle[4]. Elle est pure exhibition de soi, obscène : « la
colère, dit Sénèque, s'étale et vient se peindre sur le visage », comme
un vice ou « une laideur[5] ».

Dans le ravage que cause la passion violente, aucun intervalle ne
subsiste entre la passion et son expression, intervalle où pourrait encore
se loger une pensée, une évaluation ou une décision. Autrement dit, ces
passions dévastatrices abattent les différences et les limites soutenues
par les émotions. Elles emportent ces limites sur leur passage : une
furieuse colère n'a plus rien d'un rapport, vu qu'elle ne vise rien hors de
sa propre rage. Pure automanifestation sans intériorité, ou pure réalité

---

se flatte. Combien de fois nous estans esbranlez soubs une fauce cause, si on vient à nous
presenter quelque bonne deffence ou excuse, nous despitons nous contre la verité mesme
et l'innocence ? ») « Sur la colère », in *Les Essais*, Livre II, chap. XXXI, *op. cit.*, p. 753.

1   J.-L. Nancy, *op. cit.*, p. 4.
2   *Cf.* S. Weil, *L'Iliade ou le poème de la force*, in *Œuvres*, Paris, Gallimard (Quarto), 1999,
    p. 529-552.
3   Sénèque, « De la colère », in *Entretiens, Lettres à Lucilius*, Paris, Robert Laffont (Bouquins),
    1993, p. 110.
4   À propos de passions violentes, *cf.* Ph. Fisher, *The Vehement Passions*, Princeton, Princeton
    University Press, 2002, p. 53-70.
5   *Ibidem*, p. 110.

sans extériorité. C'est en cela qu'une colère furieuse *irréalise* de façon dévastatrice : elle efface tout repère nécessaire à la délimitation de ce qui est de l'ordre du réel et ce qui ne l'est pas. Comme un tourbillon qui aspire tout en sa démence, ces passions sont dedans et dehors à la fois. On a du mal à classer ces passions violentes dans la taxonomie générale de nos émotions. Elles sont archaïques ou homériques, on y reconnaît la rage dévastatrice du Dieu de l'Ancien Testament[1], la colère insensée des rois Shakespeariens ou du capitaine Achab de Melville, celle de l'exubérance explosive de Charlus, des représailles cruelles de Mme Verdurin.

J'ai suggéré comment une émotion imaginaire inverse les rapports entre une réaction corporelle et sa cause. Ce que je ressens conjure le réel à s'irréaliser au profit d'un possible irréel ou imaginaire. Cet irréel m'inspire à transcender les choses ou leur présence matérielle, afin de me laisser posséder par lui. J'agis, je me conduis, je pense et ne ressens que selon lui. Or, dans les passions incendiaires et violentes, *je suis dominé et possédé par une force qui me refuse toute évasion* et distance face au réel : elle ne permet ni ne soutient aucune visée au-delà du réel : elle ne cherche plus à le transcender mais à l'écraser. Et dès lors, elle ne se met pas non plus en rapport avec quelque chose d'hétérogène à sa propre fulgurance. Plus rien ne s'offre à elle. La passion violente ravage donc toute référence à une extériorité : « When I am angry, dit Hume, I am actually possest with the passion, and in that emotion have no more a reference to any other object[2] ». Une passion non seulement dépeuple et vide le monde, nous rend indifférent aux autres et aux choses, elle nous dépossède de nous-même. Elle nous met « hors » de nous, mais plus rien ne correspond ni ne répond à ce *dehors* sinon l'élan même de la furie.

Ce qu'effectue donc une passion véhémente n'est rien de moins qu'une *irréalisation pure* et sans médiation ni au-delà. Une irréalisation sans rapport, puisqu'elle s'affirme comme cette force qui désagrège et corrompt toute forme de distinction : bref, pure destruction.

C'est donc en ce sens que la passion contient en elle une tendance à l'absolu, au sens où sa manifestation brouille et détruit toute distinction entre immanence et extériorité. Création continuée négative : l'immanence pure ne s'accomplit qu'en détruisant ce qui résiste. Et sa rage abat tout

---

1   *Cf.* par exemple le livre d'Ézéchiel.
2   D. Hume, *A Treatise of Human Nature*, Oxford, Clarendon Press, 1978, p. 415.

repère et toute forme de limitation : qu'importent la vérité et l'évidence dans cette rage implacable et inaliénable ?

Bien entendu, les passions poussées par cette rage d'anéantissement qu'est l'imaginaire, ne se réduisent pas à une puissance naturelle ou animale. Comme dit Sénèque, la colère est inconnue des bêtes sauvages. Une passion violente est comme une déraison qui ne peut surgir et naître que là où il y a place pour la raison, la pensée ou la conscience. Comme la jalousie démente d'Othello, une passion violente n'est pas importée ou imposée du dehors comme un virus : « C'est un monstre engendré de lui-même, né de ses propres entrailles » (Othello, acte III, scène IV). Une rage ou une furieuse colère est tout au plus comme « une courte folie » qui nous fait perdre le bon sens dans sa puissance à anéantir, effacer ou à éradiquer toute différence et hétérogénéité entre le dedans et le dehors, entre le sentir et son expression, entre l'âme et le corps, entre l'immanence et l'extase. Cette rage nous assomme et nous prive de toute capacité de discernement. Ce qu'on ressent se réalise sur le coup sur ce qu'on fait ou ce qu'on est. « Si tu veux avoir la preuve que ceux que domine la colère n'ont pas leur bon sens », dit Sénèque, « regarde leur extérieur : car si ce sont des symptômes manifestes de la folie que des yeux hardis et menaçants, un front sombre, une physionomie farouche, un pas précipité, des mains tremblantes, un changement de couleur, une respiration forte et haletante, les mêmes signes se retrouvent dans la colère[1] ».

Une émotion normale affleure, se manifeste, s'exprime : une rage éclate tout en trahissant une profonde et inquiétante complicité avec l'ordre de nos pensées. Ces passions ne s'expriment plus en pensée, ne se déploient plus dans et comme appartenant à « l'âme » au sens cartésien, ou au « moi » (au sens sartrien) : elles emportent tout ce qui lui appartient, pétrifient et détruisent les pensées à la souche de leur éclosion. Ces passions semblent renvoyer à un fond plus archaïque et bouillonnant qui dans son déchaînement violent déborde et se libère des limites qu'il s'était imposées. Une passion forte est l'explosion d'une *déréalisation à son état le plus rudimentaire et primitif,* voire originaire et idiot. La liberté de l'imagination n'en est peut-être que le lointain épanouissement : l'imagination en recueille ou ramasse les retentissements et les possibles dérivées pathologiques. Au sein de l'imaginaire et des

---

1 *De la colère, op. cit.,* I.I.3., p. 109.

émotions gronde cette fureur dé-personnalisante et intraitable. Si toute
émotion porte en elle une tendance à l'irréalisation ou à la neutralisation du réel, c'est peut-être en ce qu'elle hérite des passions la rage
de détruire, d'anéantir ou d'annihiler. Dans nos émotions retentissent
encore ces passions bouillonnantes ainsi qu'en nos pensées résonne un
fond de bêtise ou de cruelle stupidité. Voilà ce qui suggère peut-être
l'inadmissible parenté qui règne entre bêtise et passion. Comme la
bêtise, la passion, selon Sénèque, « perd la notion des convenances,
oublie les liens sociaux, s'acharne et s'obstine dans son entreprise, ferme
l'œil aux conseils de la raison, s'agite sur des causes futiles[1]... ». Par ces
réactions disproportionnées, dans ces rages aveugles, une passion forte
est paradoxalement, *pure insensibilité*.

LE « LÉONIE-DISORDER »

Mais cette tendance à l'immanence propre à l'imaginaire peut aussi
s'effectuer d'une autre façon : celle qui isole la passion de tout rapport
à l'extériorité au profit d'une soi-disant « intériorité ». L'émotion (par
exemple une colère...) est intériorisée et objectivée.

Prenons un exemple : une école invitait récemment une « thérapeute »
(souvent des aides sociales) afin d'inciter des petits enfants à apprendre à
mieux connaître et reconnaître leurs émotions. Il s'agissait d'un « stage »
qui, à l'aide de jeux et de petites mises en scène, cherchait à stimuler
les réactions personnelles des petits. À l'aide de situations imaginées et
fictives, certaines « réactions » d'ordre affectif étaient sollicitées. Et ainsi,
les enfants pouvaient apprendre à se décharger du poids de certaines
émotions fortes, comme la colère, faisant usage de techniques appro-
priées. C'est ainsi que les enfants étaient invités à appuyer de toutes leurs
forces leurs mains sur un mur, ou de crier, mugir, beugler ou pousser
des rugissements, comme des bovidés ou des lions. Il est intéressant de
voir comment la direction de l'école cherchait à motiver cette action
éducative en termes moraux : cette initiative avait comme intention
fort louable de maîtriser toute forme de violence. Finis les affrontements

---

1   *Ibidem*.

physiques et musclés, les insultes et offenses humiliantes : la cour de
récréation ne montrera plus que des petits appuyés contre un mur, ou
émettant des cris de nature animale, autant innocents qu'inoffensifs.
Or, la motivation était-elle vraiment de nature et d'ambition morales ?
Vraisemblablement pas. Bien au contraire, le sens moral se voit lui-même
démantelé au profit d'une image aseptique de l'émotion. Ce démantèlement, quant à lui, ne fait d'ailleurs que poursuivre une tendance
générale qui s'évertue à décrire un grand nombre de conduites en termes
moralement et culturellement indifférents. Ces actions sont conçues
comme l'effet quasi mécanique ou chimique de troubles psychiques,
d'une agitation ou d'un remous mental, d'une insolation émotionnelle.
L'acteur sera pris en charge. Il est lui-même une victime. Mais alors,
puisqu'elle ne peut être de nature strictement morale, quelle pouvait
être l'intention belle et louable de l'entreprise « thérapeutique » de la
directrice d'école ?

Vraisemblablement, il ne s'agit plus d'éduquer les sentiments et les
émotions. Bien au contraire : on ne les civilise pas, on *les dissocie de leurs
expressions culturelles ordinaires*. Et en ce sens, ces tentatives d'interventions
psychologiques de toute sorte, font plutôt office de symptômes. Elles
marquent un déficit ou un manque profond dans notre capacité de rendre
compte de la nature des émotions. Ces pratiques cherchent davantage à
neutraliser les émotions qu'à leur accorder une conduite adéquate visant
le monde, ou qu'à leur attribuer une façon de s'exprimer. Que reste-t-il
en effet d'une colère une fois réduite à un trouble et une tension physique
dont je suis supposé me guérir ? L'intériorité n'est nullement cultivée
ou civilisée, mais elle est neutralisée et dévitalisée. Est-ce un signe de
civilisation que de se mettre à rugir en réaction contre ceux qui nous
insultent et nous raillent ? Alors qu'Aristote nous enseignait les situations dignes de colère, qu'il nous apprenait à reconnaître sa nature par
rapport aux circonstances qui les méritent, bon nombre de psychologues
actuels s'efforcent de vider nos sentiments de tout contenu. Toutes les
émotions sont ainsi réduites au même plan : on fait l'impasse sur leur
enjeu moral pour les décrire toutes sous le seul angle objectif et neutre.

Dans *Du côté de chez Swann*, Proust raconte comment tante Léonie se
plaît à passer pour affaiblie et malade. À tel point qu'elle évite soigneu-
sement tout contact avec le monde extérieur. Elle préfigure en cela, mais
dans sa forme négative (c'est-à-dire, stérile ou improductive) la position

du narrateur. Bien sûr, elle n'a pas perdu son intérêt pour ce qui se passe dehors. Mais cet intérêt s'est dégradé en pure curiosité maladive. Ce qui l'intéresse ne dépasse plus le stade des détails insignifiants, anodins et de valeur hautement négligeable. En même temps, tout le monde lui épargne les mauvaises nouvelles, celles qui pourraient troubler et bouleverser sa sensibilité. Le sens du monde lui est servi à dose homéopathique, filtré, neutralisé et donc dépouillé de tout ce qui pourrait encore évoquer un reste de réel. Rien ne peut l'indigner plus que l'idée de devoir accompagner ses hôtes à sortir ou aller se promener (ils ne se rendent donc pas compte combien je suis faible...). Mais en même temps, et tout en cherchant à se protéger contre les influences néfastes du réel, et tout en voulant éviter de s'exposer aux risques qu'un contact immédiat signifierait pour sa santé mentale, elle ne peut empêcher son imagination d'évoquer toutes sortes de scènes extrêmement tristes. Prise d'un élan d'auto-pitié, de complaisance et d'autosuffisance, elle se laisse envahir par les larmes en réponse à l'image qu'elle se plaît d'évoquer de devoir un jour enterrer le pauvre petit Marcel et ses parents qu'elle aime tant. Ainsi, elle se fait une tête d'enterrement, elle s'accable de représentations tragiques qui évoquent et incitent les larmes. Car, dit-elle, elle est tellement vulnérable, sensible et faible. Mais bien sûr, toute cette vulnérabilité émotive est une conduite entièrement imaginaire qui sert à évoquer les scènes imaginaires. Et pour se dissimuler l'apport subjectif et actif de sa mise en scène, elle attribue la source de sa nature émotive et vulnérable à son état mental affaibli. Elle objective sa nature émotive, et par là objective un peu le monde irréel qu'elle se plaît à évoquer sans cesse. Cette conduite imaginaire, je l'appellerai, à l'instar de tendances psychologiques contemporaines, le « Léonie-Disorder ».

Quels sont les principaux symptômes de ce désordre mental ? D'abord, une irréalisation profonde de nos émotions. Ensuite, une neutralisation ou répression du réel, une suppression, de tout rapport ou conduite réelle face aux exigences que sa présence nous impose. Bref, une irréalisation généralisée du réel en tant que tel. Une bonne partie du discours actuel, et popularisant, voire médiatique, des émotions repose sur une conception purement imaginaire des passions, et celle-ci ne fait en outre que confirmer une *irréalisation du réel* au profit du « simulacre ». Certes, on a depuis pas mal de temps eu l'occasion de s'accoutumer aux propos visant à dénoncer les tendances irréalisantes de notre monde social actuel : la société spectacle du monde virtuel n'a pas seulement envahi le sens de la politique (voire le caractère obscène de ses revendications) nationale et mondiale, mais celui du réel en tant que tel. C'est dire que le seul rapport au réel d'usage dans nos sociétés est un rapport qui neutralise d'emblée le sens même de tout ce qui arrive. Dès lors, on ne sera pas surpris de voir un discours actuel et en vogue traiter les émotions en conséquence. C'est, il me semble, celui résumé sous le terme de « thérapisme[1] » et de sentimentalisme.

Que les affects et les émotions jouent un rôle central dans les approches anthropologiques et phénoménologiques actuelles, personne ne peut le nier. Or, le discours actuel, qui aborde cette vie affective d'un point de vue psychologisant, médical et « thérapeutique » est d'un ordre différent. À première vue, ce genre d'approche résulte d'une objectivation généralisée des conduites humaines. Certes, nos émotions font l'objet d'études et d'approches scientifiques. Et le problème n'est pas là. Personne ne peut dénoncer et remettre en question le progrès que pareilles approches représentent pour la maîtrise de notre vie émotionnelle. Cependant, la manière selon laquelle cette optique scientifique est adoptée par une grande partie du discours popularisant, médiatique, éducatif est plutôt intriguant. Aucun secteur ne se voit épargné : en parlant des émotions, les protagonistes de notre culture se plaisent à adopter un ton médico-psychologique, soi-disant neutre et exact. Pourquoi ?

Ce discours est bien entendu très ambigu. D'une part, il donne l'impression de se préoccuper de manière professionnelle de la vie affective des individus, de leurs troubles et de leurs angoisses. Or, celles-ci sont systématiquement séparées de leur contexte culturel : le monde qui nous entoure est décrit comme une zone à risques. Tout contact effectif avec les choses et les situations dans lesquelles on est impliqué

---

1   Pour une analyse sociologique de ce terme, je renvoie au livre de Frank Furedi, *Therapy Culture*, London/New York, Routledge, 2004. Une partie des exemples auxquels je me réfère ici sont issus de son ouvrage. Le terme même a aussi été utilisé par Sally Satel et Christina Hoff Sommers dans sa connotation très large et désignant toute forme de pratique médico-psychiatrique et psychologique (les « grief counselors »), basée sur une « anthropologie » très naïve qui met l'accent sur la fragilité et « l'état d'impuissance » de l'être humain. Idéologie périlleuse, puisque selon les auteurs, elle érode toute idée d'autonomie (et, en termes cartésiens, « d'estime de soi ») et est même censée prendre la place de la religion et de l'éthique. (*One Nation under Therapy. How the Helping Culture is Eroding Self-Reliance*, New York, St Martin's Press, 2005). En ce sens, comme le remarque Furedi (*op. cit.*, p. 413), la thérapie cesse d'être une technique clinique et devient un instrument de « gestion de la subjectivité ».

sont retraduites en termes psychologiques. Les écoles aux États-Unis ou en Grande Bretagne, et surtout leurs systèmes d'examens, sont des « regimes of high risk », où des enfants sont professionnellement suivis et sont supposés avoir le droit de profiter de soins médicaux : on leur offre par exemple des thérapies à la lavande ou des sessions d'hypnose afin de réduire le stress dont ils sont victimes. Le sens même des examens scolaires, et du défi qu'ils imposent, ou même le sens symbolique qu'ils représentent dans notre société, sont réduits à l'impact laissé dans le cerveau vulnérable et sans défense des enfants.

Cette réduction est manifeste lorsqu'on considère le rythme auquel prolifèrent toutes sortes de syndromes. Ceux-ci nous donnent en effet l'impression d'un être humain vulnérable, fragile et hautement sensible. Or, cette fragilité ne concerne nullement le sens de ce qu'il fait, crée ou subit, mais se réduit à son équilibre mental. Les crises existentielles courantes qui caractérisent toute vie normale ou même notre condition humaine, sont *pathologisées* et médicalisées[1]. Elles font partie de la gamme d'expériences négatives qui risquent d'affaiblir la vie mentale. Ainsi, celui qui perd un proche est comme infecté par un virus qui affaiblit son intériorité : que son monde s'écroule ou se dépeuple n'a que très peu d'importance tant on s'efforce de décrire la crise que pareilles expériences suscitent sans référence immédiate au monde externe ou à la signification de ce qui survient. Il ne s'agit que d'un exemple parmi tant d'autres d'un trouble psychologique répertorié par le DSM, à l'instar du *PTSD* (*Post Traumatic Stress disorder*), de « dysfonctionnements » genre dyslexie, dyscalculie, formes d'addiction.

Après la guerre du Vietnam, les sociologues ont diagnostiqué un grand nombre de troubles traumatiques et classés sous le label du syndrome de Vietnam[2]. Depuis, on ne les compte plus, les syndromes. Il y a celui de l'Intifada, celui du Kosovo, celui du Golfe, de la guerre en Irak, etc. Cette approche psychologisante trahit une tendance à interpréter en termes purement medico-thérapeutiques des chocs traumatiques qui concernent avant tout une expérience qui témoigne d'une perte de sens ou d'une confrontation avec ce qu'une situation peut avoir d'absurde

---

1   *Cf.* à ce sujet Allan V. Horwitz & Jerome C. Wakefield, *The Loss of Sadness, How Psychiatry Transformed Normal Sorrow Into Depressive Disorder*, Oxford, Oxford University Press, 2007.

2   Pour une « généalogie » du concept de « trauma », névroses de combats (shellshock), PTSD, etc. *cf.* l'ouvrage de Ruth Leys, *Trauma, A Genealogy*, Chicago & London, The University of Chicago Press, 2000.

ou de tragique. Les victimes doivent subir un traitement médical. Or, n'est-ce pas plutôt le monde-même de cette guerre qui était malade et absurde ? C'était la situation dans laquelle ils se retrouvaient et dans laquelle ils étaient contraints de survivre qui était frappé de dérision et incitait à la révolte. Cependant, d'un point de vue médico-psychologique tout cela semble de second degré[1].

Ajoutons à cela que c'est au demeurant la même culture qui envoie ses soldats au front et qui investit dans la recherche des traitements thérapeutiques appropriés aux survivants. À ce propos, je lisais quelque part qu'un journaliste s'insurgeait récemment contre le fait qu'une majorité de soldats revenus d'Iraq ne bénéficiaient pas encore d'aide thérapeutique. Voilà que tout à coup, ceux qui ne se souciaient pas trop de leur sort sur le terrain, se préoccupent de leur santé mentale une fois rentrés au pays.

Une fois de plus, l'approche d'une certaine thérapeutique permet donc d'aborder leur traumatisme en faisant l'économie de toute référence aux causes réelles. Certes, il est évident que l'approche médicale est incontournable pour soigner ces cas. Or, il est étonnant de voir comment ce discours s'est propagé à un domaine très vaste et s'infiltre dans toutes les couches culturelles et sociales de notre époque. Il nous aide à réduire le sens même du réel, des événements et des exigences qu'il impose à la vie, à l'impact objectif que certains faits laissent en nous. Le réel est neutralisé, dégraissé et décrassé de son extériorité. De là s'explique un aplanissement ou une simplification du sens même

---

1   Comme le montrent de nombreux ouvrages, les approches médico-psychiatriques ne sont pas à l'abris de motifs politiques et juridiques. En 1939, le ministère britannique du comité des pensions avait déclaré (anticipant les événements) que les névroses de guerre (« war neurosis ») n'apparaissaient que chez des personnes constitutionnellement disposées et enclins à ce genre de déficience. Et dès lors, le comité avait officiellement déclaré que selon leur politique, les soldats souffrant de déficiences psychonévrotiques pendant la guerre n'auraient pas droit à une pension. C'est afin de contrer ces mesures que le psychiatre William Sargant, qui en 1940 avait été désigné pour s'occuper des victimes de la retraite de Dunkerque, déclarait et tentait de prouver que « *men of reasonably sound personality may break down if the strain is severe enough* ». (Cité par Ruth Leys, *op. cit.*, p. 191. Un autre exemple, (que donne R. Leys p. 262-264) aussi troublant, s'il en est, est celui du rôle qu'ont joué les psychiatres comme William G. Niederland dans la description et l'établissement du diagnostic de victimes de la vie concentrationnaire. Il s'agissait en effet de prouver que leurs troubles psychiques étaient réellement causés par les horreurs vécues dans les camps, et cela même longtemps après les faits. Cela vu les réponses plutôt sèches et insensibles des cours et des physiciens allemands vis-à-vis des demandes de compensations de la part des victimes.

de la réalité : puisque la signification de celle-ci se mesure à l'emprise psychologique qu'elle a sur nous, rien ne distingue qualitativement un trouble causé par un fait insignifiant de celui causé par un événement tragique[1]. Dès lors, qui ose encore se sentir indigné par tous ceux qui se sentent profondément affligés par les petites ou grandes infortunes qui s'effondrent sur nos célébrités médiatiques, qui elles ne manquent jamais l'occasion de les étaler publiquement ? En outre, malgré toute l'attention dont semble jouir la vie affective aujourd'hui, il va sans dire que jamais le discours-même qu'on adopte pour en parler n'a été plus pauvre et navrant. Puisque la psychologisation ne cherche pas à enrichir nos expériences émotionnelles, la manière dont on les exprime ne dépasse que rarement les clichés les plus écœurants. Réduit au seul sentiment mental, comment différencier la sensation d'une colère de celle d'une indignation, d'une fureur, d'un agacement, d'une aigreur, etc. ? Autant notre société cherche à promouvoir les initiatives individuelles, la liberté de penser et de parole, autant elle soutient et favorise la stérilisation de la vie subjective, le conformisme et la bêtise.

VULNÉRABILITÉ ET CONFORMISME

Que reste-t-il en effet de « subjectif » dans un individu isolé d'un monde signifiant ? Ce sujet est avant tout décrit en termes de passivité au sens *d'impuissance*. Il est considéré comme un être hautement vulnérable, parce que livré sans défense à un monde dont le sens du réel se mesure à la quantité de risques qu'il contient. Et il est vrai qu'aujourd'hui, on ne rate pas l'occasion d'étaler les dangers que contient notre monde : pandémie, terrorisme, circulation, pollution. La liste de nos phobies est aussi longue qu'invraisemblable. En même temps, notre culture cultive l'image des victimes, des martyrs psychologiques, de ceux qui, au bon moment, osent exhiber leurs émotions. Ces exhibitionnistes mous sont les vrais « héros d'aujourd'hui ». En atteste le succès que connaît tout genre de confessions publiques où apparaissent des « victimes » dont

---

1   *Cf.* le contraste dans les exemples de trauma (celui de jeunes filles enlevées en Uganda en 1998, opposant celui de Paula Jones) donnés en introduction par Ruth Leys, *op. cit.*, p. 1-3.

le courage se résume à l'aveu public de fautes accompagné d'un *mea culpa* dont le sens se traduit par une demande ou un urgent besoin d'aide. Une personnalité qui ne condescend pas à pareil abaissement public et qui désire maîtriser sa vie émotionnelle de manière autonome souffre d'un « perfectionnist complex ». Toute forme d'autonomie et de « stoïcisme » font l'objet d'une dépréciation générale de la part de la culture du thérapisme. Fort est celui qui assume sa faiblesse et « ose » solliciter de l'aide, se soumettre aux pratiques thérapeutiques. Ainsi, le « thérapisme », sous la couverture d'assistance secourable et bienfaisante, cache une tendance à l'assujettissement, l'inféodation, la tutelle : on finit par concevoir la société comme une immense garderie[1].

J'ai, jusqu'ici, suggéré en quoi l'attention actuelle, que le « thérapisme » prête aux émotions repose sur une image appauvrie de la vie affective. Les émotions sont objectivées, séparées de tout rapport à un contenu, et isolées d'une conduite visant un monde. En un mot, à l'instar des affections imaginaires de Tante Léonie, les émotions des « thérapistes » cherchent à neutraliser le sens même du monde, et à suspendre toute prise effective sur lui. Et en ce sens, ils participent à une tendance plus générale qui vise à neutraliser le réel en tant que tel et qui caractérise bien certaines tendances dans notre culture. Prenons un exemple. Un hebdomadaire a déclaré récemment qu'il était fier d'avoir reçu l'accord de la part de quelques personnalités populaires de notre pays de se laisser photographier nus dans le cadre d'une action de la lutte contre le cancer. « Action ludique », dira-t-on. Et qui aurait encore la pruderie, la pudibonderie désuète d'oser émettre une critique contre telle mise en scène ou pure exhibition ? Car finalement, c'est de cela quand-même qu'il s'agit. Nos personnalités vendent l'image de leur corps, certes pour une bonne « action ». Or, d'abord cette action n'engage pas à grand-chose, et semble en outre entièrement inappropriée, sans aucun rapport interne avec l'objectif proclamé. En outre, en tant que patient ou malade, je me sentirais foncièrement offusqué… On dira bien entendu que cette action est avant tout d'ordre « symbolique ». À l'instar, par

---

1   Nikolas Rose, dans une approche inspirée par celle de Foucault, montre comment la biomédecine actuelle (avec tous ses avatars : biopolitique, pharmacologie, psychiatrie…) s'est développée dans le sens d'une *politisation* généralisée de la vie. C'est elle qui détermine et modifie le sens du « normal » avant même de traiter celui du pathologique (Nikolas Rose, *The Politics of Life Itself, Biomedicine, Power and Subjectivity in the Twenty-First Century*, Princeton & Oxford, Princeton University Press, 2007).

exemple, de cette autre action semblable de la part du *World Naked Bike Ride* (WNBR) (se promener nu à vélo pour solliciter une attitude plus positive à l'égard du corps et du milieu). Qu'entend-on finalement par « symbolique » ? Ce genre d'action a avant tout valeur démonstrative. Elles veulent attirer l'attention et « montrer quelque chose », dévoiler, dénoncer une situation. Il ne s'agit pas d'initiatives cherchant à agir directement sur un état ou sur le monde : on tente surtout d'attirer l'attention des « autorités responsables » les incitant à prendre conscience de l'urgence des problèmes (par exemple ceux qui menacent notre planète, qui discriminent une partie de la population). On finirait dès lors par croire que l'aspect symbolique de ces actions trahit une absence d'actions efficaces ou d'engagements réels et durables. Et à cet égard, il faut avouer qu'une grande partie de leur succès dépend justement de l'absence de tout effet réel. En outre, il est un peu déconcertant de voir comment ces actions « symboliques » s'accompagnent la plupart du temps de revendications accentuant l'impuissance en tant que telle. Nous autres (les victimes de générations polluantes et irresponsables) nous ne sommes pas en mesure de résoudre ces problèmes, et nous sommes contraints d'émettre des signaux, des signes de détresse. Eux, les vrais responsables, devront les résoudre. Mais dans ce cas, on dirait même que ces actions « symboliques » non seulement créent, mais fortifient et confirment cet état d'impuissance : elles sont ludiques, innocentes voire inoffensives... et ne visent pas à changer le monde, mais à changer notre « mentalité ». Bref, il s'agit d'actions que les progressistes d'autrefois qualifiaient de réactionnaires.

Un des problèmes renvoie donc à la question de savoir si la sensation d'impuissance est effectivement justifiée, et si en outre le côté symbolique ne fait pas que dissimuler l'absence d'intervention réelle. Peut-être le caractère symbolique est-il en effet un symptôme du manque de réaction appropriée aux problèmes qui nous menacent. Mais il y a plus : on doit en effet se poser quelques questions sur la valeur (et non plus l'efficacité) de ces actions. Il ne nous est pratiquement pas permis de les critiquer ouvertement et de refuser d'y participer, vu que leurs intentions sont bonnes. En outre, elles prolifèrent comme des champignons. On revendique pareilles actions pour n'importe quoi à n'importe quel moment : lutte contre le cancer, dangers de la circulation, droits des sans-papiers, réforme de la justice. Que vise cet activisme ? Ou encore, d'où vient donc cette pression incessante de rendre tout le monde conscient des problèmes qui nous entourent, et cela de façon ludique ? Visiblement, ces activismes solidifient et renforcent un conformisme semblable à celui que crée et propage le « thérapisme » : un conformisme qui s'exprime dans le devoir de chaque citoyen de (re)connaître *les problèmes*, et le droit d'en revendiquer l'existence. Et vu qu'il s'agit de véritables problèmes, à moins d'être incivique et *réactionnaire*[1], on ne trouvera pas grand monde pour s'y opposer.

C'est précisément ce droit à la revendication de ces problèmes auquel incite et que promeut le « thérapisme ». Il s'agit du droit de se profiler comme victime reconnue par l'État et par des institutions professionnelles. Toutefois, la nature même de ces revendications n'est pas sans ambiguïtés. D'une part, elles reposent sur l'idée que notre conduite personnelle peut être profondément endommagée sous l'influence d'émotions fortes. Ces émotions, on l'a vu, sont elles-mêmes désubjectivisées. D'autre part, ces tendances à se faire reconnaître en tant qu'affaibli et nécessitant des soins ou de l'aide professionnelle, ces tendances expriment plus qu'un simple « cry for help ». Le sujet désire à tel point être reconnu comme affaibli et vulnérable, qu'il semble bien vouloir s'identifier à cette position en tant que telle. C'est qu'il revendique ce droit avec une vigueur et assertivité telles qu'elles contredisent le caractère passif de sa situation de victime. F. Furedi a dénoncé à cet égard le zèle (non pas sans buts lucratifs) utilisé par certains activistes américains cherchant à se faire reconnaître comme patients du syndrome de la fatigue chronique. Ces malades réagissaient avec fureur contre ceux qui remettaient en cause la diagnose et le diagnostic de leur maladie, tout en les accusant d'une attitude comparable à celle des négationnistes... *La vulnérabilité est un droit*, revendiqué et récupéré comme une manière de poser une identité. C'est cela le « Léonie-disorder ». On comprend mieux dès lors l'essor de toute forme « d'addictions », et des rassemblements ou associations réunissant les victimes, les invalides de notre société, telle l'union des « compulsive eaters », des « sex addicts », « Internet addicts », « shopping addicts », et peut-être, allez savoir, des « Phenomenology addicts ».

---

1   À propos du risque d'être jugé « réac », *cf.* le livre déjà mentionné de B. Cannone, *La bêtise s'améliore*.

LES CASTRATS

Le « thérapisme » est donc plus que le simple succès d'une approche objectivante de la vie : il exprime plutôt une tendance à son irréalisation. Là où une émotion suppose une conduite censée agir, non pas sur la structure réelle des choses, mais au moins sur leur mode et leur sens d'apparaître, son irréalisation en émotion imaginaire irréalise toute conduite en tant que telle. Bien sûr, cela ne signifie pas que l'on n'agisse plus du tout (au contraire) : mais l'action (ou plutôt « agitation ») ne cherche plus à se mettre en rapport avec ce qui nous affecte, mais à se donner un rapport, à le créer et à l'entretenir, non sans frénésie. L'émotion imaginaire profite de la structure intentionnelle de toute conscience imageante : elle pose un néant en irréalisant le réel. L'émotion est un analogon, soumis à la tentative d'évoquer un objet imaginaire tout en laissant en suspens une conduite effective sur le réel immédiat. Ainsi, les passions et affections imaginaires réduisent, on l'a dit, la présence du réel à ce qui s'en laisse neutraliser.

Dans un article de 1973, devenu assez célèbre aux États Unis, R.C. Solomon propose de repenser les émotions à l'image de conduites et de jugements, et non pas à celle des sentiments ou sensations. Pour lui, une émotion est une manière spontanée, irréfléchie et urgente de saisir une situation inhabituelle ou singulière. C'est pourquoi ces réactions sont souvent jugées irrationnelles. Or, ce n'est pas l'émotion qui est irrationnelle, voire absurde : c'est la situation réelle en tant que telle. Mon émotion a quelque chose d'étourdi, d'urgent et de précipité[1]. Mais en réduisant cette émotion à une sensation (le « how-does-it-feel disorder »), je méconnais non seulement la nature-même de toute émotion, mais en outre je méconnais la complexité des situations qui les suscitent. Ainsi, réduire une émotion à une sensation, c'est la manière même par laquelle le « thérapisme » les irréalise. Cette irréalisation affecte donc aussi bien notre intériorité que le sens complexe du réel. Peut-être est-ce

---

1   « Emotions are always urgent, even desperate, responses to situations in which one finds
oneself unprepared, helpless, frustrated, impotent, "caught". It is the situation, not the
emotion, which is disruptive and "irrational" ». R.C. Solomon, « Emotions and Choice »
(1973), in *Not Passion's Slave*, Oxford, Oxford University Press, 2003, p. 13.

là notre manière actuelle de nous *divertir*, c'est-à-dire de nous détourner du tragique. L'émotion est arrachée à l'encerclement des choses, et leur présence est délivrée du poids de l'existence : le « sentiment tragique de la vie » (pour parler comme Unamuno) est réduit à une totalité de troubles d'ordre nerveux. Que la réalité soit frappée de dérision et dénuée de sens, cela ne fait que prouver l'urgence d'assistance professionnelle. Ou inversement, combien sont ceux qui se disent stigmatisés, émotion-nellement blessés une fois confrontés à une situation embarrassante ? Nos émotions, dans pareils cas, nous dispensent d'engagements effectifs ou d'une confrontation réelle. Le réel, tel celui de tante Léonie, est taillé à la mesure de ce qu'on souffre.

En résumé, les émotions imaginaires font office de symptôme, celui d'une défaillance généralisée de s'exposer à ce que Pascal appelait l'état ou la misère de l'homme. Et elles ne font en ce sens qu'illustrer le carac-tère imaginaire de notre société : une société qui comme tante Léonie évoque en imagination des scènes tristes afin de se sentir confirmée dans son état sensible et affecté d'impuissance. Les larmes évoquent un monde triste tout en réprimant les exigences du monde réel. Car en effet, qu'est-ce donc que cette culture qui en un même mouvement réduit d'une part le réel à l'impact sur notre sensibilité, et d'autre part produit cet impact de toutes pièces ? Pendant qu'elle crée, fabrique, fournit et cultive un monde qui asservit, divertit et conquiert ses « sujets », cette même culture en attribue la force séductrice à l'existence de syndromes ou « d'addictions » au sens d'intoxication. Et de même, en objectivant ces émotions ou formes d'intoxications, elle crée l'illusion d'objectiver le monde qu'elle produit.

Que notre monde soit imaginaire, personne n'en doute[1]. Mais il reste toujours éprouvant d'en vérifier l'ampleur. Il s'infiltre à tous les niveaux.

---

1   Il est intéressant de remarquer que notre discours même sur le statut de cet imaginaire (le virtuel, le simulacre, etc.) et de son impact sur la « vie réelle » est très ambigu. Flagrante ambiguïté qui apparaît dans les commentaires visant à dénoncer les dégâts produits par les médias sur la santé mentale de nos contemporains. Autant on accuse ces médias d'inciter les jeunes à certaines formes d'addictions, et donc d'inaction, ou de passivité (de là les plaintes visant la prolifération de la pornographie sur internet : des « experts » ont montré que ces images, même si elles stimulent des obsessions, en même temps entravent tout rapport sexuel réel) autant on accuse ces médias de provoquer et de pousser les jeunes à certaines actions excessives, voire violentes (suite à quoi une famille américaine avait attaqué les producteurs de Hollywood sous prétexte que la vision du film « Natural Born Killers » aurait directement causé ou provoqué en 1995 une fusillade dans laquelle leur

Ainsi par exemple dans notre inclination à cultiver, voire exploiter des héros. Ici aussi notre façon de fréquenter ces « grands personnages » est purement imaginaire : autant on s'efforce de faire apparaître ces demi-dieux ou idoles comme de simples êtres humains, autant on les juge de manière impitoyable aussitôt qu'ils trahissent leur commune descendance. C'est nous qui créons nos idoles, mais qui en même temps déplorons le fait qu'elles soient si factices ou artificielles. Aussi, nos idoles médiatiques ne sont-elles probablement que le signe d'une dégradation du monde, qui emporte avec elle la nature des émotions. Celles-ci, on l'a vu, sont privées, ou plutôt châtrées de leur conduite intentionnelle. Et en même temps, c'est uniquement sur elles que repose la tâche d'évoquer un reste de réel. C'est cette double intention mensongère que résume si bien l'écrivain irlandais C.S. Lewis : « on châtre et exige les castrats d'être féconds » (« *we castrate and bid the geldings to be fruitful* »).

---

fille avait été atteinte (*cf.* L. Gervereau, *Histoire du visuel au XXe siècle*, Paris, Éditions du Seuil, 2003, p. 484).

SMALL IS STUPID

LE PARTICULIER ET L'INDIVIDUEL

La fascination pour l'infiniment petit occupait au temps classique une place spécifique dans les méditations d'ordre métaphysique, et cela dans le cadre de la caractérisation cartésienne de la matière comme *res extensa*. Chez Pascal, elle accomplit en outre un rôle essentiel dans sa méditation sur la futilité de l'existence humaine : l'être humain, perdu entre l'infiniment grand et l'infiniment petit[1], ainsi qu'il le développe dans son célèbre fragment 185[2] sur « la disproportion de l'homme ». Il est vrai que Pascal parlait d'univers miniatures *naturels*, tels qu'on les retrouve dans les organismes microbiologiques et minéraux, dans les structures géométriques (spirales logarithmiques), etc. Dans ce contexte, on pourrait encore défendre l'idée que la source de pareille fascination se trouve dans quelconque admiration pour les merveilles de la création[3].

Dans son étude sur Flaubert, Jonathan Culler raconte que l'auteur de Mme Bovary avait une fascination parfois stupide pour ce qu'il désigne

---

1 Certes, la question du rapport entre macrocosme et microcosme remonte bien plus loin dans le temps. *Cf.* par exemple R. Brague, *La Sagesse du monde. Histoire de l'expérience humaine de l'univers*, Paris, Fayard, 1999, p. 139 *sq*. Fort intéressante me paraît être l'idée proposée par Marcel Jousse, dans son anthropologie du geste, selon laquelle « l'anthropos mimeur » recrée par ces gestes la réalité dans laquelle le corps s'inscrit (M. Jousse, *L'Anthropologie du Geste* (1978), Paris, Gallimard (Tel), 2008. X. Escribano a repris ces idées dans un très bel article sur le corps poétique, intégrant les intuitions de Jousse dans la phénoménologie merleau-pontienne (le corps symbolique) et le texte de Paul Valéry sur l'art de la danse. *Cf.* X. Escribano, El cuerpo poético y la celebración de la existencia encarnada, *Historias y filosofías del cuerpo*, (Eds. E. Antubia & I. Marugán), Granada, Editorial Comares, 2012, p. 101 *sq*.)
2 Pascal, *Œuvres complètes, op. cit.*, p. 608 *sq*.
3 « ... il tremblera dans la vue de ces merveilles, et je crois que sa curiosité se changeant en admiration, il sera disposé à les contempler en silence... » (*Ibidem*, p. 609-610).

comme étant des « objets stupides ». La première version de Mme Bovary
contenait un exemple frappant[1], éliminé ensuite sur le conseil soutenu
de Bouilhet[2]. Il s'agissait d'une description assez élaborée (plus de 10
pages) d'un jouet qui devait occuper les enfants d'Hormais. L'objet était
un modèle miniature représentant la cour du roi Siam. « À la fois le
comble du gratuit et le comble de l'essentiel »[3], cette maquette, selon
J. Culler, illustrait parfaitement « stupidity and its attraction »[4].

Dans ce chapitre, j'aimerais montrer comment notre fascination pour
le minuscule et le microscopique (comme dans le cas du modélisme)
peut en effet receler quelque chose de « stupide ». Non pas en ce que
cet intérêt pour les objets miniatures trahirait une anomalie mentale ou
un défaut, voire une perversion d'intérêt et d'attention. Cette attention,
qui peut d'ailleurs acquérir quelque chose d'obsessionnel, renvoie à une
sorte de stupeur ou d'hébétude pour ce qui ne s'avère être rien de plus
qu'un détail anodin et intellectuellement insignifiant[5]. La curiosité
qui me pousse à explorer ces objets n'est plus poussée par une question
« d'intelligibilité » ou par un désir d'en comprendre le fonctionnement
ou la structure interne[6]. Elle trahit bien plutôt une sorte d'étonnement,
voire de confusion, à l'idée que cet objet suscite en nous une disproportion entre la forme et la matière.

En simplifiant à outrance, nous pourrions saisir le sens de cette disproportion de manière suivante : dans ce qui est de l'ordre du colossal,
la matière empiète sur et déborde hors de la forme, la matière l'étire
et la détend jusqu'au méconnaissable. En revanche, dans ce qui est
minuscule, l'inverse se produit : la matière rétrécit sans endommager
la forme en tant que telle[7].

---

1   Outre la description de la casquette de Charbovary, « avec ses profondeurs d'expression
    muette comme le visage d'un imbécile » (cf. A. Thibaudet, Gustave Flaubert (1935), op. cit.,
    p. 96).

2   Cf. J. Culler, Flaubert : The Uses of Uncertainty (1974), Critical Studies in the Humanities, The
    Davies Group, Publishers, Aurota, Colorado, 2006, p. 171.

3   A. Thibaudet, op. cit., p. 96.

4   J. Culler, op. cit., p. 171.

5   Voir par exemple, les sites dédiés aux « Miniature Worlds » (« Miniatur Wunderland »
    à Hamburg, « Miniature World » à Victoria, etc.) ou le livre passionnant de Dominique
    Pascal, La folie des voitures miniatures, Paris, Flammarion, 2004.

6   Même si, bien entendu, la modélisation peut être motivée par un intérêt purement intel-
    lectuel, comme nous le verrons plus bas.

7   On pourrait se poser la question, à ce sujet, s'il existe un art abstrait à échelle réduite.
    Peut-être entre-t-on dans le domaine de la joaillerie. En revanche, il existe un « art » qui

Le rapport entre l'immensément grand (le grotesque) et le stupide est intuitivement assez facile à saisir. Ce qui est trop grand fait preuve de gaspillage, trahit un déséquilibre entre forme et matière : ces objets sont « empotés » et lourds. Bien sûr, il existe des formes qui se prêtent à la catégorie de l'immense (*das Kolossale*). Montagne, gratte-ciel, ours et autres « géantes ». Ces colosses incarnent le « sublime » et s'imposent par le maintien de la forme nonobstant l'abondance ou l'opulence d'espace et de matière. Toutefois, une forme gigantesque à échelle réduite acquiert quelque chose de « mignon ».

Mais comment décrire le « stupide » au niveau des objets minuscules ? Petit veut souvent dire : raffiné, discret, rusé, rapide et vif. Or, ici aussi le rapport entre forme et matière est hors balance. Mais dans le cas du minuscule, il ne s'agit plus d'un excédent de matière sur la forme, mais de la forme sur la matière. Malgré son échelle *microscopique*, la forme persiste et colle à un « reste » de matière. Et c'est ce reste qui attire l'attention et la fascination béate et stupide.

Quiconque a pu ressentir quelque fascination pour des modèles réduits, les trains électriques, les maisons de poupée, les crèches provençales ou péruviennes, le voitures miniatures, etc. sait de quoi il s'agit[1]. Il est comme captivé et cherche à voir de très près comment tel ou tel détail a été reproduit, tout en explorant comment certains aspects (portes, fenêtres…) ont pu être représentés à une échelle aussi réduite. Aussi petite qu'elle puisse être, la valeur d'une maquette (et son prix) dépend de sa capacité à répandre l'exactitude minutieuse de sa représentation dans les détails les plus insignifiants (comme dans le cas des trains miniatures : les lunettes du machiniste, le journal du passager, le cuir des banquettes, etc.). C'est ce que vise dès lors mon regard dans sa curiosité : l'approche d'une perfection formelle dans un minimum de matière. Le cas idéal serait celui où l'on arriverait à effectuer cette perfection jusqu'à l'infini. Le journal miniature du passager, les titres à la une, le nom du journaliste, les lettres, l'encre[2]… L'objet

---

n'est qu'un grossissement démesuré de modèles réduits, comme par exemple l'art dit monumental et réaliste (*cf.* les statues de dirigeants de régimes totalitaires).

1   *Cf.* le musée « Miniature & Cinéma », à Lyon (60, Rue Saint Jean).

2   Une de mes cousines avait reçu une poupée « musicale ». En ce temps-là, c'était une prouesse. Il fallait en effet insérer un petit disque de plastique transparent dans le dos de la poupée, et *en avant la musique*. Certes, rien de spectaculaire, comparé aux prouesses actuelles de la nanotechnologie. Cependant, ce qui me fascinait était la question comment

miniature semble détenir un statut quelque peu paradoxal : du fait de sa dimension fortement réduite, il apparaît comme une composition fermée sur elle-même. Cet objet est ce qu'il est, centré sur lui-même, et ne diffère en rien d'un quelconque « être-en-soi ». Mais en raison de sa reproduction condensée d'une totalité réelle, il souffre d'une hémorragie interne. L'idéal de tel objet serait, par exemple en ce qui concerne les détails (portes, fenêtres, …) celui d'un rétrécissement virtuel poussé à l'infini, et où s'exerce une précision dont l'exigence s'exécute sur une matière de plus en plus amincie, émincée et raréfiée. Bref, c'est l'idéal d'une divisibilité infinie de la matière sans perte aucune au niveau du lien originel avec la forme. Mais justement, le fait est que cette divisibilité (la propriété essentielle de la matière, selon Descartes) ôte à cet objet miniature son individualité (*i.e.*, ce qui par définition serait *in-divisu*). J'aimerais suggérer en quoi la force qui émane de pareil objet et qui sollicite le spectateur à un regard excité et à une fascination enfantine (oh, regarde ! la poignée de porte !…) vient de cette tension entre le caractère particulier de la miniature et son évidement, *i.e.* sa *désindividualisation* : voilà que je poursuis du regard la forme et les détails qui en constituent les pièces essentielles jusqu'à la limite du méconnaissable. Aussitôt la limite atteinte, la fascination s'estompe. Et elle se fige d'autant plus promptement que la qualité de reproduction de l'objet en question est médiocre ou peu « réaliste » (comme c'est le cas pour des objets miniatures bon marché, voire « kitsch »)[1]. Dans pareil cas, l'objet manque de particularité et apparaît tout au plus comme spécimen individuel d'un type de modèle. L'attention n'accroche pas, et glisse sur la forme, en partie en raison du fait que la reconnaissance du tout réprime aussitôt l'intérêt pour les parties.

---

toute une installation « hifi », qui ces jours-là remplissait le coffre d'une voiture, pouvait être insérée dans le ventre d'une poupée. Comparé à cela, les poupées « faisant pipi » n'étaient qu'un jeu d'enfant.

1   À propos du kitsch (« trait distinctif de la décoration petite-bourgeoise ») dans l'œuvre de Flaubert, *cf.* Claude Duchet, « Roman et objets », in *Travail de Flaubert*, Éditions du Seuil, Paris, 1983, p. 26 *sq.*

RÉDUCTIONS

Cette tension entre l'aspect très particulier de l'objet miniature (je le vise en sa matière), par exemple un *modèle réduit*, et sa désindividualisation (il file à l'infini) le caractérise dans le statut ambigu qu'il occupe dans son rapport avec l'imaginaire. Celui-ci, on l'a analysé plus haut, irréalise l'objet et le pose comme un absolu – en revanche, dans le modèle réduit, la matière ne se laisse pas irréaliser, elle garde son extériorité et malgré la réduction d'échelle, elle est toujours « de trop ». Le modèle réduit balance entre deux sortes de « réductions » : celle qu'impose l'imaginaire, et celle qui concerne sa dimension matérielle.

La première (celle qu'impose l'imaginaire) affecte les dimensions de l'espace et du temps. Nous verrons à l'instant que cette signification dépend fortement d'une faculté et d'une force que Sartre attribue à l'imaginaire. Selon Sartre, l'imaginaire reconvertit les dimensions réelles de l'espace et du temps d'un objet en qualités intrinsèques à la reproduction. C'est aussi en ce sens précis qu'il nous faut comprendre comment le modèle réduit absorbe ses dimensions et surtout, comment *il les porte à l'absolu* sous la forme de qualités structurelles et internes. Car la reproduction agit comme une manière d'isoler l'objet reproduit de tout ancrage dans un milieu réel (c'est-à-dire dont le sens est « relatif » à un point de vue). Le terme « réduction » renvoie ici à la *modification interne ontologique* que l'objet est censé subir dans sa transition de la dimension réelle à la dimension irréelle : en d'autres mots, il s'agit d'une modification qui concerne et affecte son statut « d'être ». Par commodité, j'appellerai cette forme de réduction une « réduction ontologique ».

L'autre sens du mot « réduction » se rapporte au mode de manifestation de l'objet miniature plutôt qu'à sa composante imaginaire. « Réduire » doit aussi être compris dans le sens d'un rétrécissement matériel. Et pris dans ce sens-ci, il est clair que la réduction ne modifie aucunement le statut ontologique de l'objet. Même rétréci, le modèle réduit reste un objet réel, sensible et matériel. Dans ce cas-ci, la composante imaginaire ne dépasse pas la base matérielle, mais tente bien plutôt d'évoquer inlassablement la forme et de la conserver dans et sur ce reste de matière précise. J'appellerai cette forme-ci la « réduction hylétique ». Dans cette réduction-ci l'imaginaire semble à tel point habité par la propension à reproduire la forme dans ce reste de matière, qu'il reste lui-même, en tant que faculté, collé à cette matérialité. C'est aussi dans le cadre de cette forme de réduction qu'il faut situer notre fascination pour le modèle réduit. Celle-ci est en effet propulsée par et nourrie d'une dimension imaginaire qui, contrairement aux effets produits dans la « réduction ontologique », ne lâche ni ne renonce aux liens qu'elle entretient avec la base matérielle rétrécie et condensée. En d'autres mots, le modèle réduit occupe un statut très ambigu, oscillant entre l'imaginaire et le réel. D'une part il partage avec ce que Sartre appelle un « objet imaginaire » la tendance à l'absolu. Cette tendance repose sur notre pouvoir de « réduire » les qualités réelles. Cependant le modèle réduit diffère de l'objet irréel dans le sens où la réduction d'échelle n'affecte pas l'attention que l'on ressent pour la base maté-rielle. Un objet miniature emprunte son pouvoir à sa capacité de fixer notre attention sur la matière, au lieu de la laisser s'évanouir au profit de l'une ou l'autre image évoquée. Certes, je cherche une image, mais uniquement dans la mesure où elle est encore présente et identifiable dans cette matière réduite. Bref, le modèle réduit se situe quelque part entre la *réduction hylétique* et la *réduction ontologique*.

ENTRE MAQUETTE ET MAISON DE POUPÉE

Par ce statut ambigu, sa position vacillante entre imaginaire et réel, le modèle réduit impose aussi cette attention si particulière que j'ai décrite à l'instant : sorte de fascination enfantine et curiosité que je décrirai à l'instant comme perception irréelle. On verra comment celle-ci vacille elle-même entre deux approches à partir desquelles on a régulièrement tenté de décrire l'intérêt ou la fascination que l'on ressent pour les modèles réduits : la première conçoit l'intérêt en fonction d'enjeux intellectuels (Claude Lévi-Strauss), la deuxième le réduit à la rêverie (Bachelard).

Dans le premier chapitre de *La pensée sauvage*, et en introduction à une analyse de la place que prend l'œuvre d'art dans son rapport au savoir scientifique et le savoir par le mythe, Claude Lévi-Strauss introduit le problème du « modèle réduit », « comme les jardins japonais, les voitures en réduction, et les bateaux dans les bouteilles[1] ».

Pour Lévi-Strauss, tout modèle réduit semble exprimer une vocation esthétique, voire même s'avérer être le prototype d'une œuvre d'art en tant que telle : car celle-ci suppose une capacité de « réduire » certaines dimensions de l'objet. Même une statue « grandeur nature » suppose le « modèle réduit », « puisque la transposition graphique ou plastique implique toujours la renonciation à certaines dimensions de l'objet[2] ». Il s'agit de dimensions spatiales aussi bien que temporelles. Et c'est cette réduction qui confère sa valeur à pareil objet. Lévi-Strauss explique ensuite comment cette réduction résulte d'une sorte de « renversement du procès de la connaissance ». Pour connaître un objet en sa totalité, nous commençons généralement par opérer depuis les parties (les « *Abschattungen* », dirait le phénoménologue). « À l'inverse, ... dans le modèle réduit la connaissance du tout précède celle des parties[3] ». La transposition quantitative (*i.e.*, la réduction d'échelle) accroît notre saisie de l'objet, du fait que nous l'appréhendons d'un seul coup d'œil[4]. Nous saisissons sa structure d'un seul coup, tant l'objet est offert comme totalité achevée au spectateur. La connaissance, ou la saisie de la structure complexe ou de la forme de cette chose ne doit plus être obtenue à partir d'approches patientes et partielles. Une fois réduite, cette forme nous est offerte d'un coup. L'exploration des parties vient dès lors en deuxième lieu. La saisie immédiate « gratifie » en effet l'intelligence et les sensations d'un plaisir particulier, qui selon Lévi-Strauss, « peut déjà être appelé esthétique[5] ».

En outre, puisque la connaissance précède l'exploration et l'analyse des parties, et dans la mesure où le modèle réduit est un artéfact, il devient aussi possible de tenter de comprendre comment il est fait. Et, affirme Lévi-Strauss, cette compréhension de la confection ajoute une dimension complémentaire à son objet[6]. Car si le spectateur est captivé

---

1 C. Lévi-Strauss, *La pensée sauvage*, Paris, Plon, 1962, p. 37.

2 *Ibidem*, p. 38.

3 *Ibidem*, p. 38.

4 « La réduction d'échelle renverse cette situation : plus petite, la totalité de l'objet apparaît moins redoutable ; du fait d'être quantitativement diminuée, elle nous semble qualitativement simplifiée ». (*Ibidem*, p. 38).

5 *Ibidem*, p. 38.

6 « Or, dans la mesure où le modèle est artificiel, il devient possible de comprendre comment il est fait, et cette appréhension du mode de fabrication apporte une dimension

et s'il veut savoir comment tel ou tel détail a été fabriqué, il est de ce
fait « transformé en agent » : « Autrement dit, la vertu intrinsèque
du modèle réduit est qu'il compense la renonciation à des dimensions
sensibles par l'acquisition de dimensions intelligibles[1] ».

Le fait que certaines parties du modèle réduit puissent nous intéresser,
n'est dès lors pas l'expression du désir de saisir la totalité (ce qui serait
le cas pour notre attitude face à un objet réel). Nous *connaissons déjà*
l'objet : la réduction d'échelle affecte notre curiosité intellectuelle et lui
fait aussi subir une transformation. D'une faculté essentiellement passive
ou réceptive, censée synthétiser et unifier la multitude du sensible, elle
se convertit en une faculté active et libre, qui une fois en possession de
la totalité, explore d'autres « modalités possibles de la même œuvre ».
Grâce à la condensation des qualités sensibles (et donc partielles) en une
saisie spontanée et immédiate de la totalité, le modèle réduit donne
à l'intelligence l'occasion de « varier eidétiquement » (dirait Husserl)
la structure interne de la chose reproduite. C'est dire que pour Lévi-
Strauss, l'intérêt pour l'objet réduit semble avant tout être de nature
intellectuelle[2].

Il est fort probable que cette conception du modèle réduit dépende
fortement du genre de modèles que Lévi-Strauss avait en vue. Ce qu'il
dit vaut certes pour un genre particulier de modèles réduits, telles
les maquettes d'ingénieurs ou d'architectes, ou les plans d'intérieurs,
plans de métros, etc. Mais on peut en passant se poser la question si ses
analyses s'appliquent aussi aux exemples que lui-même avançait. Pour
ma part, je ne suis pas sûr qu'un architecte naval professionnel ressente
une grande curiosité intellectuelle à la contemplation de bateaux dans
les bouteilles. Dans la libre variation, à laquelle il fait indirectement
allusion, mon intérêt ne vise pas spécifiquement le modèle réduit en
tant que tel, mais les « modalités possibles de la même œuvre ». Bref,
comme dans le cas d'un modèle de piètre qualité (kitsch), mon esprit ne
s'intéresse pas à l'objet mais passe outre. Ce qui m'intéresse ici se situe
bien au-delà du modèle réduit en tant que tel, *i.e.* il vise le domaine des
possibles que l'intellect évoque et qui se détachent de l'objet dans sa

---

supplémentaire à son être… » (*Ibidem*, p. 39-40).
1   *Ibidem*, p. 39.
2   À propos du rôle de la « modélisation » dans les représentations scientifiques, *cf.* A. Toon,
    Models as Make-Believe, Imagination, Fiction and Scientific Representation, New York, Palgrave
    Macmillan, 2012.

spécificité (sa matérialité). Le modèle réduit de Lévi-Strauss emprunte sa force attractive au pouvoir de transcender la donnée sensible et matérielle au profit de la dimension intellectuelle, un plan ou une connaissance saisissant la structure de la chose reproduite. Or, je tente de montrer qu'au contraire ce n'est nullement l'une ou l'autre structure d'un objet ou d'une construction, que l'esprit en abstrait ou qu'il rend explicite, qui parvient à fasciner dans un modèle réduit, mais que c'est bien plutôt *la reproduction de sa forme dans une matière fortement rétrécie ou réduite*. En fin de compte, l'intérêt intellectuel évite l'objet, ne s'intéresse pas à lui dans sa particularité : il ne voit en lui que la forme irréelle.

Il en va de même dans une approche inverse, qui appréhende l'objet miniature et se laisse captiver par lui pour des raisons de pure imagination, la rêverie. C'est ce que fait Bachelard. Dans son ouvrage sur *La poétique de l'espace*, il dédie un chapitre entier à « La miniature ». Le minuscule, tel qu'il apparaît par exemple sous la loupe du botaniste, est une « porte étroite » qui « ouvre un monde[1] ». Souvent, se plaint l'auteur, « le philosophe » décrit phénoménologiquement son « entrée dans le monde », son « être dans le monde » sous le signe d'un objet familier[2]. Par exemple, « son encrier ». Un objet trivial et pauvre devient ainsi « le concierge du vaste monde ». Or, celui qui contemple à la loupe « barre » ce monde d'objets familiers. Il entre dès lors dans le monde miniature, du moins dans la mesure où sa rêverie, qui crée ce mini-monde, le guide. C'est cette rêverie qui intéresse Bachelard, comme cette forme d'imagination donnant accès à la « miniature sincèrement vécue ». L'homme à la loupe, pour qui tout un univers se concentre en un grain, découvre sous ses yeux les germes vitaux de l'imagination. Cependant, la rêverie qui se laisse séduire par ces germes, loin de s'engouffrer dans la miniature, nous en éloigne. Elle ne cherche pas à la contempler : devant une maison de poupée, elle commence à rêver. Je me vois monter le minuscule escalier, me blottir dans ce petit fauteuil, là, près de la fenêtre. Autrement dit, je *m'irréalise* moi-même, comme je me fais habitant irréel de cet immeuble irréel. Et dans ce cas, la miniature n'est elle-même qu'un « germe de rêverie ». L'objet ne

1 G. Bachelard, *La poétique de l'espace*, Paris, PUF (Quadrige), 1957, p. 146. Bachelard y décrit en outre l'idée reprise par Lévi-Strauss, selon laquelle le réduction d'échelle « condense et enrichit » les valeurs.
2 *Ibidem*, p. 146.

m'intéresse pas en vertu de ce qu'il est : il ne fait que soutenir l'évolution de « l'imagination miniaturante[1] ». Je ne le « vois » dès lors plus, et la rêverie me « détache du monde ambiant » et du réellement visible. Car l'imaginaire est une façon de poser une manière de ne *rien* poser ou de ne *rien* percevoir. Évoquer l'image du petit Poucet c'est d'office l'exclure du présent réel. Le visible est confisqué par la dynamique cherchant à créer l'invisible et à la maintenir en vie.

Toutefois, l'attention pour les objets miniatures n'a rien d'une rêverie. Contrairement à ce que soutient Bachelard, l'attention que l'on porte pour la miniature brise perpétuellement cet élan vers l'irréel. Il reste trop de dépôt de matière qui ne se laisse pas digérer, et cela du fait même que sa présence incite justement notre attention à l'exploration. Je cherche donc à « parcourir » la miniature, à l'examiner de plus près. Le regard s'y enfonce, même si cet objet ne me dévoile rien de nouveau. Et ce mini-monde me fascine du fait que la tension ou la disproportion entre matière et forme m'incite à l'observer davantage et de manière de plus en plus précise (au lieu de rêver). C'est aussi pourquoi je vise surtout les détails : « cette porte, est-ce qu'elle s'ouvre ? », « ce lit minuscule, a-t-il un matelas ? », etc. Je veux examiner les éléments du réel figurant sur le terrain de l'ordre irréel qu'est l'échelle à laquelle ils ont été produits : éléments qui figurent à la limite du réalisable. Au-delà de cette limite, la matière reprend ses droits. Le propre de l'attention pour l'objet miniature est donc lié au caractère ambigu de l'objet. Il se situe, comme je l'ai dit, entre l'imaginaire et le réel : entre l'objet imaginaire et l'objet réel.

L'OBJET IMAGINAIRE

Le terme même d'« objet imaginaire » est quelque peu trompeur, puisque, comme on l'a vu précédemment, il n'existe pas d'objets irréels ni de « monde imaginaire ». J'ai décrit aussi les raisons qui ont poussé

---

1   *Ibidem*, p. 149. Expliquer la nature de la fascination de notre imagination pour les miniatures par le renvoi à cette « imagination miniaturante » est aussi moliéresque que le renvoi aux « vertus dormitives » inhérentes aux somnifères.

Sartre à tirer cette conclusion. Dans ce qui suit, je me borne à reprendre ces éléments-là de sa notion d'imaginaire qui s'avèrent indispensables pour notre approche de l'objet miniature et de notre tentative d'en cerner la position et la nature.

L'imaginaire accomplit ce que je viens d'appeler la « réduction onto-logique » : par l'exécution de la « double néantisation », il ne s'affirme que grâce à une modification radicale de notre attitude face au réel. On a vu comment ce réel et la présence sensible sont neutralisés au profit de ce qui ne l'est pas. Sartre inverse par ailleurs la thèse classique, selon laquelle l'imagination cherchait à rendre présent ce qui est absent. Au contraire, dira-t-il, *l'imaginaire crée l'absence*. Il pose quelque chose ou quelqu'un comme absent ; il creuse le réel et, comme je l'ai montré plus haut, il isole un objet du monde ou le coupe de toute réalité. Dans ce processus, la donnée sensible perd elle-même son opacité et son extériorité au profit de l'évocation de l'absent : *l'extériorité du réel se détériore en une transcendance*. En ce sens, du moins en ce qui concerne la dynamique de la conscience, l'objet miniature présente quelque parenté avec l'objet visé en image. Mais, comme je voudrais le montrer, dans le modèle réduit la matérialité ou la donnée sensible garde son extériorité et celle-ci, aussi minuscule et ineffable soit-elle, continue de s'affirmer comme telle dans la forme.

En ce qui concerne l'imaginaire, on a vu que la matérialité était entièrement monopolisée et accaparée par l'acte évoquant l'image afin de prêter à l'objet visé un semblant de vie et de donnée d'intuition. Et cela au prix de l'hétérogénéité entre l'acte de la conscience et l'objet visé. C'est pourquoi, contrairement à un acte de perception, on ne doit pas « apprendre » les objets imaginaires. Le savoir précède la visée et aide à en constituer l'objet dans son apparence. C'est pourquoi l'objet se donne ici « d'un bloc à l'intuition[1] ». L'image ne contenant rien de plus que ce que j'y ai mis, elle est par essence « pauvre » et sans extériorité vis-à-vis de l'acte qui l'a fait naître. L'image reste solidaire de l'acte : ou encore, elle n'acquiert qu'une forme de présence dégradée, sans réel « dehors ». L'objet imaginé n'est rien en dehors de l'acte même. Je ne contemple pas tel objet, je le fais naître et le maintiens artificiellement en vie par ce que j'ai appelé une sorte de création continuée. Et cette

---

1   J.-P. Sartre, *L'Imaginaire, op. cit.*, p. 27.

création pose cet objet comme absent ou irréel au sein du sensible. Comme quoi l'imagination est tout le contraire de la perception : comme je l'ai dit plus haut, elle est une manière de poser une façon de *ne pas voir* ou de ne pas regarder quelque chose. L'attitude propice à l'imaginaire met en effet hors-jeu le rapport perceptif et réintègre le réel et la matière comme constituant de la dynamique évocatrice de l'image. Toute donnée intuitive est ramassée et appropriée par cet acte qui en avale et en digère tout contenu. Bref, dans l'imaginaire, la matière occupe une position instable : elle est en partie privée de son extériorité, et en même temps elle reste hétérogène, transcendante à la conscience. C'est sur cette hétérogénéité que l'imaginaire se greffe afin de prêter au néant de l'image ce semblant de contenu sensible et réel. L'imaginaire dégraisse la matière de sa consistance réelle, la contamine de néant ou d'irréalité, elle la prend en otage afin d'offrir la vie à du vide et du néant.

Et on a vu aussi que c'est le monde en sa présence globale qui se voit affecté de néantisation : le monde comme unité de rapports et de différences est irréalisé, « en un mot nié[1] ». Les différentiations internes en sont arrachées ou extraites au profit d'une différence radicale qui oppose l'image à la réalité. Et l'image, pour sa part, tend à se poser comme un absolu (détaché de tout point de vue ou d'ancrage dans un monde sensible). C'est ce phénomène-ci que Lévi-Strauss appelait « réduction ». Ou, comme je l'ai montré au chapitre précédent, chaque détermination spatio-temporelle est aussi irréelle que l'objet évoqué : elle se dégrade en propriété immanente de l'image. Dans la terminologie de Lévi-Strauss : l'image réduit ou renonce aux dimensions réelles pour les appréhender comme qualités dans l'objet (*i.e.*, « réduction ontologique »). Et par conséquent, on a déjà noté que l'objet imagé perd toute individualité. C'est la perception, localisant un objet dans une dimension spatio-temporelle, qui individualise l'objet : je tente dès lors d'enrichir, de compléter ma vision en accumulant les profils et les aspects de la chose. Or, dans le « renversement » produit par l'imaginaire, l'objet ne se complète pas du tout. Il est donné d'un coup et il a englobé ou incorporé tous les profils et « *Abschattungen* » sous forme de savoir constitutif de son apparaître imagé. « Ces qualités (grandeur et distance) n'apparaîtront plus comme

---

1   J.-P. Sartre, *L'imaginaire, op. cit.*, p. 352.

des relations de Pierre avec d'autre objets : elles sont intériorisées : la distance absolue, la grandeur absolue sont devenues des caractéristiques intrinsèques de l'objet[1]... ». L'objet imaginaire est donc le résultat, la fin ultime, ou l'aboutissement, et non plus l'origine de la conscience synthétique. Il contient comme qualités absolues ce qui dans la réalité constituait un monde. Il n'est donc lui-même pas individué et apparaît « sans aucune solidarité avec aucun autre objet[2] ». C'est pourquoi, comme je l'ai dit plus haut, chaque objet irréel apporte avec lui son temps et son espace.

Or, l'objet miniature garde son extériorité. La matière reste toujours « de trop », comme un dépôt, même au niveau du minuscule.

L'OBJET MINIATURE

Lorsque les deux géants, Micromégas et l'habitant de Sirius, arrivent sur terre, ils ne détectent aucun signe de vie. Mais cela change, suite au petit incident au cours duquel le collier de l'un d'eux tombe par terre, éparpillant tous les diamants sur la surface. En ramassant les pierres, ils ont tout à coup l'idée d'utiliser ces pierres précieuses en guise de microscopes à la recherche d'êtres humains. Ainsi, ils repèrent un bateau contenant à bord « une volée de philosophes » sur la voie du retour après avoir effectué une excursion scientifique au cercle polaire. On dirait bien des atomes, se disent nos deux géants, mais ils parlent et en outre, ils n'ont par l'air bêtes. « O atomes intelligents », s'exclame Micromégas étonné, « dans qui l'Être éternel s'est plu à manifester son adresse et sa puissance, vous devez, sans doute, goûter des joies bien pures sur votre globe ; car ayant si peu de matière, et paraissant tout esprit, vous devez passer votre vie à aimer et à penser ; c'est la véritable vie des esprits[3] ». Sur quoi un des philosophes (« une mite philosophique ») rétorque, tout en secouant la tête, qu'à l'exception d'une petite minorité, la population d'ici n'est rien d'autre « qu'un assemblage de fous, de méchants

---

1   *Ibidem*, p. 245-246.
2   *Ibidem*, p. 260.
3   Voltaire, Micromégas, in *Romans et contes*, Paris, GF Flammarion, 1966, p. 144.

et de malheureux », des êtres minuscules qui s'entretuent, bref, « une fourmilière d'assassins ridicules[1] ».

Aussi menus et infimes soient-ils, ils gardent leur proportion d'origine[2]. Ces « mites » restent affectées par la réduction d'échelle. Ce qui n'est qu'atome au regard d'un géant, est pour eux comme le Mont Ararat. Et ils ne se dissolvent pas dans le néant, du fait que la matière divisible continue à les ancrer dans l'existence. Mais c'est en même temps cette matière qui les rend si ridicules. Quoique minuscules, « nous avons plus de matière qu'il ne nous en faut », dit un des mini-philosophes. Leurs compagnons, ajoute-t-il, et leurs congénères mènent des guerres pour « quelque tas de boue grand comme votre talon[3] ». Cette matière reste « de trop », comme un dépôt, même au niveau du minuscule. Cet « excès » ou surabondance à échelle réduite, est au centre de notre fascination pour le modèle réduit.

La matière (contrastant en cela avec l'objet imaginaire) *garde son extériorité*, ne se laisse donc pas « neutraliser » ou « irréaliser » en quelque chose de transcendant. Mais en même temps, cette matière est tellement neutralisée par l'imaginaire, qu'elle doit renoncer à toute forme d'auto-manifestation et à la manifestation de sa structure interne : *elle ne se pose pas pour elle-même, mais elle soutient une forme toujours sur le point de disparaître*. Le reste de matière n'arrête donc pas de s'affirmer, mais uniquement dans l'espoir de maintenir la forme de ce côté-ci de l'être. Pour cette raison, la matière ne manifeste rien de sa propre substance, mais elle coïncide avec l'évocation d'une forme qui n'est elle-même que reproduction, en d'autres mots, l'image de quelque chose que je connais déjà et dont le savoir précède l'apparaître. Et puisque le modèle réduit, en tant qu'objet, bascule perpétuellement entre le réel et l'imaginaire, l'attention et la fascination que nous lui témoignons sont toujours en quelque sorte inappropriées ou inopportunes. Ou plutôt, « de trop » par rapport aux aspects réels (vu que la matière a été privée de son extériorité

---

1   *Ibidem*. Lorsqu'une des mites philosophiques affirme que grâce à « La Somme de Saint Thomas » il connaît enfin les secrets de l'univers, *i.e.* qu'il a été créé uniquement pour et en fonction de l'être humain, nos deux géants s'écroulent de rire et à force de se secouer, le bateau et son équipage tombe de l'ongle du géant de Sirius « dans une poche de la culotte du Saturnien » (*Ibidem*, p. 147).

2   Voltaire s'inspire assurément d'un passage de la *Recherche de la vérité*, *op. cit.*, p. 61-62 (même s'il préfère renvoyer à Swift).

3   *Ibidem*, p. 145.

et de son indépendance) – et inappropriés aussi vis-à-vis de l'imaginaire, vu que l'image ne nous intéresse plus exclusivement qu'en raison de son ancrage dans le bout de matière réduite (*i.e.*, suite à la « réduction hylétique »). L'attention pour le modèle réduit n'est intellectuellement aucunement enrichissante (par principe, je sais d'ores et déjà ce que je vais/veux voir). En outre elle ne s'évapore pas dans son élan vers l'imaginaire (je reste à fixer la matière) : cette attention a quelque chose de stupide, elle ne mène à rien.

Le statut ambigu du modèle réduit pourrait s'illustrer de la manière suivante : un phénomène réel ou une chose se manifeste par profils et « Abschattungen » au point de vue que je suis contraint d'occuper, vu mon ancrage dans le monde. Mon savoir, on l'a dit encore à l'instant, est le résultat de ces dévoilements toujours partiels et infinis. Infinis, parce que l'objet est lui-même inscrit dans un nombre infini de rapports dans le monde. Pour l'objet imaginaire, c'est l'inverse : ici, le savoir précède l'évocation de l'objet. L'image ne contient rien de plus que ce que j'y ai mis, et s'incorpore à l'acte qui le fait naître et qui le maintient en vie. Par manque d'hétérogénéité entre acte et objet, rien ne se donne à explorer.

Mais dans le cas du modèle réduit, quelque chose d'étrange se produit : le savoir précède l'apparaître, comme pour un objet imaginaire. Je vois *instantanément* ce qui a été reproduit à cette échelle réduite, sans cela je ne devinerais même pas la présence d'un modèle réduit dans ce bout infime de matière. Il suffit de penser à ces artistes qui « découpent » ou « taillent » des figures dans des mines de crayons[1]... Certes, mon regard doit s'ajuster et cela demande un peu de temps. Je remarque d'emblée que cette mine n'est pas normale. Mais si tôt que j'ai saisi la forme reproduite (genre : tête de Socrate, chat, main, etc.), celle-ci détermine entièrement mon attitude vis-à-vis du crayon. De fait, il ne s'agit plus d'une simple mine, cette matière s'est laissé animer par une forme reproduite en elle. Et cette forme apparaît « en bloc », comme un objet imaginaire, et pas par « Abschattungen ». Je la saisis d'un coup, ou pas du tout. Le savoir précède l'apparaître. Mais, comme le remarquait fort justement Lévi-Strauss, ma curiosité continue à se

---

1   http://www.silvermineart.org/gallery/exhibition_detail.cfm?exhibitionID=119. Pour des exemples encore plus extravagants de ce que l'on dénomme « microart » (*i.e.*, « sculpter » des grains de riz, peindre sur un cheveu, etc.), *cf.* http://pushkin-cci.narod.ru/microcosm/indexeng.htm.

sentir sollicitée par cette mine. Car même si la forme n'est pas réelle, je ne lâche pas la matière. Je veux en effet *voir* et savoir comment cet « artiste » est parvenu à « sculpter » par exemple une chaussure dans ces quelques millimètres.

Et c'est justement parce que je *sais* ce qu'elle représente que je cherche simultanément à appliquer ce savoir sur la matière hors de laquelle j'ai soustrait cette forme (par exemple « une chaussure »). Bien sûr, je ne vais rien apprendre ou découvrir (« que les chaussures ont des lacets »). Mais je veux à tout prix voir et retracer jusqu'à quel point la matière s'est laissé envoûter afin de modeler en image tout ce que je sais au sujet de cette figure. Bref, l'imaginaire est arrivé à ensorceler, voire à duper ou suborner la matière afin de lui extorquer une image – or cette matière réclame en retour cet imaginaire afin de le forcer à évoquer cette image sans interruption et à traquer le moment de son éclosion dans sa substance. La forme est réelle : cela veut dire que l'imaginaire « néantise » ce qui est présentement donné en faveur de l'image évoquée. Mais ce qui est présent ne s'efface pas et ne cède pas, puisque dans le cas du modèle réduit, l'intérêt qu'on porte à l'image dépend de son incapacité à se « désengluer » de la matière. Comme si en effet l'acte posant l'image chutait de sa position d'imaginaire et se fixait sur la matière afin de tenter de *voir* réellement cette chaussure irréelle. Et elle tente de la percevoir, *du fait justement* qu'elle a été reproduite à une échelle si réduite. À échelle naturelle, pareille reproduction n'attirerait pas autant d'attention, au plus on y trouverait quelque chose de décoratif (« kitsch ») ou de fonctionnel (voire : « cela fait pot de fleur »).

Donc, d'où vient notre tendance à explorer ce « micro-objet » ? Du fait que, justement, il est si petit, et du fait que la réduction d'échelle a provoqué une disproportion entre forme et matière. L'équilibre naturel est rompu, causant une tension interne entre la base physique et la figure reproduite. Je reconnais la forme, mais à une échelle inhabituelle et à une dimension telle que la matière y semble quasiment invisible et effacée. Ce qui explique l'étonnement de Micromégas : il faut croire que ces mites philosophiques sont des esprits purs...Or, ces esprits sont encore matière. Il en reste toujours *de trop*. Et ce sont ces restes que le micro-artiste – à l'instar des peintres ottomans dans le roman d'Orhan Pamuk[1] – travaille :

---

1   Orham Pamuk, *Mon nom est Rouge*, Paris, Folio, 2003.

il peint un panda sur un seul cheveu, il taille un merlin sur un grain de riz, ... et fait apparaître ces figures toujours comme à la limite du visible. Mais précisément, ces restes, ces cheveux, ce riz, cette mine de crayon... monopolisent notre attention. Ils semblent habités ou envoûtés par une figure que personne ne s'attend à percevoir à telle échelle. Dans la fascination pour un modèle réduit, l'acte de percevoir est donc emporté par un élan imaginaire, mais effectué par une conscience qui ronge dans la matière comme un acide. La matière, en effet, n'arrête pas d'exsuder dans la forme.

Or, ce regard qui se laisse absorber par la miniature *n'est pas un voir réel*, puisque, une fois de plus, le savoir le devance. Je veux vérifier la forme de certains détails et de certaines parties de l'objet. Mais ce regard n'est pas *non plus imaginaire* (onirique, comme pour Bachelard) : je ne fais pas magiquement disparaître la matière au profit d'une image. Voilà ce qui explique le statut un peu équivoque de ce regard (un peu stupide) : il est suspendu entre voir et imaginer, et renvoie à une *perception elle-même reproduite et irréelle*. Ce qui dans son cas est irréel, ce n'est donc pas l'objet, mais c'est *l'acte de conscience*. Certes, je ne m'imagine pas percevoir quelque chose (affirmation absurde dans un cadre sartrien). Mais le sens de cet acte de perception est totalement modifié par l'objet qui absorbe son attention. Ici aussi, le regard est sollicité par un infini de possibles : mais cet infini est tout simplement incorporé en tant que qualité dans le modèle réduit. Il n'a plus aucun rapport avec l'ancrage possible dans un monde, mais il concerne l'absorption du monde dans l'objet.

Mais en tant qu'objet aussi, le modèle réduit est ambigu. Abstraction faite de sa possible fonction récréative ou professionnelle, il s'agit d'un objet qui ne sert proprement à rien. Et il n'a nullement la prétention de se faire passer pour de l'art. Une miniature n'est pas forcément décorative. Dans leur désir de perfection ces artéfacts s'évertuent à reproduire des objets réels dans leurs proportions internes réelles. Au XVIIe siècle, il existait une vive fascination pour les automates. Ces artéfacts ont surtout été produits dans l'espoir de reproduire les fonctions vitales à échelle mécanique. Par le détour de la machine, on souhaitait avoir prise sur le fonctionnement des organes biologiques et mieux en comprendre la structure. Mais quel genre de savoir et de connaissance acquiert-on en peignant un panda sur un cheveu ? À construire une tour Eiffel en cure-dents ? À tailler une chaussure dans une mine de crayon ?

Ce qu'on cherche à reproduire ici, c'est justement les *proportions ou dimensions réelles* propres à l'objet sur une matière fortement rétrécie. Les proportions restent correctes (c'est là le défi) : que cela soit dans une bouteille, sur un cure-dent ou une mine de crayon. Ces proportions réelles, qui expriment l'ancrage de l'objet dans un monde, sont intériorisées dans la reproduction. Le modèle réduit engloutit donc un monde de rapports et de renvois, et les fige dans une matière rétrécie. Mais il est pour cette raison un objet au statut ambigu. Aucune individualité ne lui est conférée par la place qu'il occupe dans un milieu réel. Il *est* ce milieu. Par sa forme, il est un *absolu*, tel l'objet imaginaire, et se soustrait au monde des objets réels. Mais du fait que cette forme reste embourbée dans la matière, ou inversement, que la matière s'infiltre dans la forme, il reste particulier. Il ne s'évapore pas dans la généralité ou dans le domaine des choses communes.

En résumé, le modèle réduit est un absolu, dans la mesure où il arrive à absorber un infini de rapports possibles ou virtuels. C'est ainsi aussi qu'il s'isole du monde, s'arrache à ce qui communément confère l'individualité à l'objet. Mais en même temps, il n'arrive pas à se libérer du particulier : tous ces rapports intériorisés restent « taillés » dans une matière. Et celle-ci bloque l'infini : elle se laisse « in-former » et accompagne la forme jusqu'à un point précis, mais *pas plus loin*. Et face à ce point-limite, la fascination se rompt et la matière exige à nouveau sa propre substantialité, sans toutefois être en mesure d'acquérir à nouveau son statut ontologique d'origine aussi longtemps que la forme la hante. Une mine de crayon reste un mini-chaussure aussi longtemps qu'elle arrive à évoquer cette forme.

CONCLUSION, *SUB SPECIE INANITATIS*[1]

Le modèle réduit n'est ni un objet d'art, ni un objet kitsch. Il est stupide. Aussi bien en tant qu'objet que par rapport à l'acte ou à l'activité, il témoigne d'une précision et d'une méticulosité inappropriée ou déplacée : bref, *de trop à l'infini*.

1   *Cf.* J. Culler, *op. cit.*, p. 178.

Avec le modèle réduit, on se situe à la frontière entre le réel et l'imaginaire : il n'est pas une image, parce que ce qui est reproduit ne se libère pas de la matière – mais il n'est pas non plus un objet commun, parce que la matière ne coïncide pas avec sa forme. Il y a un excès de matière, un dépôt, voire une dépouille.

Dans une image artistique la forme s'insinue dans la matière. Elle s'intègre sans réserve à la substance dans laquelle elle apparaît, elle l'anime *du dedans*. La forme offre à ce morceau d'étendue une vie propre, et cette étendue offre une profondeur et fait rayonner la forme. Mais dans le modèle réduit, la forme s'impose avec une sorte d'indifférence vis-à-vis du matériau dans lequel elle est produite. Ici, pas de profondeur, mais pure superficialité. Et la matière se venge : il y a des petits restes et des coins non « formés » qui ne se laissent pas effacer ou enlever.

Il y a longtemps (quoique…) je demandais à mon père de me fabriquer une petite voiture en lego, suivant un modèle que j'avais trouvé dans un catalogue. Que ma déception fut grande, et inversement proportionnelle à la dimension de la voiture. Oui, bien sûr, la voiture était réussie et parfaite. Rien à dire. Mais si petite… Moi qui avait cru m'installer en elle et la conduire. Voilà que désormais elle avait perdu toute valeur. Même petite, elle était finalement encore infiniment trop grande. La mini-voiture ne se laissait plus ignorer – mais en même temps, je ne pouvais pas jouer avec. Chose foncièrement bête. En toute pièce déplacée, et en même temps elle restait là à me narguer avec l'air désinvolte et entêté d'un objet à part entière.

CONCLUSION

Un au-delà de la bêtise ?

> Ceux qui viendront après nous ne
> verront rien de nouveau, et ceux qui sont
> venus avant nous n'ont rien vu de plus
> extraordinaire que nous : mais l'homme
> qui a vécu quarante ans, pour peu qu'il
> ait d'intelligence, a vu en quelque façon
> tout ce qui a été et tout ce qui sera,
> puisque c'est toujours la même chose.
> Marc Aurèle

Comment affronter la bêtise sans se faire écraser par elle ? Les idées reçues, les incongruités, les vulgarités et les absurdités ? Il ne s'agit pas de faire le malin. Flaubert devait s'en douter, lorsque dans une lettre à George Sand, il se demande : « Quelle forme faut-il prendre pour exprimer parfois son opinion sur les choses de ce monde, sans risquer de passer, plus tard, pour un imbécile[1] ? » Certes, Flaubert se situe peut-être encore en partie dans la tradition des Lumières, associant les idées reçues à la croyance et à l'ignorance[2], ou dans la lignée moraliste de Chamfort, comme le remarque Anne Herschberg Pierrot, identifiant les idées reçues à « l'ordre social et convenable[3] ». Aussi renvoient-elles

---

1   « Lettre du 18 décembre 1867 », G. Flaubert, *Correspondance*, Paris, Gallimard, (Folio), 1998, p. 523.

2   « En aura-t-on fini avec la métaphysique creuse et les idées reçues ? Tout le mal vient de notre gigantesque ignorance. Ce qui est étudié est cru sans discussion... » (« Lettre à George Sand, 31 mars 1871 », cité dans l'édition d'Anne Herschberg Pierrot, *Le dictionnaire des idées reçues, et La catalogue des idées chic, op. cit.*, p. 15).

3   Dans une lettre à Louise Collet, Flaubert expose l'enjeu de son livre futur (Le Dictionnaire) en ces termes : « On y trouverait donc, par ordre alphabétique, sur tous les sujets possibles, tout ce qu'il faut dire en société pour être convenable et aimable... » (16 décembre 1852, cité par Anne Herschberg Pierrot, *ibidem*, p. 15).

à ce qui vers la fin du XIXᵉ siècle s'appelait les clichés, les phrases toutes faites étouffant l'originalité et la singularité de l'individu. Mais Flaubert ne sermonne pas et il n'attaque pas la bêtise « par le haut », mais on dirait qu'il se laisse séduire par elle, qu'il se l'accapare et l'assimile en la pastichant. Il joue de la bêtise et l'interprète en virtuose. Il ne l'attaque pas, il la réalise, dit Sartre, il s'en fait « le médium », « le martyr » ; il s'en fait « le bouc émissaire, pour en délivrer les autres[1] ». Flaubert prend sur lui toutes les bêtises du monde, pour « en délivrer les autres », pour l'exposer en la portant à l'ignoble : « ce sublime d'en bas[2] ». Bref, il crée des Don Quichotte de la bêtise, et la littérature est, comme la comédie, l'humour, et peut-être la philosophie une des manières de l'exposer et de nous offrir comme un miroir de notre propre bêtise[3]. Mais tout l'art consiste à l'exposer sans s'y laisser prendre, à dire des bêtises, ou plutôt, à faire l'idiot.

La bêtise a quelque chose d'insurmontable. Vu la nature de la conscience, toute expérience de l'extériorité prend les traits de ce que nous avons appelé une distraction (« ontologique »). La conscience est donc idiote par définition, sans origine (an-archique) et sans destination, sans articulation ou différentiation interne ; elle nous expose au monde avec une spontanéité indifférente à nos humeurs (cœur) et à notre pensée (raison) personnelles. Et ce monde nous apparaît dans ces cas comme « ce qu'il y a de plus bête », ce qui n'entre dans aucun concept, ce qui nous surprend ou nous distrait.

C'est sur cette *ex-centricité* perpétuelle que tout rapport personnel ou individuel doit être conquis. Et ce rapport, a-t-on vu, passe par l'imaginaire, c'est-à-dire la capacité d'articuler une distinction entre le possible et le réel. Il y a donc une sorte de bêtise comme horizon même de notre expérience quotidienne du monde et vis-à-vis de laquelle – comme le suggérait Camus – l'esprit de révolte surgit. Car le quotidien, dans la banalité de son éternel retour, est « sans style », sans profondeur, il est simple et « tout bête » : il est cette « infime et permanente accidentalité du monde[4] » par

---

1   J.-P. Sartre, *L'idiot de la famille*, Tome I, *op. cit.*, 630-631.
2   *Ibidem*, p. 631.
3   Comme il l'affirme à Louise Collet, il faudrait que dans son livre, « il n'y eut pas un mot de mon cru, et qu'une fois qu'on l'aurait lu on n'osât plus parler, de peur de dire naturel- lement une des phrases qui s'y trouvent » (16 décembre 1852, cité par Anne Herschberg Pierrot, *op. cit.*, p. 23).
4   Jean-Luc Nancy, « Fragments de la bêtise », in *Le temps de la réflexion, De la bêtise et des bêtes*, Paris, Gallimard, 1988, p. 14.

rapport à laquelle une personne plus ou moins indignée ou contrariée tente de se ressaisir. Et c'est dans ce mouvement de redressement que la bêtise ou bien s'épaissit en esprit de sérieux, ou au contraire se dilate à nouveau par simplicité d'esprit (retour à l'état d'idiotie).

Dans un des dialogues issus de ses *Historiettes*, Tallemant des Réaux fait dire à Pitard : « c'est dommage qu'ayant tant d'esprit, vous sachiez si peu de chose. » – « C'est dommage », répondit Théophile, « que sachant tant de choses, vous ayez si peu d'esprit[1] ». D'une part on a l'ingénu, qui – ignorant et libre de tout bagage – paraît peut-être original ou singulier : l'idiot qui à chaque fois risque de réinventer la poudre ou ne comprend rien au monde (absence de ruse, manque d'à-propos, esprit distrait). C'est l'esprit un peu désinvolte et affranchi qui, avec « un plaisir de dandy » trouve même des vertus à la bêtise[2]. Et vu de cet angle, il est vrai que l'on pourrait, à l'instar de Guy Bechtel et Jean-Claude Carrière, dans leur admirable *Dictionnaire de la bêtise*, aller jusqu'à accorder à la bêtise un côté « sublime ». Pour eux, la bêtise n'est pas exclusivement celle des idées reçues, mais celle des idées perdues et oubliées de l'histoire. Petites perles rares de candeur poétique. Ainsi, pour reprendre un des exemples répertoriés dans leur dictionnaire, dans son acharnement à défendre la thèse « que les animaux se détachent par leur couleur sur le fond naturel », Bernardin de Saint Pierre finit par dire que « dans les régions polaires, les ours blancs contrastent vivement sur la neige par la noirceur de leur museau[3] ». Cette ingénuité innocente donne à rêver.

D'autre part, on a l'esprit de sérieux, le « savant » qui du haut (ou du bas) de son savoir et de son érudition, avec suffisance finit par restreindre son intérêt et les élans de sa conscience à un horizon de plus en plus limité et figé : c'est par rapport à cet horizon que pour lui la mesure et l'évaluation des choses se fait. Par conséquent, il lui manque « l'ouverture d'esprit » nécessaire à se laisser interpeller par ce qui est nouveau ou étrange. Tout est jugé au même prix et sans véritable attention pour les différences de proportions et de valeur entre les choses. Il se refuse à toute altérité (et distraction) et finit par accorder à tout une égale importance. Son savoir est totalisant : il réduit le pareil au même,

---

1 Tallemant des Réaux, *Historiettes*, Tome II, Paris, Gallimard, Bibliothèque de la Pléiade, 1961, p. 866.
2 J.-L. Nancy, *op. cit.*, p. 15.
3 Guy Bechtel et Jean-Claude Carrière, *Dictionnaire de la bêtise*, Paris, Robert Laffont (Bouquins) 1991, p. xiv.

et son appréhension des choses ressemble un peu au « sens antiquaire » dont parle Nietzsche. Celui-ci montre comment une piété pour le passé dessèche, dégénère à tel point que plus rien de ce passé n'inspire encore le présent. Le savant accumule aveuglément des vestiges d'autrefois et tombe parfois si bas qu'il se contente de n'importe quoi et se nourrit, comme disait Nietzsche, « même avec joie de la poussière de vétilles bibliographiques[1] ».

La bêtise prend ici les traits non pas d'un manque d'intelligence, mais d'un renoncement à l'intelligence : elle est proche de la vulgarité et du ressentiment qui ne consistent pas à ne pas respecter ce qui le mérite, mais à respecter ce qui ne le mérite pas[2].

Au niveau social, on n'a pas manqué de rapprocher cette forme de bêtise totalisante à l'idéologie. Ainsi, par exemple, au nom de la rigueur théorique du programme du parti, la majorité des communistes de l'après-guerre condamnaient l'art « abstrait » suspecté réactionnaire et bourgeois. Aragon (il le regrettera plus tard) condamne l'abstraction comme forme de tentation déviationniste, faisant d'André Fougeron un des modèles de l'art réaliste (au dépens d'un pionnier comme Nicolas de Staël) affirmant avec emphase que dans chacun de ses dessins « se joue aussi le destin de l'art figuratif, et riez si je vous dis que se joue aussi le destin du monde[3]… ». Il n'y a pas de quoi rire, pourtant. Plus hilarant, cependant, est la définition que donne de la « phénoménologie » le « petit dictionnaire philosophique » édité à Moscou en 1955 : « Le but principal de cette philosophie décadente est d'embrouiller la raison humaine […] La phénoménologie de Husserl a servi de base philosophique à l'existentialisme (voir ce mot). Le siège de la "Société phénoménologique internationale" se trouve à New York. Il organise les adeptes de cette théorie pour la lutte contre l'influence grandissante des idées avancées du matérialisme philosophie marxiste[4] ». L'idéologie se prend tellement au sérieux (ou fait semblant ?) qu'elle ne se rend plus compte (ou ne se soucie plus) du ridicule de ses propos. Elle est sans scrupules.

---

1   F. Nietzsche, *De l'utilité et de l'inconvénient de l'histoire pour la vie*, in *Œuvres*, Volume I, Paris, Robert Laffont (Bouquins), 1993, p. 234.

2   *Cf.* Nicolás Gómez Dávila, *Escolios a un texto implícito*, Tomo I, *op. cit.*, p. 250.

3   Cité par Laurent Greilshamer, *Le prince foudroyé, La vie de Nicolas de Staël*, Paris, Le livre de poche, 1998, p. 242.

4   Passage cité par Guy Bechtel et Jean-Claude Carrière, *Dictionnaire de la bêtise, op. cit.*, p. 327-328.

L'esprit humain reste donc en position instable entre l'idiotie et l'esprit de sérieux. Ou bien il se laisse emparer et limiter par l'épaisseur et la lourdeur des idées et des opinions auxquelles il adhère – ou bien, involontairement son esprit saute d'une idée à l'autre et n'arrive pas à épouser durablement l'une d'elles.

Parfois cependant, les deux extrêmes se rejoignent, comme dans les cas où la bêtise épaisse et bien sérieuse se nourrit de naïveté idiote et frivole. Je songe à ce jugement accablant que fait Alphonse de Châteaubriant à propos de Hitler en 1937 : « Hitler est bon. Regardez-le au milieu des enfants [...] La sincérité de Hitler doit être considérée comme certaine. [...] Hitler n'est pas un conquérant, il est un édificateur d'esprit[1] ». Pareille bêtise est désespérante et ne se laisse même pas excuser comme erreur de jugement. Il ne s'agit pas d'une simple absence d'acuité ou de clairvoyance. Ces propos sont pure revendication ; il s'agit d'une assertion dont la provocation cogne comme un coup de massue. C'est surtout dans le ton que réside l'inexcusable et l'irréparable. Au-delà du vrai et du faux ou du moins indifférent au sens qu'on leur prête : la bêtise devient vénéneuse.

Ainsi, en équilibre entre ces deux infinis du sérieux ou de l'idiotie, l'esprit humain est comme un milieu qui avance à petit pas, au risque de sombrer dans un des deux abimes. Mais peut-être existe-t-il une situation où cette opposition même s'effondre ? Où toute distance articulée par l'imaginaire s'avère impossible ? *Une position au-delà de la bêtise ?* Terminons sur quelques suggestions à ce propos.

Je parle d'un au-delà qui ne conduit pas vers une victoire sur la bêtise, puisqu'elle est invincible. Ni d'un au-delà d'un esprit idiot et affranchi. Mais il s'agit d'un au-delà où toute distance vis-à-vis du réel s'est effondré, et dès lors toutes les distinctions articulées à partir d'elle (le possible et le réel, l'image et la réalité).

À la fin de leur ouvrage sur la dialectique de la raison, Horkheimer et Adorno dédient une réflexion à ce qu'ils appellent « la genèse de la bêtise ». Ils y décrivent la bêtise comme une « cicatrice » : la manifestation de la bêtise renvoie selon eux à une situation où l'évolution physique et psychique a été entravée au moment de son éveil. En présence d'obstacles ou suite à un blocage plus ou moins brutal, commença « la

---

1   *Ibidem*, p. 198.

vaine répétition de tâtonnements désordonnés et maladroits[1] ». Ces réitérations (de questions ou de conduites) sont comme les symptômes d'une douleur secrète. Elles ont aussi quelque chose « du désespoir du lion qui va et vient dans sa cage, ou du geste de défense que réitère le névrosé, alors que ce geste une fois déjà avait été vain[2] ».

L'écrivain allemand W.G. Sebald a repris ce modèle pour tenter de comprendre le comportement de certains survivants après le bombardement des villes comme Halberstadt ou Hambourg[3]. D'une part la confrontation (et ses effets) avec ce qui est bien au-delà de l'imaginable – et d'autre part l'incapacité d'adapter son comportement aux exigences de ce réel. Sous pareilles conditions, il devient impossible de dévier de ses rôles et de ses actions socialement déterminées. Il y a comme stagnation : mais Sebald se distancie de la théorie critique avouant que cette stagnation n'est plus le fait d'un esprit bloqué à un stade de son évolution, mais l'effet d'une situation où cet esprit a comme éclaté. Il renvoie dans ce contexte à différents récits qu'avait noté un écrivain témoin de la catastrophe (Nossack), et qui montre comment par exemple au milieu des ruines de Hambourg, alors que plus aucune maison n'était encore debout, une femme qui « dans une maison isolée et intacte au milieu du désert de décombres… [était] en train de nettoyer les vitres[4] ». Ou plus loin, cet écrivain relate comment il a vu des enfants arracher des mauvaises herbes et ratisser un jardinet devant une maison… ou comment un jour, il se retrouve dans une banlieue épargnée de Hambourg : les habitants d'une maison étaient assis à un balcon et buvaient du café. S'était comme dans un film, tellement cela paraissait invraisemblable. Ces comportements stagnés et inadaptés aux exigences du réel ont quelque chose de tristement bête : mais on est loin de l'idiotie ou de l'esprit de sérieux. Comme le suggère Sebald, ces réactions font transparaître un au-delà de la bêtise, une situation où toute distance, même idiote, s'avère étouffée : toute différenciation entre le réel et le possible s'est affalé.

Certes, Sebald suggère comment les catastrophes subies lors des bombardements des villes allemandes pendant la deuxième guerre mondiale

---

1 Max Horkheimer et Theodor W. Adorno, *La dialectique de la raison*, Paris, Gallimard (Tel), 1974, p. 281.
2 *Ibidem*.
3 W.G. Sebald, *De la destruction comme élément de l'histoire naturelle*, Arles, Babel, 2014.
4 *Ibidem*, p. 48.

sont restées à l'état de trauma refoulé[1]. Mais cela en raison du fait même que ce réel ne se laisse tout bonnement plus surmonter ni dépasser. Ce réel n'est pas un obstacle au sein d'un monde. Il est l'effondrement du monde comme tel. Visiblement, on ne survit plus à, et on ne supporte pas ce réel ou cet effondrement insupportable en faisant des projets et en tentant de neutraliser le réel sous forme d'imaginaire, en s'évadant, en cherchant à le dépasser et à le surmonter : on ne *réagit* même pas, même pas de façon stagnée, mais on se cramponne et se dégrade à une vie réduite à un état naturel, on répète des coutumes et des gestes devenus insignifiants et inappropriés. Face à la catastrophe, l'imaginaire, c'est du luxe. Quand il n'y a rien de solide sur quoi s'appuyer dans une tentative à se surmonter ou à dépasser la situation, quand il ne nous est plus donné de nous extraire à ce qui nous écrase ou nous étouffe… ce même imaginaire dégénère, se fige et devient aussi sombre et inerte que la mort[2].

---

1 Bien sûr, ce problème ne concerne pas uniquement les villes allemandes. *Cf.* A.C. Grayling, *Among the Dead Cities : The History and Moral Legacy of the WWII Bombing of Civilians in Germany and Japan*, New York, Walker & Company, 2006. Si pour sa part W.G. Sebald s'y intéresse, c'est en raison de la question du refoulement avec lequel la littérature allemande d'après-guerre a tout bonnement évité d'aborder cette thématique (à l'exception de quelques auteurs comme Nossack, ou vers 1970, A. Kluge).

2 Le texte de Sebald mériterait une analyse plus détaillée : mais s'agissant plutôt *d'un au-delà de la bêtise*, cette analyse tombe hors du domaine de notre ouvrage.

BIBLIOGRAPHIE

ADAM, Michel, *Essai sur la bêtise*, Paris, La table ronde, 2004.

ALAIN, *Propos sur le bonheur*, Paris, Folio, 1985.

ALAIN, *Propos*, Paris, Gallimard, Bibliothèque de la Pléiade, 1956.

ALANEN, Lilli, *Descartes' Concept of Mind*, Harvard, Harvard University Press, 2003.

BACHELARD, Gaston, *La poétique de l'espace*, Paris, PUF (Quadrige), 1957.

BALZAC, Honoré de, *Œuvres complètes*, Tome II, Paris, Gallimard, Bibliothèque de la Pléiade, 1951.

BARTHES, Roland, *Le bruissement de la langue, Essais Critiques IV*, Paris, Éd. du Seuil, 1984.

BEAUVOIR, Simone de, *Pour une morale de l'ambiguïté*, Paris, Gallimard, 1947.

BECHTEL, Guy et CARRIÈRE, Jean-Claude, *Dictionnaire de la bêtise*, Paris, Robert Laffont (Bouquins) 1991.

BENJAMIN, Walter, *Aufsätze, Essays, Vorträge, Gesammelte Schriften*, Band II. 1, Frankfurt a.M., Suhrkamp, 1991.

BENOIST, Jocelyn, *Le bruit du sensible*, Paris, Cerf (Passages), 2013.

BERGSON, Henri, *Œuvres*, Paris, PUF, 1959.

BLOY, Léon, *Exégèse des lieux communs*, Paris, Rivages poche, 2005.

BRAGUE, Rémy, *La Sagesse du monde. Histoire de l'expérience humaine de l'univers*, Paris, Fayard, 1999.

BRUNET, Éric, *La bêtise administrative*, Paris, Albin Michel, 1998.

CAEYMAEX, Florence, *Sartre, Merleau-Ponty, Bergson. Les phénoménologies existentialistes et leur héritage bergsonien*, Hildesheim, Zürich, New York, Georg Olms Verlag, 2005.

CAMUS, Albert, *Œuvres complètes*, Paris, Gallimard, Bibliothèque de la Pléiade, 2008.

CANNONE, Belinda, *Le sentiment d'imposture*, Paris, Gallimard (Folio), 2005.

CANNONE, Belinda, *La bêtise s'améliore*, Paris, Stock, 2007.

COSTE, Claude, *Bêtise de Barthes*, Paris, Klincksieck (collection Hourvari), 2011.

CULLER, Jonathan, *Flaubert : The Uses of Uncertainty, Critical Studies in the Humanities*, The Davies Group, Publishers, Aurora, Colorado, 2006.

DÁVILA, Nicolás Gómez, *Escolios a un texto implícito*, Bogotá, Villegas editores, 2005.

DELEUZE, Gilles, *Empirisme et subjectivité*, Paris, PUF, 1953.

DELEUZE, Gilles, *Nietzsche et la philosophie* (1962), Paris, PUF (Quadrige), 1997.

DELEUZE, Gilles, *La philosophie critique de Kant* (1963), Paris, (Quadrige), 1998.

DELEUZE, Gilles, *Le Bergsonisme* (1966), Paris, PUF (Quadrige), 1997.

DELEUZE, Gilles, *Différence et répétition*, Paris, PUF (Épiméthée), 1968.

DELEUZE, Gilles, *Logique du sens*, Paris, Minuit, 1969.

DELEUZE, Gilles, *Proust et les signes* (1970), Paris, PUF, (Quadrige) 1998.

DELEUZE, Gilles, *Pourparlers*, Paris, Minuit, 1990.

DELEUZE, Gilles, *Deux régimes de fous, Textes et entretiens 1975-1995*, éd. D. Lapoujade, Paris, Minuit, 2003.

DELEUZE, Gilles et GUATTARI, Félix, *Qu'est-ce que la philosophie*, Paris, Minuit, 1991.

DE ROSA, Raffaella, *Descartes & the Puzzle of Sensory Representation*, Oxford, Oxford University Press, 2010.

DERRIDA, Jacques, *La bête et le souverain*, Volume I, 2001-2002, Paris, Galilée, 2008.

DESCARTES, René, *Œuvres de Descartes*, éd. C. Adam et P. Tannery, 11 vol., Paris, Vrin, CNRS, 1964-1974.

DESCARTES, René, *Œuvres Philosophiques*, éd. F. Alquié, 3 volumes, Paris, Classiques Garnier, 1998-2010.

DESCOMBES, Vincent, *Proust : Philosophie du roman*, Paris, Minuit, 1987.

DUCHET, Claude, « Roman et objets », *Travail de Flaubert*, Paris, Éditions du Seuil, 1983, p. 11-43.

ELLUL, Jacques, *Exégèse des nouveaux lieux communs*, Paris, La table ronde, 2004.

ESCRIBANO, Xavier, « El cuerpo poético y la celebración de la existencia encarnada », *Historias y filosofías del cuerpo*, Eds. E. Antubia & I. Marugán, Granada, Editorial Comares, 2012, p. 101-115.

FEYERABEND, Paul, *Against Method*, London, Verso, 1978.

FISHER, Philip, *The Vehement Passions*, Princeton, Princeton University Press, 2002.

FLAUBERT, Gustave, *Le dictionnaire des idées reçues*, Texte établi, présenté et annoté par A. Herschberg Pierrot, Paris, Le livre de poche, 1997.

FLAUBERT, Gustave, *Correspondance*, Paris, Gallimard, (Folio), 1998

FLAUBERT, Gustave, *Mémoires d'un fou*, Paris, Pocket, 2001.

FUREDI, Frank, *Therapy Culture*, London/New York, Routledge, 2004.

GARBER, Daniel et COHEN, Lesley, « A point of Order : Analysis, Synthesis, and Descartes's Principles », *Archiv für Geschichte der Philosophie*, 1982, p. 136-147.

GARRET, Don, « Philosophy and History in Modern Philosophy », *The Future for Philosophy*, ed. by B. Leiter, Oxford, Clarendon Press, 2006, p. 44-73.

GERVEREAU, Laurent, *Histoire du visuel au XXᵉ siècle*, Paris, Éditions du Seuil, 2003.

GLUCKSMANN, André, *La bêtise*, Paris, Grasset, 1985.

GRAYLING, Anthony Clifford, *Among the Dead Cities : The History and Moral Legacy of the WWII Bombing of Civilians in Germany and Japan*, New York, Walker & Company, 2006.

GREILSHAMER, Laurent, *Le prince foudroyé, La vie de Nicolas de Staël*, Paris, Le livre de poche, 1998.

GUENANCIA, Pierre, *L'intelligence du sensible, Essai sur le dualisme cartésien*, Paris, Gallimard, 1998.

GUENANCIA, Pierre, *Le regard de la pensée*, Paris, PUF, 2009.

GUENANCIA, Pierre, *Descartes, chemin faisant*, Paris, encre marine, 2010.

HENRY, Anne, *Marcel Proust. Théories pour une esthétique*, Paris, Klincksieck, 1981.

HORKHEIMER, Max et ADORNO, Theodor W., *La dialectique de la raison*, Paris, Gallimard (Tel), 1974.

HORWITZ, Allan V. et WAKEFIELD, Jerome C., *The Loss of Sadness, How Psychiatry Transformed Normal Sorrow Into Depressive Disorder*, Oxford, Oxford University Press, 2007.

HUME, David, *A Treatise of Human Nature*, Oxford, Clarendon Press, 1978.

HUSSERL, Edmund, *Ideen zu einer reinen Phänomenologie und phänomenologischen Philosophie I*, (Husserliana III, 1-2), Hrsg. von K. Schuhmann, Den Haag, Martinus Nijhoff, 1976.

JANKÉLÉVITCH, Vladimir, *Traité des vertus*, Paris, Bordas, 1949.

JAUSS, Hans Robert, *Zeit und Erinnerung in Marcel Proust's « À la recherche du temps perdu »*, Frankfurt a.M., Suhrkamp, 1986.

JEAN PAUL, (Johann Paul Friedrich Richter, dit), *Éloge de la bêtise*, trad. N. Briand, Paris, J. Corti, 1993.

JOUSSE, Marcel, *L'Anthropologie du Geste*, Paris, Gallimard (Tel), 2008.

KANT, Immanuel, *Schriften zur Anthropologie, Geschichtsphilosophie, Politik und Pädagogik 2*, Werkausgabe Band XII, Frankfurt, Suhrkamp, 1977.

KANT, Immanuel, *Anthropologie du point de vue pragmatique*, trad. Michel Foucault, Paris, Vrin, 1994.

KIRSCHMAYR, Raoul, « Don et générosité, ou les deux chances de l'étique », *Écrits posthumes de Sartre, II*, Annales de l'institut de philosophie de l'université de Bruxelles, Paris, Vrin, 2001, p. 101-134.

LA BRUYÈRE, Jean de, *Œuvres complètes*, Paris, Gallimard, Bibliothèque de la Pléiade, 1951.

LAPORTE, Jean, *La rationalisme de Descartes*, Paris, Vrin, 1945.

LEIBNIZ, Gottfried Wilhelm, *Nouveaux essais sur l'entendement humain*, Paris, GF-Flammarion, 1990.

LENNON, Thomas N., « Descartes' Legacy in the Seventeenth Century : Problems and Polemic », *A Companion to Descartes*, ed. by J. Broughton and J. Carriero, Malden, Blackwell, 2008.

LÉVI-STRAUSS, Claude, *La pensée sauvage*, Paris, Plon, 1962.

LEWIS, Clive Staples, *A Grief Observed*, New York, Phoenix Press, 1984.

LEYS, Ruth, *Trauma, A Genealogy*, Chicago & London, The University of Chicago Press, 2000.

LLOYD, Geneviève, *Part of Nature, Self-Knowledge in Spinoza's Ethics*, Cornell University Press, Ithaca and London, 1994.

LOUETTE, Jean-François, *Traces de Sartre*, Grenoble, Ellug, 2009.

HEINICH, Nathalie, *Le bêtisier du sociologue*, Paris, Klincksieck, 2009.

MACÉ, Marielle « Glissez, mortels, n'appuyez pas », *Figures de l'imposture. Entre philosophie, littérature et sciences*, éd. Jean-Charles Darmon, Paris, Éditions Desjonquères, 2013, p. 233-245.

MALAVAL, Catherine et ZARADER, Robert, *La bêtise économique*, Éd. Perrin, 2008.

MALEBRANCHE, Nicolas, *Œuvres*, Tome I-II, Paris, Gallimard, Bibliothèque de la Pléiade, Tome I, 1979-1992.

MALRAUX, André, *Œuvres complètes*, Genève, Albert Skira, 1945.

MANN, Thomas, *Der Zauberberg*, Frankfurt am Main, Fischer, 1988.

MARION, Jean-Luc, *Sur la pensée passive de Descartes*, Paris, PUF (Epiméthée), 2013.

MAURY, Alfred, *Le sommeil et les rêves : études psychologiques sur ces phénomènes et les divers états qui s'y rattachent, suivies de recherches sur le développement de l'instinct et de l'intelligence dans leurs rapports avec le phénomène du sommeil*, Paris, Didier, 1865.

MENGUE, Philippe, *Faire l'idiot, La politique de Deleuze*, Paris, Germina, 2013.

MERLEAU-PONTY, Maurice, *L'œil et l'esprit*, Paris, Gallimard (Folio), 1964.

METZ, Markus et SEESSLEN, Georg, *Blödmachinen, Die Fabrikation der Stupidität*, Frankfurt a.M., Suhrkamp, 2011.

MICHON, Hélène, *L'ordre du cœur, Philosophie, théologie et mystique dans les « Pensées » de Pascal*, Paris, Champion Classiques, 2007.

MONTAIGNE, Michel de, *Les Essais*, Paris, Gallimard, Bibliothèque de la Pléiade, 2007.

MONTHERLANT, Henri de, *Essais*, Paris, Gallimard, Bibliothèque de la Pléiade, 1963.

MOREAU, Denis, *Malebranche : Une philosophie de l'expérience*, Paris, Vrin, 2004.

MOREL, Christian, *Les décisions absurdes, Sociologie des erreurs radicales et persistantes*, Paris, Gallimard (Folio Essais), 2002.

MOUILLIE, Jean-Marc, *Sartre. Conscience, ego et psychè*, Paris, PUF, 2000.

MUSIL, Robert, *Gesammelte Werke 8, Essays und Reden*, Reinbeck bei Hamburg, Rowohlt Verlag GmbH, 1978.

NABOKOV, Vladimir, *Lectures on Literature*, London, Picador, 1983.

NADLER, Steven, *Arnauld and the Cartesian Philosophy of Ideas*, Manchester, Manchester University Press, 1989.

NANCY, Jean-Luc, « Image et violence », *Le portique* [En ligne], 6, 2000, mis en ligne le 24 mars 2005 (http://lepportique.revues.org/451).

NANCY, Jean-Luc, « Fragments de la bêtise » in *Le temps de la réflexion, De la bêtise et des bêtes*, Paris, Gallimard, 1988, p. 13-27.

NIETZCHE, Friedrich, *Œuvres*, Tome II, Paris, Robert Laffont (collection Bouquins), 1993.

NIETZCHE, Friedrich, *Le livre du philosophe, Études théoriques*, Paris, GF Flammarion, 1991.

PAMUK, Orham, *Mon nom est Rouge*, Paris, Gallimard (Folio), 2003.

PASCAL, Blaise, *Pensées, Œuvres Complètes*, Paris, Gallimard, Bibliothèque de la Pléiade, Tome I, 2000.

PASCAL, Dominique, *La folie des voitures miniatures*, Paris, Flammarion, 2004.

PICARD, Georges, *De la connerie*, Paris, J. Corti, 1994.

POULET, Georges, *Études sur le temps humain 1, La pensée indéterminée*, Paris, Librairie Plon, 1985.

POULET, Georges, *Études sur le temps humain 4, Mesure de l'instant*, Paris, Librairie Plon, 1964.

PROUST, Marcel, *À la recherche du temps perdu*, (Tome I-IV), Paris, Gallimard, Bibliothèque de la Pléiade, 1987-1989.

RÉAUX, Tallemant des, *Historiettes*, Tome II, Paris, Gallimard, Bibliothèque de la Pléiade, 1966.

RIQUIER, Camille, *Archéologie de Bergson, Temps et métaphysique*, Paris, PUF (Epiméthée), 2009.

ROGER, Alain, *Bréviaire de la bêtise*, Paris, Gallimard, 2008.

RONELL, Avital, *Stupidity*, Paris, Points Essais, 2008.

ROSE, Nikolas, *The Politics of Life Itself, Biomedicine, Power and Subjectivity in the Twenty-First Century*, Princeton & Oxford, Princeton University Press, 2007.

ROSSET, Clément, *Le Réel, Traité de l'idiotie*, Paris, Minuit, 1978.

ROUSSEAU, Jean-Jacques, *Œuvres complètes*, Tome I, Paris, Gallimard, Bibliothèque de la Pléiade, 1959.

ROUSSEAU, Jean-Jacques, *Œuvres complètes*, Tome IV, Paris, Gallimard, Bibliothèque de la Pléiade, 1969.

ROUSSEAU, Jean-Jacques, *Discours sur les sciences et les arts, Discours sur l'origine de l'inégalité*, Paris, Garnier-Flammarion, 1971.

SATEL, Sally et SOMMERS, Christina Hoff, *One Nation under Therapy. How the Helping Culture is Eroding Self-Reliance*, New York, St Martin's Press, 2005.

SARTRE, Jean-Paul, *La Transcendance de l'ego* (1937), Paris, Vrin, 1992.

SARTRE, Jean-Paul, *La Transcendance de l'ego et autres textes phénoménologiques*, éd. V. de Coorebyter Paris, Vrin, 2003.

SARTRE, Jean-Paul, *La nausée*, Paris, Gallimard, 1938.

SARTRE, Jean-Paul, *Esquisse d'une théorie des émotions*, Paris, Hermann, 1939.

SARTRE, Jean-Paul, *L'imaginaire* (1940), Paris, Gallimard (Folio Essais), 1986.

SARTRE, Jean-Paul, *L'être et le néant*, Paris, Gallimard, 1943.

SARTRE, Jean-Paul, *Cahiers pour une morale* (1947-1948), Paris, Gallimard, 1983.

SARTRE, Jean-Paul, *Vérité et existence* (1948), Paris, Gallimard, 1989.

SARTRE, Jean-Paul, *Qu'est-ce que la littérature, Situation II*, Paris, Gallimard, 1948.

SARTRE, Jean-Paul, *Les Mots*, Paris, Gallimard (Folio), 1964.

SARTRE, Jean-Paul, *L'idiot de la famille*, Paris, Gallimard, 1971.

SAUVAGNARGUES, Anne, *Deleuze, L'empirisme transcendantal*, Paris, PUF, 2009.

SÉAILLES, Gabriel, *Essai sur le Génie dans l'Art*, Paris, Alcan, 1902.

SEBALD, Winfried Georg, *De la destruction comme élément de l'histoire naturelle*, Arles, Babel, 2014.

SELLIER, Philippe, *Port-Royal et la Littérature, Pascal*, Deuxième édition augmentée de douze études, Paris, Champion Classiques, 2010.

SÉNÈQUE, Lucius Annaeus, *Entretiens, Lettres à Lucilius*, Paris, Robert Laffont (Bouquins), 1993.

SHATTUCK, Roger, *Proust's Binoculars, A Study of Memory, Time and Recognition in À La Recherche du Temps Perdu*, Princeton, Princeton University Press, 1983.

SOLOMON, Richard C., *Not Passion's Slave*, Oxford, Oxford University Press, 2003.

SPINOZA, Baruch, *Éthique*, trad. R. Misrahi, Paris, Éditions de l'Éclat, 2005.

STIEGLER, Bernard, *État de choc, bêtise et savoir au XXIe siècle*, Paris, Mille et une nuits, 2012.

TAINE, Hyppolite, *De l'intelligence*, Paris, Hachette, 1938.

THIBAUDET, Albert, *Gustave Flaubert*, Gallimard, (Tel), 1992.

TOON, Adam, *Models as Make-Believe, Imagination, Fiction and Scientific Representation*, New York, Palgrave Macmillan, 2012.

VOLTAIRE, *Romans et contes*, Paris, GF Flammarion, 1966.

WAHL, Jean, *Du rôle de l'idée de l'instant dans le philosophie de Descartes*, Paris, Alcan, 1920.

WATSON, Richard A., *The Downfall of Cartesianism, 1673-1712 : A Study of Epistemological Issues in Late Seventeenth Century Cartesianism*, La Haye, M. Nijhoff, 1966.

WEIL, Simone, *Œuvres*, Paris, Gallimard (Quarto), 1999.

WITKOWSKI, Nicolas, *Une histoire sentimentale des sciences*, Paris, Seuil, 2003.

WITTGENSTEIN, Ludwig, *The Blue & the Brown Book*, Basil Blackwell, Oxford, 1958.

WITTGENSTEIN, Ludwig, *Vermischte Bermerkungen/ Cutlure and Value*, éd. G.H. Von Wright & H. Nyman, Oxford, Basil Blackwell, 1980.

WODZINSKI, Cezary, *Saint Idiot*, *Projet d'anthropologie apophantique*, (Traduit du polonais et préfacé par Érik Veaux), Paris, Éditions de la différence, 2012.

ZAMBRANO, Maria, *España, sueño y verdad*, Barcelona, ed. Edhasa, 1965.

INDEX DES NOMS

TABLE DES MATIÈRES

PREMIÈRE PARTIE

BÊTISE SANS ERREUR

DEUXIÈME PARTIE

AUTRUI ET SINGULARITÉ

TROISIÈME PARTIE

ENTRE L'IMAGINAIRE
ET L'INFINIMENT PETIT